인문학으로 보는

사회적 감성

감성총서 28

인문학으로 보는
사회적 감성

인 쇄 | 2020년 12월 22일
발 행 | 2020년 12월 24일

저 자 | 최혜경
발행인 | 정병석
발행처 | 전남대학교출판문화원

등록 | 1981. 5. 21. 제53호
주소 | 61186 광주광역시 북구 용봉로 77
전화 | (062) 530-0571~2 마케팅 530-0573
팩스 | (062) 530-0579
홈페이지 | http://www.cnup.co.kr
이메일 | cnup0571@hanmail.net

값 12,000원

ISBN 978-89-6849-760-5 (93810)

이 도서의 국립중앙도서관 출판예정도서목록(CIP)은
서지정보유통지원시스템 홈페이지(http://seoji.nl.go.kr)와
국가자료종합목록 구축시스템(http://kolis-net.nl.go.kr)에서 이용하실 수 있습니다.
(CIP제어번호 : CIP2020054390)

이 논문은 2018년 정부(교육과학기술부)의 재원으로 한국연구재단의
지원에 의한 것임(2018S1A6A3A01080752).

감성총서 28

최혜경 저

SOCIAL EMOTIONS THROUGH HUMANITIES

인문학으로 보는 사회적 감성

전남대학교출판문화원

일러두기

이 책의 제1부 네 챕터의 글은 위로부터 각각 '「미래주의적 감성의 파국과 공감장의 발생- '비포'의 미래주의 비판을 중심으로」, 『인문학연구』 제56권 4호, 충남대 인문과학연구소, 2017.'; '「감성의 초국적 접속과 그 작용의 양면」, 『어문논총』 제33권, 전남대 한국어문학연구소, 2018.'; '「매체시대와 매체인간: 가치의 조작에서 가치의 구성으로」, 『탈경계인문학』 제13권 2호, 이화여대 이화인문과학원, 2019.'; '「공간의 문학적 변용 -문병란의 저항시론을 중심으로」, 『시민과 세계』 제34권, 참여연대, 2019.'에, 그리고 제2부 네 챕터의 글 역시 위로부터 각각 '「광장의 권력과 기억 공동체」, 『남도문화연구』 제35호, 순천대 남도문화연구소, 2018.'; '「한국 봉기(蜂起) 매체의 도구적 특성과 활용의 과제」, 『시민인문학』 제39호, 경기대 인문학연구소, 2020.'; '「중독 행위의 반(反)중독 서사와 상념의 자구적(自救的) 유효성」, 『정신문화연구』 제39권 1호, 한국학중앙연구원, 2016.'; '「감성적 주체되기: 1980년대 한국 청년들의 네트워킹 전략을 중심으로」, 『감성연구』 제21호, 전남대 호남학연구원, 2020.'에 실린 본 저자의 논문을 이 책의 구성취지에 따라 인용 또는 일부 수정하여 수록한 것이다.

서문

우리가 스스로 자신을 가리켜 사회적 존재라고 말할 때, 신체의 단위로 분리된 각각의 우리를 사회의 단위로 연결시키고 있는 자질은 최소한 두 가지 층위에서 간추려볼 수 있다. 구분해 말하자면 하나는 비물질적 층위에서 논리적 추론·감성적 이해·의사소통 등을 수행하도록 만드는 '의미표상능력', 다른 하나는 이렇게 개별적 의미화를 거친 결과로서의 정보를 다른 개체의 의미 표상 시스템에 전달하여 그 의미를 확정할 수 있도록 하는 물질적 층위에서의 '정보소통능력'이라 하겠다.

물론 개체를 둘러싼 환경 속에서 상호작용 대상을 감지하거나 판별하기 위해 온전한 정보를 수집하는 데 사용되는 감각기관, 또 실제 물리적 존재로서 타자를 역동적 관계의 장에 끌어당기거나 밀어내는 등 개체의 사고와 의지를 구현하는 근골기관도 사회적 접속 과정에 필수적인 요건일 수밖에 없다. 하지만 자신의 존재의식을 구성하고 확인해가는 과정은 상당 부분, 환경에 대한 주목과 착안에서 시작하여 감지한 대상의 의미화로 이어지는 정신적 작업 영역에 놓여있다고 볼 수 있다.

앞서 말한 두 층위의 사회적 접속 요건은 이를테면 이해와 표현, 감수와 반응, 수렴과 발산, 내포와 외연 등의 개념적 관계에 비견될 수 있다. 여기서 단연, 주목할 것은 이 대칭적 관계가 작동하는 상호 순환의 장field으로서 인간의 감성 체계이다. 자신의 존재의미를 자문하고 자아

정체성이나 자기효능감을 확인하는 것과 같은 사적私的 탐구의 목적에서만이 아니라, 사회문화라는 비자연적 생태계 속에 동위同位의 인간으로 함께 살아가려는 공적共的 생존의 목적을 위해서도 우리의 내면에서 이루어지는 의미 표상의 작동 양상에 주목할 이유는 다분하다.

정보의 감수 및 감지, 정보 판별 및 의미구조 이해, 의미의 재구조화 및 표상도구code 선택, 의미 발신 및 회신 순환. 이 같은 정보의 의미화나 처리의 과정은 기계의 그것과 유사한 것처럼 보인다. 하지만 인간의 이 과정은 개체수 n에 따라 예측이 불가하도록 파생되는 무한한 경우의 수를 지닌다는 점에서 컴퓨터 시스템AI 등과 변별된다. 예를 들어, 한 편의 시 텍스트는 개인의 경험과 지식, 가치관, 오래 지닌 감성 혹은 당면한 환경에 따라 역동하는 정서 상황을 구성하며 다채로운 해석의 스펙트럼을 펼치곤 한다. 이는 텍스트 정보가 인간의 스키마와 사회적 관념 사이에서 불확정적 의미로 재구성됨을 나타내는 한 부분이다.

이 책은 개인의 내적 의식구조를 운용하는 감성 체계를 우리가 자신의 삶-주체로 살아가기 위해 자각해야 할 우선적 조건으로 생각한 시선에서 보는 일종의 파노라마이다. 그 전경은 특히 사회적 존재로서 인간이 자신의 사적 감성의 장場을 타자의 그것과 접속하며 끊임없이 재구성하는 과정에서 사회적 감성을 구성해내고 가시화하는 각종 양상에 대한 접안 과정을 담고 있다. 이 책을 통해 독자는 우리의 신체 안과 바깥을 넘나들며 환경 속의 자신을 특정한 의식적 좌표에 위치시키는 사회적 감성의 정체에 한 겹 더 가까이 다가설 수 있을 것이다.

이 책을 통해, 크고 작은 우리 사회에서 집단적 감성이 각 개인을 어떻게 유기적 통일체로 맞대 이으며 문화와 제도를 변용해왔는지, 이른바 사회적 감성의 동역학을 가늠하고 구체화하려는 수많은 독자를 호명하고자 한다. 그 취지는 자신의 신체와 감성이 자리한 각 위치에서 그 거점을 접합하고 횡단하는 새 시대 네트워킹의 방법적 원리를 함께 모색하는 것, 그리고 각 개인의 의식구조와 의미 표상을 그 집단적 상호순환의 장에서 공유하고 변용하여 결국 실체화된 환경 속에 자신을 재-위치시키기 위한 실천적 선례의 논의를 폭넓게 공유하는 데 있다.

인간의 보편적 역능으로서 감성을 이해하고 그 사회적 소통기능을 활용하는 것, 이것이 곧 편중된 재화·권력·지식·관념 등의 구조에서 전 인간을 동위의 존재로 해방하기 위한 하나의 안案이 될 수 있다고 본다. 우리 사회의 문화적 헤게모니는 공고할 만큼 이원화된 중심-주변 논리와 함께 밀집된 공간 속에 결부된 채로 여전하다. 물리적 공간을 초월하는 감성적 네트워킹의 속성은 이 응집되고 편향된 공간의 힘을 개인의 거점 단위마다 환원할 수 있는 재구조화 방안, 혹은 비대면 사회를 대비하는 새로운 구조화 방안을 위해 탐구될 필요가 충분한 영역이다.

이 같은 관점을 아울러, 이 책의 1부는 오늘날 한국사회에서 중첩된 감성들이 문화구조를 변용해가는 역동적 추이를 관찰하며 집단적 감성의 구성·발현·작용 등에 관한 원리를 탐구해보는 내용을 담고 있다. 이어서 2부에서는 시공간적으로 비근한 사안들을 중심으로 사회적 감성을 재구성하는 힘 또는 그러한 힘의 작용 추이에 대한 비판적 견해와 대안적 사고를 담아 보았다.

이렇게 2부로 나누어 담은 생각의 편린들은 아직, 감성인문학연구단의 한 일원으로 어두운 새벽길을 함께 더듬어가듯 찾아온 연구 지표들의 언저리쯤에 흩어져 있다. 10년 여정을 마치고 새로운 탐색의 연대에 접어든 감성인문학연구단의 항해길에 함께 노를 든 채로 다음 같은 확신을 나침반처럼 꺼내본다. 감성의 층위에서 고난이 시작될 때 그 해법

역시 감성 탐구라는 동위의 층에 놓여있다는 것, 인간의 감성 체계라는 것은 자연인으로서 개인이 자신의 행복을 지키는 최후방어선이라는 것, 그러한 감성의 사회적 결합이 행복의 토대로서 환경을 변혁하는 동력이자 기준이 된다는 생각 말이다.

한 연구자의 학술적 성과는 응당, 그것을 이루기까지 끊임없이 상호작용해 온 수많은 경험적 관계 앞에 공적 재산으로 환원되어야 옳다고 여긴다. 하여, 미완성의 사고로 진행되어 온 감성연구의 탐색을 감히 이렇게 거친 구성으로 독자들께 내어 드린다. 특히 학제적 연구를 실천하기 위해서는 먼저 한 인간으로서 자기성찰과 소통이 가능해야 함을, 또한 애써 구축해 온 인식체계와 지적知的 축적물을 기꺼이 융합하고 갱신하려는 능동성이 필요함을 배울 수 있게 해 주신 전남대학교 감성인문학 연구공동체에 심연의 감사를 전한다.

'80년 광주' 이후, 마흔 번째 해 겨울

여태 기억한다는 것은
기억할 수밖에 없다는 것
연결된 자들의 불가항력적 참전參戰
다릿돌처럼 살을 버티는 감성의 주체들 앞에

최 혜 경 드림

제2부 사회적 감성의 새로운 도정, 몇 가지 구상들

제1부

/

사회적 감성,
그 역동하는 장場의 추이

미래주의적 감성의 파국과 공감장의 발생

‖ 감성 시장의 인문학

신화나 설화의 계몽적 정보를 수집함으로써 문제적 인식에 대응하는 해결 방식을 수집하는 것, 선진문화의 지적 인프라 속에서 통용되는 합리적 인지 방식을 차용하는 것, 전문성과 결부된 지식경제의 덫에 자신의 감성읽기를 '의뢰'하고 치유를 위한 진단과 처방을 '구입'하는 것 등은 효용적 가치 중심 사회 속에서 매우 유효한 인문학적 해법으로 통용되어왔다. 그러나 실상 정서적 불안을 야기하는 문제가 발생했을 때 자아의 외부로부터 해법을 충원하거나 거래하는 방식은 잠정적인 해결 방안이 될 수밖에 없다. 궁극적인 해결은 해법을 내면화하고 자기 구조화하는 과정을 거치는 것이라 할 수 있다. 앞서 말한 해법들은 그 과정에 이르기 전까지 조력을 제공하는 자원들의 차원에 속해 있다.

해법을 내면화한다는 것은, 문제적 상황에 대한 상위-인지적 관점, 즉 '통찰'의 방식으로 자신의 내면을 들여다볼 수 있게 되는 것이다. 가령, '슬프다' 또는 '기쁘다'의 잠정적이고 단편적인 정서에 주목하기보다 그러한 슬픔과 기쁨이 연유한 사건을 이야기로 풀어내고 긴 맥락 속에 자리한 감정의 원류를 스스로 추적할 수 있게 되는 것이 그러하다. 심리상담에서 문제적 자아와의 '직면'을 거치는 과정, 문학 텍스트를 활용한

테라피에서 '자기서사'[1]를 발견하고 재구성하는 과정 등은 자기해결 능력을 강화하기 위한 방법 중의 예로 볼 수 있다.

경제 위기와 함께 한국 지식계와 교육 수요층에서 소외되던 인문학은 아이러니컬하게도 시장에 의해 열풍의 흐름 위에 섰다. '헬(Hell)-조선'에서 잘 살아남기 위해 개인의 내면이라는 감성 조정 전투의 마지노선에서 선택할 수 있는 철학적 해법들을 상품성 있게 가공하여 내놓은 감성 시장 말이다.[2] TV프로그램과 동영상 플랫폼(YouTube), 사회적 연계 서비스(SNS) 등은 실생활에 즉시 적용이 가능한 맥락이라는 사용설명서와 재미, 흥미라는 사은품을 함께 보기 좋게 편집하여 인문학적 자원을 문제 해법의 실수요자들에게 제공했다.

그런데 이러한 현상은 다분히 위험스러운 문제점을 내포하고 있는 것으로 보인다. 일방향적 시스템으로 발전하는 감성 거래 양상이 곧 감성의 위기라는 한계에 부딪힐 것이라는 예상을 가능케 하기 때문이다. 감성 시장에서 생산·공급을 담당하는 감성 판매자의 입장에서는 개인의 원초적 경험이나 정서를 어떻게 이해하고 처리해야 하는지에 관한 과제 해결의 책무를 지니지 않는다. 공급자는 판매될 개인의 정서를 '구매 완료자' 또는 '비구매자'의 경험적 맥락들 속에서 이해할 필요가 없다. 단지 '예비-구매자'의 발생과 확대를 위해 재화를 투입하면 된다. 쾌감을 진열한 공급자 앞에는 결핍과 불안의 스트레스를 감당하지 않아도 될 예비-구매자들이 언제든 준비되기 때문이다.

또한 개인의 다기한 특성에 따라 정서 자극이 충돌할 수 있는 숱한 순간들은 판매자의 기획에서 제외된다. 자본은 통계를 통해 보편다수의 필요와 흥미를 예측하고 잘 팔릴 수 있는 정서 상품을 선별하여 출시하기 때문이다. 한편, 새로운 인지 구조가 생성되고 이후 삶에 유용한 메시지를 구성하기도 하는 '불쾌' 혹은 '고통'의 과정은 구매자의 선택에서 제외된다. 굳이 불편한 과정을 선택할 필요가 없도록 시장은 다양하고 다변한 정서 상품들을 전시하기 때문이다.

물론, 정서를 거래하는 감성 시장에서도 문제 해결에 있어 최소한 직·간접적으로 개입하며 공조(共助)의 입장에 있는 관계에서는 문제적 상황을 해결하기 위한 선의를 주된 동기로 삼아 움직인다.[3] 문자, 소리, 영상 등을 매개로 하는 인문학적 사유들이 대중 또는 개인 미디어를 통해 공유되고 확산되는 이유는 그것이 상품적 가치를 지니고 제공되는가의 여부를 검증하기 전에 이미 그것을 경험하는 이들에게 적지 않은 공감과 위로를 건네기 때문일 것이다.

그러나 감성 시장이 개인의 정서를 다스리는 데 어느 정도의 유용함과 인문학 활용의 용이함을 제공하는 긍정적 측면을 지닌다는 사실을 고려하더라도 그것이 다분히 위험성을 지닐 것이라는 판단은 여전하다. 시장 원리에 비추어 볼 때, 정서의 자활·자생 능력은 '공급자'에게 있어 빈약할수록 유리하다. 시장이 이 빈약함을 목표로 구조화되거나 운영되는 것은 아닐지라도, 소비자로서 개인이 지닌 정서적 능력의 빈약함에 대해 감성 상품의 판매자가 책임질 필요가 없거나 책임 소재 확인의 시스템이 불분명하다는 점이 문제인 것이다.

이입된 정서, 사유의 부재가 향후 어떠한 상실감이나 자기 소멸로 이어질지 모른다는 것에 대한 우려는 그 특정한 정서를 선택한 '구매자'의 몫으로 남는다. 정보가 수용되는 과정에서 신체적 수용 적합성을 판단하고 향후 행위의 방향을 결정하는 맥락 속에서 인간의 정서가 작용한다는 점을 고려한다면 문제적 지점은 더욱 뚜렷해진다. 매체를 통해 자신이 당면한 정서적 문제의 해결에 취약한 개인의 대응력을 약화 또는 악화시키는 치명적 요인은 정서 거래에 의해 이해관계를 구성하게 되는 새로운 입장들에 있다기보다 그 입장을 만들어내는 감성 자본주의의 시장 구조에 있다고 보아야 한다.[4]

소소한 일상에서부터 국가적 재난과 같은 긴급한 위험 상황에 이르기까지 인간의 정서 체계는 신속하게 발동되고 정보를 처리해야 한다. 예방의 차원이 아니라 생존의 차원에 있어서 유리한 결정을 내려야 하는 과정은 획일적이고 단편적인 정서를 공급하는 외부적 시스템에 의지할 수 없는 고유한 영역이다. 외부로부터 획일적으로 이입된 정서라 할지라도 그것이 각 개인의 삶 속에 일체화된 양상으로 행위화 되지는 않는다.

감성 자본이라는 거대 주체는 개인의 다양성을 표방하는 것처럼 보이지만(다문화주의) 개인들과의 접촉 방식을 개별적 창구로 제한한다. 개인이 자신의 감성을 통합적 관계 속에서 이해하며 관계 맺을 대상을 스스로 선택하고 그 시간을 향유하는 과정은 정서의 시장에서 이윤을 감소시키는 원인이기 때문이다. 다양한 개성과 경쟁해야 할 상품을 준비하는 것, 다채로운 요구에 변화무쌍하게 부응하는 과정은 사회를 단지 시장으로 보았을 때 효용가치가 낮은 기획인 것이다.

감성 시장의 상품으로 사고 팔리는 인문학과 인간의 삶을 질적으로 세련시키기 위해 실용적으로 접근하는 감성인문학의 층위는 분명히 다르다. 전자는 개인의 삶이 지니는 서사적 맥락과 요구가 발생하는 다양한 측면의 분석이 부재한 상태에서도 범용될 수 있는 텍스트가 선택되고 다수의 수요층에 따라 공급과 지속 여부가 결정된다. 그러나 후자는 불안과 문제의식의 출발 지점과 해법이 개인의 삶과 신체적 여건 등에 따라 천차만별 다르며 수요와 공급에 있어 양적인 경제 논리를 따르지 않는다.

이 글은 이와 같이 실용화와 상품화 사이 어중간한 위상을 지닌 채 감성 시장에 나선 인문학의 현황과 활로에 위기가 잠재되어 있다는 생각을 전제로 한다. 그리고 그 위기의 심각성을 문제의식으로 삼고 있다. 과연 사회자본의 효용가치 기준과 현실적으로 괴리되지 않으면서도 경제 논리보다 인간의 자율적 의지와 사유 결과에 따라 자아의 효능감과 삶의 실제적 만족감을 높이는 방법은 무엇일까. 이러한 문제의식에 따라 이 글에서는 우리 사회를 경제적 생존을 위한 경쟁의 공간이 아니라 공감과 상생을 위한 자구적 시스템으로 누리기 위한 인문학적 구상을 시도하고자 한다.

이어지는 2장은 이탈리아 언론학자인 프랑코 베라르디 비포의 『미래 이후』[5]에 나타난 감성의 병리적 현상과 기호자본주의의 상관성을 우리 사회의 감성자본화 문제에 대입하며 독해하는 과정이다. 3장에서는 오늘날의 감성적 위기가 나타나는 맥락을 추적하면서 우리 사회가 상실한 공감과 상생의 인문학적 사유와 그 실현 장치가 무엇인지를 살펴보고자 한다. 4장에서는 이 위기의 대안으로 한국사회의 공감-장(場) 구성의 사례를 주목하고 이것이 발생하는 맥락과 배경, 이것을 재생 또는 활성화할 수 있는 인문학적 사유와 관점에 대한 논지를 제시하고자 한다.

‖ '미래 이후'의 재앙, 자신을 공격하는 감성

소위, 혁명적인 무엇을 연상케 하는 많은 것들은 그것이 산업이든 의학이든 아방가르드적인 문학예술이든 간에 인간 스스로를 전율시키고 미래를 지향하게끔 추동해왔다. 1909년 「미래주의 선언」(마리네티)은 진보적인 것에 대한 상상력과 유토피아의 관념을 아울러 미래를 신봉하는 의식이 공식적으로 표출된 지점이었다.[6] 가속화, 속도, 기계 숭배 등은 「미래주의 선언」이 강조한 가치들이었고 근대 자본주의는 미래의 가상 효과 속에 끊임없이 잉여가치를 축적해왔다.

> 20세기에 사회적 투쟁이 집단적·의식적으로 사태를 바꿔낼 수 있었던 것은 산업 노동자들이 일상생활 속에서 연대와 단결을 유지할 수 있었기 때문이다. 자율은 일상생활 속에서 사회적 연대를 창조하는 능력, 노동과 착취의 지배 바깥에서 자기조직화할 수 있는 능력을 의미하기 때문이다. 자율적 공동체는 정치적 힘의 조건이었다. 사회의 재구성이 가능할 때, 집단적이고 의식적인 변화 역시 가능하다.(…)
>
> 노동시장은 지구화됐지만 노동자들의 정치적 조직화는 그렇지 못했다. 정보영역은 극적으로 변화고 가속화되어감으로써 소통, 공감, 연대의 가능성 자체를 위태롭게 하고 있다. 노동과 소통의 이 새로운 조건들 속에서 우리는 이해의 공통된 토대와 공동 행동을 만들어낼 수 없었다. 2000년대 초반에 확산된 운동은 자본주의적 지구화의 효과들을 고발할 수 있었지만 사회적 조직화의 새로운 길을, 자본주의적 착취로부터 자율의 새로운 길을 찾아낼 순 없었다.

위 글은 2011년에 발간된 프랑코 베라르디(1948-)의 『미래 이후』[7]의 지은이 서문 중 일부이다. 그는 언론과 사회의 정치적 관계, 사이버미디어문화와 인간감성의 병리적 영향 관계 등을 미래주의의 역사 속에 통찰한 이탈리아 미디어이론가이자 사회비평가이다. 그는 20세기 첫 10년을 자본주의적 지구화에 대항하는 전 지구적 운동(이후 '대항지구화 운동')의 핵심적인 시간으로 기억한다.

그러나 동시에 비포는 '더 이상 미래는 없다'는 펑크, 뉴웨이브 문화 운동의 외침, 전 지구적 지성을 상상하도록 만든 사이버문화의 디스토피아적 패배를 통해 20세기 미래의 신화가 끝났음을 말한다. 그리고 침몰한 우리의 미래, 끊임없이 진보하는 근대의 심리적 인식과 문화적 기대를 이제 새로운 현실에 맞춰 변이시켜야 한다는 것을 주장한다.

비포의 이러한 주장에는 변이하는 운동의 당위성을 뒷받침하는 정치적이고 임상적인 징후들이 함께 제시되고 있다. 예를 들어, 미래주의가 인간 능력의 극대화를 이루는 외부적 대상으로 칭송했던 기계는 이제 사회의 신경 체계와 교차하는 '정보기계'나 인체기관의 유전적 생성과 상호작용하는 '생체기계'로 내부화되었다는 것이다. 이것은 기계가 더 이상 인간과 분리된 도구가 아니라 몸과 마음을 변형시키는 신체의 장치, 언어·인지 능력을 증진시키는 증강장치라는 것을 의미한다.

그는 기계가 인간의 언어적·논리적·인지적 자동 체계 속에 내부화되면서 지구의 공간에 대해 진행되던 정보화가 정신·지각·삶의 영역으로 확장되었고 결국 시간의 정보화, 즉 시간적 차원의 식민화가 완수되었다고 말한다. 달리 말하면, 자본과 정치권력이 일정한 이데올로기와 경제적 생산 체계를 유지하기 위해 인간(특히 노동자)의 몸(신체와 정신)을 규제하는 데 비효율적으로 법이나 억압 기구들을 활용할 필요가 없어진 것이다.

> 정보자극의 무한한 가속화에 종속된 정신은 공황에 빠지거나 둔감해진다. 여기서 감수성(sensibility)이라는 개념, 그리고 이와 다르면서도 관련된 감성(sensitivity)이라는 개념이 중요해진다. 감성은 정보를 처리하

> 는 인간의 감각 능력이고, 감수성은 공감하며 이해하기를 가능케 해주는 능력이다. 감수성은 말로 할 수 없는 것을 파악하는 능력이자 연속적인 요소들, 비언어적 기호들, 공감의 흐름들을 해석하는 힘이다. 인간으로 하여금 모호한 메시지를 관계의 맥락에서 이해할 수 있게 해주는 이 능력은 이제 사라지고 있는지도 모른다. 우리는 지금 감수성의 능력, 즉 다른 사람을 공감하고 이해하고 이진법으로 코드화되지 않은 기호를 해독할 수 있는 능력이 결핍된 세대의 성장을 목격하고 있다.[8]

노동과 가치, 정보자극과 감성이 부합하지 않거나 그것이 서로 대응하는 맥락을 이해하기 어려워졌다는 것은 곧 국가적 체계와 산업적 훈육이 힘을 잃는다는 것을 의미했다. 표면적으로 개인은 자유로운 상태에 놓여있었지만 오늘날 체계 전체는 불확정성을 지니게 되었다. 자본체계의 확대와 잉여가치 축적의 양상은 불특정함과 불안정성을 특징으로 하였고 곧 국가의 탈규제를 이끌어냈다.

미래의 무한한 확장과 가능성, 살아있는 것이 만들어내는 팽창의 속도감과 인간의 권력은 미래주의가 선언된 지 채 100년이 되지 않아 디스토피아적 분위기로 전환되었다. 자율주의 운동과 공산당의 좌우 갈등으로 '납의 세월'을 경험한 이탈리아(1968-1984), 13명의 초등학생들을 포함하여 광범위한 자살이 일어났던 일본(1977), 노 웨이브의 북아메리카, 펑크 런던 등 디스토피아적 상상은 현실화되고 있었다.

> 결속은 타자-되기이다. 반대로 접속에서는 각 요소들이 구별된 채로 남으며 기능적으로만 상호작용한다. 특이성들은 서로 결속될 때 변한다. 즉 결속되기 전과는 다른 어떤 것이 된다. 접속은 단편들을 융합시킨다기보다는 기계적 기능성의 단순한 효과를 불러일으킨다.(…)

결속은 온전하고 불규칙한 형태들의 만남과 융합으로서 그 융합은 부정확하고 일회적이며 불완전하고 연속적인 방식으로 이뤄진다. 접속은 알고리즘 함수, 직선, 점들의 반복 가능한 순간적 상호작용인데, 여기서 이 함수, 직선, 점들은 완벽하게 병치될 뿐만 아니라 불연속적으로 삽입되고 제거된다. 이런 불연속적 방식은 서로 다른 부분들이 미리 결정된 기준에 따라 공존할 수 있도록 해준다.(…)[9]

비포는 우리 시대에 최초로 등장한 세대가 지금까지 인간 의식 체계와 다르게 변이된 관점과 분석틀을 가지고 있으며 이것이 자본주의가 양산한 자살의 만연과 같은 윤리적 좌초와 연관되어 있을 것이라는 점을 발견하고 있다. 가령, 어머니보다 기계로부터 더 많은 말을 배우고 노동의 변형, 정신적 생산성의 경쟁을 경험한 세대의 인간적 결합 형태는 결속에서 접속으로 이행되며 재형성되고 있다는 것이다.

TV 프로그램에서 정글에서 살아남는 체험이나 알려지지 않았던 작은 섬에서 여행을 즐기는 방송 등이 인기를 얻으면 그 체험은 신속하게 하나의 상품으로 구성되고 공급되기에 이른다. 결속을 통한 장소와 개인의 만남과 의미화가 더 이상 이루어질 필요가 없는 것이다. 즐비한 가치와 의미들 앞에서 개인들은 필요와 선택에 의해 접속을 경험하고, 다른 한편으로는 그 새로운 가치들을 생산하기 위한 과정에 불연속적으로 접속한다.

비포에 의하면 "온전하고 불규칙한 형태들의 만남과 융합"으로서 결속보다 "미리 결정된 기준에 따라 공존"하기 위해 '살아있는 뇌 덩굴줄기처럼 대기'하는 개인들은 감성 체계의 변이를 경험해야만 한다. 변화된 환경 속에서 자신을 완전체로 인식하지 못하는 유기체들은 심미적 지각, 즉 감수성과 감각의 영역에서 고통스러운 영향을 받게 되는데, 이때 표현될 수 없는 것을 이해하는 능력인 감수성을 억제하게 된다는 것이다.

> 그동안 특정 사건들은 자가복제하는 정보를 담은 일종의 바이러스처럼 사회 조직 내부에서 증식되고 그 전체를 감염시키며 이런 이행의 신호를 알려왔다.(…) 인간적이었던 것과의 모든 관계를 잃어버린 인간성, 더 이상 일지 못하는 감정들의 대체물을 찾으며 불가능한 안정성을 되찾으려 비틀거리는 인간성의 정상상태에 대해 말이다.[10]

그는 자기 자신과 집단의 삶을 자율적으로, 미적으로, 윤리적으로, 균형 있게 통치할 수 없다는 의식이 곧 감각적으로 둔감화되거나 냉소주의에 의해 균형을 찾는 양상에 이른다는 생각을 서술하고 있다. 곧, 자신의 감성적 불균형과 무능감에 에너지를 소진한 개인은 결속을 통한 타자-되기가 가능하지 않거나 그러할 필요성을 느끼지 못하는 무기력감에 빠지는 것이라 이해할 수 있다.

오늘날은 감수성에 의한 정보처리를 자율적으로 수행하고 관계 맺기의 과정에서 만들어지는 새로운 감성과 정보들을 자신의 필요와 선택에 따라 소통하는 데 성공하지 못한 개인들이 난무하다. 정보 처리 체계는 개인의 바깥에 거대한 규모로 존재하고 간혹 접속할 지점을 신속하게 탐색해야 하거나 매순간 경쟁 속에 긴장해야 하는 이들은 자신의 감성 체계를 무시하면서 생존을 이어가야만 하는 것이다.

시끄럽다는 이유로 아파트 외벽을 도색하는 근로자의 밧줄을 끊어 숨지게 하고(2017, 양산), 초등학생 여아를 자신이 즐기던 고어물 캐릭터처럼 살해하고 은닉하며(2017, 인천), 생활비 마련을 위해 골프연습장에서 주부를 납치·살해하고 시신을 마대자루에 담아 저수지에 유기하고(2017, 창원), 집문서를 요구하다 어버이날에 친부를 살해하고 대형 고무용기 속에 락스와 함께 유기한 사건(2016, 광주) 등 최근의 분노 범죄나 반인륜적 범죄들은 단지 반사회성 인격 장애와 같은 정신질환에 의한 범죄로 이해되기에는 미흡한 점이 있다.

2010년 이후 OECD 국가 중 1위를 유지하는 한국의 자살률 역시 마찬가지이다.[11] 청소년들이나 노인들의 자포자기적 자살 또는 동반자살 등은 단지 자학적 분노 범죄나 정신 이상, 해방을 위한 엽기적 실험 등과 같은 설명으로 온전히 이해되지 않는다. 때문에 우리는 속도와 힘에 대한 미래주의적 집착, 기호와 정보를 주된 교환가치로 삼는 오늘날 시장과 감성의 위기에 주목할 필요가 있다. 비포의 비판적 견해는 우리에게 다음과 같이 보완된 이해를 제공한다. 이러한 범죄 및 자살의 양상은 특정한 인물들의 정신적 파괴 현상을 보여주는 것이 아니라, 변형된 접속적 환경과 상호작용하기 위한 시도 끝에 파괴된 감성적 균형이 일종의 심리적 폭탄으로 전환된 경우라는 것이다.

‖ 광장과 거리의 실종, 가상공간과 가짜감성

1990년대 이후 우리는 인터넷을 통한 가상공간, 즉 "살아 있고 영리하며 진화하는 기계, 새로운 생물학적 문명"[12]을 창조했다. 그러나 의아하게도 오늘날 이 가상공간을 통해 접하는 전-지구적 정신은 개인 또는 개인이 속한 집단의 문화적 의미를 통해 온전히 포섭되지 않는 듯하다. 개인이 접속되고 개인이 포함되어 있지만 전-지구적 담화와 정보는 언제나 개인 이상의 것이며 낯설고 끊임없이 소외된 자를 양산한다.

켈리의 통찰에 의하면 이것은 "개인의 두뇌가 전지구적 정신의 복잡함에 도달할 수 없기 때문"[13]이다. 그는 "인간의 행동이 점점 (곤충)떼의 행위를 닮아 더 우발적이고 예측 불가능"[14]하게 될 것이며 인터넷의 자동작용 시스템과 같은 '보이지 않는 손, 권위 없는 통제'에 의해 전지구적 정신이 합리적으로 지속될 수 있을 것이라고 예측한다. 이에 대해 비포 역시 적어도 사회적 기계에 내장된 프로그램의 자동화 단계들이 지닌 자연적 필연성이나 불가피함에 동의한다.

그러나 동시에 비포는 미래에 대한 진보적 모델이 디스토피아적 양상들의 발생에 이미 전도되었음을 주장한다. 가령, 미래의 상상력이 해결할 수 없는 집단적 문제에 부딪혔을 때 유연하게 변화하며 대응할 수 없게끔 고착된 사회경제 구조라든지 인간의 인지적 노동에 대해 신체와 정신을 아우르며 현실적으로 조화된 가치를 교환하지 않는 가상공간과 가상계급을 그러한 양상들의 예로 지적하고 있다.

> 마치 새로운 생물학적 진화시키고 '유토피아'란 존재하지 않는 곳이듯이, 가상성 역시 제아무리 의미·지각·경제적 교환의 효과를 만들어 낼 수 있을지언정 물리적 의미에서 존재하지 않는 공간이다.(…) 인터넷은 생산자이자 사용자인 사람들이 공유하는 정신적 공간에만 존재한다. 들뢰즈와 가타리의 용어를 빌면 이 비(非)영토는 보편적 탈영토화의 공간이다.(…) 가상계급은 유용한 개념이지만 가상세계에서의 임무를 수행하는 사람들의 사회적·신체적 실존을 포괄하지 못한다. 가상노동자의 사회적 실존과 감각적 몸은 가상적이지 않다. 이것이 바로 인터넷 경제에 관여하는 노동자들의 욕망과 질병의 물리적(성애적·사회적·신경학적) 측면을 강조하기 위해, 가상계급 이론으로부터 우리가

인지노동자, 즉 인지적 프롤레타리아트의 이론을 추론해야 하는 이유이다.[15]

그가 접속 세대에 새로이 출현한 병리들과 기호자본주의의 정보 광고 효과를 연관 지어 설명하는 점 역시 유의할 만하다. 그는 새로운 기본 병리들을 과부하가 야기한 병리와 투여 회수가 야기한 병리라는 개념으로 구분하고 있다.[16] 그는 가속화된 기호자본이 '신경 에너지의 과도한 활성화, 정보 과부하, 주의집중 능력의 지속적인 압박, 신체 접촉의 희귀성, 정보영역에 속한 개인들의 물리적·심리적 고독' 등 임상적 현상에 영향을 미치게 됨을 지적한다.

사회적 우울증에 대한 에렝베르의 분석과 비포의 설명을 요약하자면, 기호자본주의를 유지하는 경쟁 이데올로기와 전 노동자의 기업가 모델화는 개인으로 하여금 자신의 몸을 손질하기보다 정동과 정신을 동원시키고 조정하도록 압박한다. 수십 년 동안 유기체가 경험해왔던 신경자극들의 가속화와 강화는 자극에 반응하는 데 사용해야 할 시간과 감수성의 인지적 막을 감소시켰다.

비포는 자극의 강렬함으로 인해 단순화된 타자와의 관계, 공감 없이 이루어지는 상징적 교환, 비유적 독해의 불가능성 등이 인간의 공존을 파괴했음을 지적한다. 미래주의 선언 이후 오늘에 이르는 그의 독해에 비추어볼 때, 오늘날 급증하거나 만연한 노인 고독사, 청(소)년 자살, 분노 범죄, 윤리적 불감증 등의 원인은 개인의 정서적·의식적 범주를 벗어난 것으로 볼 수 있다.

자기계발서와 힐링 문화, 인문학적 해법 탐구 등 개인의 영역에서 시도된 숱하게 많은 방어에도 불구하고 사회적으로 우울감이 횡행하게 된 배경에는 그 방어선을 전략적으로 구축하여 이익을 취할 수 있었던 자본과 정치의 공조가 절대적이다. 몸을 잃은 노동자들은 실체가 없는 정보 노동자로 부유하면서 변화의 힘을 상실하게 되었고 거대한 체계로서 자본과 기계는 괴물처럼 살아 움직이며 기관차처럼 폭주하고 있다.

바로 이 지점에서 비포는 다음과 같은 질문을 던진다. "우리는 어떻게 의식적인 집단적 주체화의 미래를 상상할 수 있을까? 불안정성의 시대, 시간의 프랙탈화 속에서 어떻게 집단적 의식성을 창조할 수 있을까? 자본주의가 되돌릴 수 없는 파괴의 경향을 제도화해 놓은 세계 속에서 어떻게 사회의 자율을 실천할 수 있을까?"[17]

비포는 정보가치에 의해 접속으로 변형된 연결의 방식이 우리의 미래를 디스토피아적으로 진행시킨 것이라 말한다. 그러나 기계의 내재화와 정보에 의해 연결된 의식적 유기체들이 모두 자율성을 상실한 무기력감과 암울한 전망만을 지닌 것은 아니다.

> 두 사람이 똑같은 꿈을 꿀 때 그 꿈은 환영이길 멈춘다. 실재와 환각을 구별하는 기초적인 검사법은 만인의 합의(consensus gentium), 즉 나 외의 다른 사람, 혹은 몇몇 사람이 내가 보는 것과 똑같은 것을 본다는 사실이다. 이것이 바로 이디오스 코스모스(idios kosmos), 즉 사적인 꿈이 우리 모두가 공유하는 꿈인 코이노스 코스모스(koinos kosmos)와 다른 점이다. 우리 시대의 새로운 점은 우리가 공통 세계의 가변적이고 요동하는 특징을 보기 시작했고, 환각이 그저 허황된 공상에 불과한 것이 아니라는 사실을 깨닫기 시작한다는 데 있다.[18]

우리 시대는 동시에 같은 것을 보고 거의 즉각적인 것에 가깝게 각자의 의식을 공유하는 데 이르렀다. 비포의 위 언술에 비추어본다면 이 시대는 꿈을 환영으로부터 실재하는 것으로 바꾸어낼 수 있는 요건을 갖추고 있는 것이다. 한국사회는 세계가 주목하는 정치사회적 전환, 변이하는 운동의 가능성을 경험하고 있다. 한국사회의 촛불시위나 국회 청문회에서 개인 미디어의 공조가 감각적 일체감을 확인시키고 의식을 실체화하는 데 기여한 역할은 무시하지 못할 비중이다.

대중의 의식을 공명시키는 기호, 미디어, 시뮬라시옹을 점령한 자본주의에 의해 기계와 정보의 신경세포화가 이루어지고 이를 통해 개인은 감성의 불확정성 또는 불안정성을 내재화하였다. 그런데 우리는 오히려 이 누적된 디스토피아적 우울감이 새로운 체계를 구조화하기 위한 에너지로 폭발하게 되고 국가의 규제조차 벗어난 기호자본의 공고한 구조를 흔들게 되었음을 확인하였다.

현실과 감성의 불일치가 감수성의 변이를 거쳐 한계에 이를 때 곧 현실을 변화시키는 에너지로 작동하는 것인지, 사회적 집단의 단위에서 이루어지는 공감장의 양상이 '미래 이후' 새로운 전환의 징후일 것인지 자못 고무적이다. 미래의 종언에 무감하기까지 하던 '헬-조선'이 거대한 감성의 결집에 의해 혁명적 에너지를 분출하게 된 계보 혹은 관계적 맥락을 설명하는 것은 비포의 질문으로부터 거둘 수 있는 우리의 과제이다. 그것은 곧, 지구화 시대에 우리의 발화 위치를 지금 이곳으로 환수하는 것, 지역이자 세계의 동등한 구성 주체로 한국사회의 특이성과 보편성을 확인하는 과정이 될 수 있을 것이다.

‖ 파국의 힘, 공감장의 발생과 감성적 실체의 연결

비포는 노동의 불안정화가 동시에 효과를 지닐 수 있음을 암시하였다. 공간의 층위에서 무한할 것으로 여겨졌던 욕구와 착취의 평면적 이동은 고갈, 즉 '소진(exhaustion)'의 징후들과 맞닥뜨렸다. 그 욕구와 착취는 곧 시간의 층위로 옮겨왔다. 그러나 비물질적인 영역, 특히 인간의 두뇌와 정신의 영역에서 그 한계는 더욱 뚜렷했다. 결국 공존 불가능성이라는 문제 속에서 소진은 재조합과 재구성을 이루어내는 변화의 기폭제, 혹은 악의 공포증을 몰아내려는 파국적 전략으로 기능하게 된다는 것이다.

> 신경쇠약, 정신병리적 증상, 공황, 우울, 자살의 유행. 기호자본주의적 가속화와 신경 에너지의 과도한 착취는 소진을 불러온다.(…) 우리 시대에 에너지는 고갈되고 있으며, 근대 사회의 동학이 그 영혼을 주었던 욕망은 가상화와 금융게임의 블랙홀에 빠져버렸다.(…)(보드리야르)우리는 그 목적성이 사라진 형식들을 먹고 산다. 더 이상 이데올로기는 없고 오직 시뮬라크라만 있다. 따라서 우리는 현재 시스템의 헤게모니와 마법을 파악하기 위해 가치 법칙의 계보 전체와 그것의 시뮬라크라를 재구축해야 한다. 즉 가치의 구조적 혁명이 필요하다.[19]

비포는 소진이라는 급진적 수동성이 "신자유주의 정치가 강요하는 쉼 없는 생산성의 풍조를 분명 위협할 것"[20]이며 "물러나기의 창조적 측면을 강조할 때에만 죽음, 살해, 자살로부터 새로운 종류의 자율, 새로운 사회적 창의성, 새로운 삶으로 그 방향을 바꾸는 것이 가능"[21]하다고 말한다. 다시 말해, 이것은 기존의 강력한 노드에 대한 의존이나 전투적 공격성을 모두 버리고 복지부동하거나 다음의 설명처럼 아예 전선에서 물러나야 한다는 것을 의미한다고 볼 수 있다.

> 현재적 조건에서 자율은 경제 법칙이 지배하는 영역으로부터의 탈주를 의미한다. 즉 경제-바깥(Out-onomy), 경제적 교환 부문의 폐기, 지식의 자기조직화, 더 이상 경제적 문화와 기대에 의존하지 않는 사회적 삶 안에서의 생산(물물교환, 시간과 능력의 자유로운 교환, 식량 자립, 도시의 영토들을 점령1하기, 지가방위의 조직화) 등.[22]

하지만 "편안한 영혼을 가지고 피할 수 없는 삶을 살아내는 것이 새로운 문화적 과제"[23]라는 그의 주장은 대안이라기보다 언뜻 무책임하고 황당한 회피성 언술로 여겨진다. 그러나 다른 한편, 소진과 물러나기는 노동자들의 프랙탈화된 정보력과 노동의 가치를 자본의 결전중심지에서 원천적으로 무기력하게 만드는 것이자 정보의 생산소비체계를 황무지화하는 일종의 저항 방식이 될 수 있을 것으로도 여겨진다.[24]

> 집단적 주체화(즉 사회적 재구성)는 시간의 차원에서 일어나는 공통의 언어-정동의 발전을 함축한다.[25](…) 오랫동안 이어진 대항지구화 운동의 도덕적 항의의 물결이 신자유주의 권력을 파괴할 수 없었던 것처럼, 새로운 의식성과 감수성이 부상해 확산되고 매일의 삶을 바꾸면서 전지구적 네트워크의 문화와 의식성에 뿌리를 둔 비-일시적 자율지대들을 만들어내지 않는다면 봉기들을 해결책을 찾지 못할 것이다.[26]

하지만 굳이 행동주의의 관점을 견지하지 않더라도 그가 말하는 '전지구적 네트워크의 문화와 의식성에 뿌리를 둔 비-일시적 자율지대'의 확산이 미래의 재구성을 위한 방안으로 더 설득적이다. 또한 소진의 위험성이나 예측 불가한 효과를 수동적이면서 불안정한 상황 속에서 기다리고 있기보다는 적극적으로 소진을 이해하거나 활용하는 것이 사회문화적·정신적 측면의 회복에 실효적일 것이다. 가령, 소진과 파국의 양상이 불합리한 사회구조의 전환적 계기를 마련하는 전제 조건이 될 것이라는 이해가 그러하다.

자율지대의 구성은 유사한 이상향 아래 결합된 행위자들이 상호 기여하거나 상호 기여와 무관하게 자족할 수 있는 '감성적 연결망(empathic network)' 또는 '공감대(bond of sympathy)'를 구축하고 있을 때 가능할 것이다. 여기서 말하는 '감성적 연결망'이란 개인이 집합을 자신과 하나인 것처럼 느끼고 행동하게 하는 원초적 조건을 의미한다. 그리고 원초적 조건이라 함은 공감을 매개로 한 장이 그 성립 조건으로서 원초적인 선택 지향성을, 그야말로 '선택할 수밖에 없는' 감성적 이유를 구심에 지니고 있음을 의미한다.

감성적 연결망을 원초적 구심력으로 지닌 자율지대 혹은 공감대의 구성 양상을 다른 말로 '공감장'[27]이라고도 부를 수 있을 것이다. 여기서 말하는 공감장의 조건은 한편, 박경섭이 말하는 "복합적이고 집합적인 마음"과도 상통하는 것으로 볼 수 있다. 이 집합적 마음은 5월 광주의 경우, "5월 광주의 에토스"이자 "마음과 몸이 연결된 나눔"인 것으로 명명된다.[28] 그는 "이 복합적이고 집합적인 마음의 나눔이 공동체가 도래할 수 있는 근거"이며 그것의 속성을 "집합적인 마음은 개별의 인격 속에도 존재하지만 서로 나누어져 있는 것"으로 설명한다.[29]

이러한 마음은 서로 작용함으로써 상호 호혜성을 지니며 공동체를 '드러내는' 역할을 하게 되지만, 의무로 작동될 수 있는 것은 아니다. 박경섭은 또한 조르지 아감벤[30]이 말하는 '공동체 구성의 불가피성'에 관한 관점을 빌리면서 "(광주의 경험에 비추어볼 때)공동체는 목적과 계획에 따라 건축되는 것이 아니라 마음의 나눔, 마음의 작용으로 드러나는 것, 노출되는 것, 돌이킬 수 없이, 불가피하게 공동체가 되어버리는(being community) 것"이며 "일체감의 사회문화적 맥락을 이해하지 못한다면 공동체 소환은 불가능한 것"이라 말한다.[31] 이처럼 상황의 불가피성, 비선택적이고 필수적으로 장에 동화되는 상황은 그것과 개별적 자아의 원초적 정합성에서 비롯될 것이다.

물론, 경제적이고 사회적인 이익을 위해 감정 또는 감성이 일종의 규합된 무리를 이루거나 그것을 작동시키는 체계(감성 시장)를 구성하는 경우도 존재한다. 에바 일루즈의 설명을 빌리자면 그것은 '감정장(emotional field)'을 작동시키는 하나의 방식으로 구분된다. 가령, "병리의 영역을 구축·확대하는 것과 감정건강의 영역을 상품화하는 것"[32]과 같이 감정 장을 구조화하는 일종의 메커니즘인 것이다.

그런데 다른 한편 에바 일루즈는 "감정능력이라는 새로운 형태의 사회능력에 대한 접근권을 규제하는 방식"[33]에 의해 감정 장이 작동하기도 함을 지적한다. 이른바 감정 장이라는 것이 생기면서 '정체성이 공적으로 노출되고 공적으로 서사화되며 감정적 행복에 새로운 위계를 만들어낸다는 것'이다.[34] 바로 공감장의 층위는 공적 감성과 사회 구조화의 변용 에너지를 포괄하고 있다는 점에서 이 후자에 위치한다고 볼 수 있다.

저항과 지배의 개념을 공유한 민중이 집합적 행위를 통해 그 존재를 드러낼 때, 이들을 규합하는 원인과 이들을 민중의 실체로 확정하는 기준은 실로 공적 감성인 것이라 할 수 있다. 이러한 집합적 감성의 장에서는 혼재된 주체들이 동일한 또는 극히 유사한 이상향을 공유하며 존재한다. 그 이상향은 '사랑', '평화', '인권', '자유', '자존' 같은 인간의 철학적 공통감 또는 도덕 감정이라 부를 수 있는 것들에 관계된 것이었다.

이러한 이상향에 의해 식별되는 장은 "지배, 종속, 협력, 대립의 연결망"이라거나 "아비튀스와 장의 공모"라기보다 '이상향을 공유하며 운명을 동일시하는, 유사한 목적의식과 이해관계, 감흥을 공유하는 개체들의 형이상학적 집합'이라 할 수 있다.

그런데 감성은 형이상학적인 것이므로 한순간 사라지거나 또 한순간 재구성되기도 한다. 그렇기 때문에 공적 감성의 행위자 역시 유동적이다. 감성의 결집으로 형성된 장은 독립적으로 나타나다가도 공적 감성의 유무 혹은 지속 여부에 따라 다른 장으로 포섭되며 일순간의 장(場)이 되기도 한다. 또한 공감장은 동일한 아비튀스를 공유한 계급적 개인의 집합이 아니다. 공감장에서는 혼재된 아비튀스가 공모되지 않은 관계로 각기의 행위를 구동한다. 공감장의 감성 상태는 석고상 같은 고착된 성질로 인식될 수 있거나 부조 벽화를 바라보는 경우와 같이 고정된 시선을 통해 포착될 수 있는 것이 아니다. 집합적 감성을 공유하는 장의 행위자들은 혼재된 아비튀스와 다종의 계급을 지니고 있으므로 고정된 채 또는 하나의 기준틀에 의해 일컬어지지 않는다.

따라서 '공감장'은 쾌감, 안전감, 자존감, 자아정체감 등 실존을 위해 유용한 감성이 행위자들의 상호작용에 의해 발흥되며 사회적 공존의식이 행동의 논리가 되는 유기적인 감성 관계망인 것이라고 말할 수 있다. 이때 공감장은 그 안에서 행위자들이 자신의 실재 또는 실존 의식에 기여하는 산출물을 확인할 수 있어야 하고 그 산출물이 자신의 삶뿐만 아니라 다른 이들의 경우에도 마찬가지로 유익한 것으로 여겨지는 순간이 구성될 수 있다.

공감장이 지닌 혼재된 아비튀스의 특성은 김두식이 광주항쟁의 경계 구성을 위해 지목한 '다중적 집단정체성'[35]과, 신진욱이 다수의 정체성이 경합하고 화해하는 행위현상인 사회운동의 속성으로 지목한 '다중적 정체성(multiple identities)'[36]의 개념적 의미와도 연관되는 것으로 볼 수 있다. 김두식은 80년 5월 이후 지역 시민사회의 다중적 분화를 설명하기 위한 집단정체성을 광주의 특수 상황과 다중적 성장 과정이라는 프레임을 통해 고찰하였고, 신진욱은 1980년 광주항쟁에서 표출된 저항의 정체성을 다중적 정체성과 적대적 정체성의 특질에 의하여 규명하고자 하였다.

서로 다른 착안점을 지님에도 불구하고 이들의 연구에서 공통적으로 발견되는 지점은, 객관적으로 변별할 수 있는 사회적 층위나 내재적 감성 층위가 각기 다른 사회 구성원들의 자발적(혹은 불가피한, 비선택적, 필수적)인 규합과 일체화된 행동 양식이라는 현상이다. 이러한 현상은 공감장이 아비튀스의 혼재함이 해결해야 할 과제, 즉 "서로 다른 정체성을 화해시키는 다중정체성 작업(multi-identity work)"[37]의 무게를 무시하거나 인식하지 못하도록 만드는 구심적 감성을 지니고 있음을 보여준다고 할 수 있다.

'공감장⊃행위자들의 감성적 실존에 이로운 구조'라는 전제를 지닐 때 공감장이 행위자들에 의해 채택되는 계기나, 공감장이 '공감(共感)'만이 아닌 '공적(公的) 감성 또는 집합적 감성'의 관계망을 구성하게 된 과정이 설명될 수 있을 것으로 보인다. 이러한 공감장에서 공감(共感)혹은 공감행위는 '공적 감성(公感)'의 소통 채널이 될 수 있다는 점에서 공감장을 구성하는 하나의 조건으로 분류할 수 있을 것이다. 다시 말해, 공감(共感)은 장을 형성하지 않은 개인들 간의 관계에서도 가능한 반면에 공적 감성(公感)은 공적 소통의 공간 안에서 발생하거나 교류될 수 있다는 점에서 '공(共/公)'이 지닌 성질이 분화될 수 있다.

한편, 공감장을 구성하는 감성적 조건은 뒤르켐이 의례의 기본적인 속성 중 하나로 주목한 '공현전(co-presence)' 현상의 집합 열광이나 집합의식과도 비교될 수 있다. '공현전' 현상은 참여자들의 상호작용, 특히 표출된 감정의 공명과 증폭에 의해 의미화된다는 점에서 공감장과 상통하는 면이 있다.[38]

그러나 공감장을 하나의 의례행위로 정의하는 것은 적절하지 않을 것이라 여겨진다. 공감장은 "공통된 신념, 전통, 집합적 이상을 재생"[39] (뒤르켐이 집합열광을 통한 변화 양상으로 지목하는)시키지 않는 의례 행위(콘서트, 특정 시위 등에 대한 불특정 참가자 집합 등)를 포함한다. 뿐만 아니라 공감장은 공유된 가치, 신념, 사고를 매개하며 감정을 유발시키는 집합표상이 부재하거나 기존에 체험된 집합흥분이 없는 상태에서도 구성될 수 있으며, 공감장의 행위자들은 그 구성원들이 고정되거나 지속되지 않음으로써 이후 집회의 성격이나 구성 여부를 예상할 수 없도록 만들기 때문이다.

‖ 생존법칙, 희망을 욕망하기

자본주의적 감성에 의해 생산된 기계는 인간의 자율적 의지에 의해 조정되지 않으며 인간을 왜소하고 불완전한 존재로 만들어가고 있는 것으로 여겨진다. 시장은 포장된 상품을 전시하면서 본디 개인의 신체에서 발생하지 않았던 새로운 욕구를 만들어낸다. 자신의 정서적 신호를 바탕으로 행위를 결정하고 수행하는 과정 없이 얻어진 쾌감은 헛된 에너지를 소비시킨다. 결국 충족감이 아닌 허무감이 발생하는 것이다.

실제로 체험되지 않은 정보와 공감되지 않은 효용성에 몸을 맡긴 개인은 내면으로부터의 요구에 의해 자연적으로 발생하지 않은 인식적·감성적 변화를 맞이하면서 낯선 경험을 하게 된다. 정보의 이해와 정서의 처리가 낯설게 되고 무엇을 선택해야 할지 모르는 혼란 속에 빠지게 되는 것이다. 결국 개인은 자극 앞에 변이할 수밖에 없지만 통찰을 통해 변이를 선택하거나 맥락을 이해하지 못하는 경우에 맞이하게 되는 것은 허무의식이다.

불행하게도 우리 사회는 생존의 불안함에 의해 지금 이 삶의 진행을 잠시 늦추고 방향 설정을 고민해야 할 시점임을 간취해내지 못한다. 불안함이 문제 상황임을 가리키는 표지로 읽히지 않도록 주의를 끄는 자극이 더욱 더 많기 때문이다. 삶을 돌아볼 틈도 없이 바쁘게 일하는 워커홀릭의 내면을 관찰하기에 앞서 스펙을 경외하는 청년실업 군, 국가 정책에 대한 사회적 비판을 죄악시하면서 참여적 실천으로 국가 위기를 극복할 수 있다는 맹종 의식, 극한의 고통을 감내해야 하는 직업군의 사회적 발화 위치를 고려하지 않은 채 자신의 삶을 스스로 구제하는 근면·성실한 노동의 태도를 일종의 근면·성실한 태도나 본보기 같은 것으로 조명하고 미화하는 프로그램 등에서 개인의 사유 확장은 어떤 가치를 지닌 것으로 고려되지 않는다.

사유하는 경험의 축소는 타인의 고통에 대한 무관심, 상생관계의 파괴와 같은 부작용을 가져왔다. 이보다 더 심각한 문제는 이러한 상황을 문제적으로 인식하는 것 자체를 불편해하는 거부감, 즉 사회적 관계에 대한 의도적인 외면과 자기 안위에 대한 집착이다. 물론 이러한 양상은 공급자의 입장에서 볼 때 효용적 가치가 있다. 개인이 파편화되고 사회라는 울타리 속에서 반복적으로 충일감과 안락감을 느끼게 될수록 거대한 외부의 주체는 사회 시스템을 재편하거나 보수하는 부담을 줄일 수 있기 때문이다.

이 글에서는 참-자아를 발견하기 위한 체험의 여정을 밟지 않은 이들, 즉 자율적 감성 체계를 구축하지 못한 채 '너'와 '우리'에 대한 사유를 확장하지 못하거나 그러한 요구에 냉소적으로 대응하는 우리의 감성적 위기를 진단해보았다. 그리고 이러한 위기가 상품화 일로로 나아가는 인문학의 경제적 전유에서 비롯된다고 판단하고 인문학적 사유를 삶 속에 실용적으로 적용하기 위한 방안을 구상하고자 시도했다.

그리고 감성적 위기를 극복하기 위한 대안으로 삶에 적합하게 실체화된 감각과 이것을 공감, 공유하는 사회적 시스템으로서 오늘날의 가상적 접속 공간이 아닌 연결과 만남의 공감장을 회복 또는 생성할 것을 제시하였다. 촛불의 공감장과 함께 봉기와 저항의 맥락을 새로이 구축한 한국사회의 비-일시적 자율지대는 자멸적 이데올로기 속에서 인간 지향적 양상을 반전시켰다. 그 과정에는 어린아이들과(가습기 살균제 사건, 세월호 참사 등) 노동자와 이웃(용산4구역 철거현장 진압 참사, 대한항공 086편 회항 사건을 비롯한 갑질 논란 사건들 등), 내 자신을 스스로 구제하기 위해 거대한 자본과 공고한 기계적 체계의 틈을 비집고 나온 인간적 결속의 욕망이 있었다.

비참한 무기력감에 빠져있는 코그니타리아트(cognitariat)보다 리토르넬로(ritornello)를 창조하는 무지한 일반지성에서 재구성의 희망이 양적으로 우세할 수 있지만,[40] 과연 그 희망이 비포가 지적하는 '무지'로 불릴 수 있는 것인가 하는 점에는 의문이 든다. 우리는 기계적 체계와 불일치하는 감수성에 의해 집단 공멸하지 않았다. 우리는 분명 앎에 의해 염세를 경험했으나 살아남았고 새로운 조합을 탐색하고 있다. 한국사회가 경험한 장의 재구성과 변용의 맥락은 코그니타리아트나 일반지성을 포괄하고 있다. 즉 한국사회의 공감장은 몸과 연결된 감수성을 회복하고 장의 재구성을 시도하게 되는 집단지성의 생존법칙을 증명하는 것이라 말할 수 있다.

광장이나 거리에서 마치 불현듯 나타난 것처럼 보였던 감성의 응집과 변용은 상생을 위해 구조화된 구조가 오히려 인간의 감수성을 위협하는 순간이 지속되었을 때 그 임계점에서 발생하는 사회의 자구적 방책일지 모른다. 사회의 구조적 불합리성을 체험한 생존자들의 공통감각과 이들을 연결하는 융합 공간에서 인문학적 사유는 소통의 준거점으로 적용되어왔다. 우울감이나 공황과 같은 불안 장애에 빠진 사회가 반면교사, 몸에 맞지 않는 사회적 체계를 검열하는 과정의 필요성을 나타내는 신호라면 인문학은 이 전환적 과정에서 자기점검과 새로운 구조화의 기준을 제공하는 실용적 수단으로서 그 책무를 이행해야 할 것이다.

감성의 초국적 접속과 그 양면적 작용

‖ 글로컬 감성의 공명(共鳴)

오늘날 한 지역에서 발생하여 세계를 넘나드는 감성의 운동은 가히 파격적인 속도감을 지닌다. '1인 미디어'[41] 시대의 감성의 전파 속도는 활자 인쇄 매체를 이용하던 시대는 물론, 거대자본 혹은 국가권력을 바탕으로 둔 공영방송의 것을 초월했다. 이제 공감과 교감의 여부는 정보를 인간의 눈과 귀에 물리적으로 전달하는 속도보다 인식적 관심 또는 감성적 수용을 이끌어내는 정보의 미장센에 달려있다고 할 수 있다.

그 핵심적인 이유는 사건의 포착, 시선의 공유, 관점의 제시, 피드백의 연쇄와 공유와 같이 지난한 소통의 과정을 통해 이루어졌던 사건의 의미화 과정이 1인 미디어를 통해 매우 축약되었기 때문이다. 더욱이, 1인 미디어를 통해 제공되는 수많은 사건과 정보들은 제각기 의미화 된 결과들을 포함한 채로 정보수용자의 시선을 점유하기 위해 경쟁하고 있다. 그 경쟁의 과정에 일차적으로 기여하는 것은 사건 및 정보의 발생과 제공을 거의 동시적일만큼 근접하게 만드는 속도감이다.

그리고 그 의미의 유통 과정에 이차적으로 기여하는 것은 감성의 움직임이다. 이것은 소통이 얼마나 빠르고 멀리 이루어지느냐에 영향을 미치는 증폭제로서 역할을 수행한다. 개인의 고유한, 혹은 변화무쌍한 기호에 다채로운 선택지를 제공하는 것은 수직적 승인 구조를 지닌 기존의 거대 미디어 체계에서 수행하기 어려운 일이었다. 그런데 1인 미디어의 정보 생산자들은 정보 수용자들의 필요에 부응하는 동시에, 그들에게 선택과 참여가 가능하다는 느낌을 주기 위해 주로 대화의 창구를 설정해둔다. 이때 감성의 개별성이 경쟁력을 발휘하게 된다.

이러한 변화는 한편으로 감성의 집단적 공유, 즉 공감이 이루어지는 것을 특정 미디어에 의해 통제하기 어려운 시대가 되었음을 의미하기도 한다. 오늘날 한국의 집단적 감성을 규명하려는 시도는 광장 복판에 커다란 원을 그려놓고 그 안에 드나드는 인파를 살펴보는 과정과 유사하다. 원 안에 잠시 머문 인파의 속성이 수시로 변하는 것처럼 지역, 세대, 직종, 계층, 젠더 등 집단 감성의 양상에 다양한 기준과 층위를 적용해보더라도 그것을 뚜렷한 감성적 코드로 명명하기란 어렵거나 합당하지 않은 것으로 인식된다.[42]

집단적 감성을 구성하는 감성적 주체나 내용적 속성이 일정한 것으로 명명되거나 지속되지 않는다 해도 그것을 특정한 감성 코드로 상품화하는 시도는 비일비재하다. 특정한 감성 코드를 소유한 시대, 세대, 지역, 장소, 문화적 텍스트 등이 정보의 형태로 가공될 때 그러한 정보 해석을 위한 중재자나 지침서가 요구되면서 새로운 수요-공급 창구(일거리)를 활성화시키기 때문이다. 미디어를 통한 전문가 인터뷰나 강연, 출판, 광고, 기념물(관) 만들기 등은 특정한 감성 코드에 대한 전문적인 분석을 대중적인 창구를 통해 중재 또는 거래하는 예로 볼 수 있다.

그런데, 공적 경험을 제도적으로 승화시키기 위한 목적에서 감성을 고착화된 전거로 활용하는 경우라든지, 취향과 수요에 따른 공급을 위해 감성을 가공하고 상품화하는 경우에서는 감성의 전파과정에 인위성이 다분하다. 그 인위적인 감성을 일러, 특정한 발신지를 중심축으로 하여 단일한 파동을 형성하며 진동하는 '중심 감성'이라 명명하면, 다축(multiaxis)의 파동 형성 지점으로부터 출발하여 파동의 만남과 복잡한 간섭 현상을 일으키는 감성을 '주변 감성' 혹은 '지역 감성'[43]이라 부를 수 있을 것이다. 이 글에서는 이 '중심 감성'의 인위적 전파성과 '주변 감성'의 다층적 변화성에 의해 감성적 근대가 변별될 수 있을 것으로 보는 관점을 취하고 있다.

가령, 문화자본주의에 의한 기획과 시장질서에 따라 감성 텍스트가 구성되고 유행이 만들어지던 시대와 오늘날은 감성 발신지의 영향력과 감성 유통 방식의 역할과 효능 면에서 구별될 수 있다. 주지하듯, 오늘날 감성의 유통은 개인과 개인 혹은 개인과 불특정 다수 사이의 접속을 대기하는 수많은 1인 채널을 특징으로 지닌다. 그리고 그로 인해 마치 분자의 브라운 운동[44]과 같이 불규칙하고 확산적으로 움직이는 감성의 운동적 특질이 발현되고 있다. 이 글은 합목적적 구조 속에 자리해온 전통적 질서와 사회문화의 인식적 기반 위에 이 같은 감성적 특질이 발현되는 양상을 감성적 근대를 조명하기 위한 전거로 바라보고 그 의미를 밝히는 데 목적을 둔다.

좀 더 나아가자면, 이 글의 논의를 통해 '글로컬(glocal) 문화'[45]를 배경으로 다축의 지역에서 발생하여 전 지구적으로 움직이는 오늘날 감성의 운동적 특질이 한국 사회문화의 재구조화와 어떠한 상관관계를 지니는지에 대해 살펴보고자 한다. 이 과정은 특히 미디어를 매개로 상호 간섭하는 감성의 파동을 양가적 측면에서 분석하여 세계 속 한국 또는 한국사회 내부의 다양한 발화 위치를 확인하고 감성적 근대의 실제를 이해하는 데 도움이 될 것이다.

특히, 이 논의의 과정에서 감성적 코드로 무리를 형성하고 동일지향성을 나타내는 행동을 준칙으로 삼는 팬덤(fandom)[46]의 개념과 그것이 발생하고 움직이는 문화적 현상을 주된 분석의 대상으로 두고 있다. 그 이유는 글로컬 감성이라는 새로운 소통 패러다임과 그 운동성을 추론하기에 앞서, 전근대적 구성체로는 명명하기 어려운 이 새로운 소속감의 연대가 주로 미디어를 매개로 구성하는 집합적 행동이 이해되어야 하기 때문이다.

‖ 유행하는 감성, 구조화하는 감성

개인의 취향이 환경과 아비투스에 의해 결정된다는 부르디외의 이론을 가져오지 않더라도, 거대자본 혹은 국가권력에 의한 미디어 지배구조가 대중의 유행 문화에 직결되거나 큰 영향을 미친다는 사실은 소비자들에게 꽤 익숙한 것이다. 니스트롬(Paul H. Nystrom)은 유행을 유지하는 데 영향을 미치는 요인들로 '경제 질서(economic order), 지배적인 사건들, 지배적 이상들, 위력 있는 사회단체'[47]를 제시하기도 한다. 그런데 이 같은 유행의 지배적 구조에 소비자의 자발성과 적극성, 경계를 넘어서는 유행의 단위로서 초(超)국가성 등 낯선 요인들이 개입되기 시작했다. 그리고 이 변화는 팬덤의 발생이라는 현상으로 감지된다.

예를 들어, '한국의 기획사들을 비롯한 비즈니스 사업자들은 2006년 이후 그들의 상업적 서비스를 확대하고 K-pop을 비롯한 한국 문화산업을 국제화하는 전략으로 유튜브(YouTube)나 SNS(Social Network Services) 등 온라인 매체를 이용'[48]해 왔다. 그 이유는 그들의 전략이 거대자본을 투입하는 것이 아니면서 팬들의 공동체가 활동할 수 있는 장소를 제공하는 데 용이하기 때문이다. 즉, 사업자들은 온라인 공간을 매개로 하여 팬들의 무리가 적극적으로 참여할 수 있도록 자발적인 친밀 행위를 지원하는 것이다.

그런데 오늘날 한국사회에서 집합적 감성의 실제는 다양한 팬덤 감성의 표출과 대립에 의해 다소 불안정한 상태에 있는 것으로 인식된다. 천정환은 '2007년 대선을 거치며 인터넷을 기반으로 구성된 시민참여정치와 팬덤 정치의 긍정성 혹은 새로운 의미가 신뢰의 위기와 정치허무주의 등으로 인해 소실되었거나 구시대적 예속성에 지배되고 있음'[49]을 지적하기도 한다. 하지만 팬덤 현상을 가치 평가하기에 앞서 발견할 수 있는 점은 팬덤 감성의 다양한 분할과 변화 양상, 지속 또는 결합의 예측 불가능성, 구조로부터 발생하는 감성이 아닌 감성의 움직임에 따라 변화되는 구조의 양상이다.

경계와 중심을 가늠하기 어렵도록 지속적으로 재구성되는 오늘날 팬덤의 감성을 이해하는 데 바우만(Zygmunt Bauman)이 말한 '유행과 유동하는 정체성'의 논의는 상당부분 유의미하다.

> 사실상 유행의 영구운동은 모든 타성을 파괴하는 데 대단히 전문적이고 경험이 풍부하며 매우 효과적이다. 유행은 모든 삶의 방식을 영속적이고 끝없이 계속되는 혁명으로 던져버린다.(…) 역사상 인간이 거주했던 모든 지역, 모든 시대, 모든 문화에서 유행은 끊임없는 변화를 인간의 삶의 방식의 규범으로 만들어내는 데 핵심적인 역할을 해왔다. 그러나 제도와 관습이 변하는 것과 마찬가지로, 그 방식은 시대에 따라 달라졌다. 유행이라는 현상이 나타내는 지금의 형태는 식민지화, 그리고 인간 조건의 영원한 측면인 소비시장에 의한 착취로 정의된다.[50]

위의 언술에 나타나는 바와 같이, 바우만은 오늘날의 유행을 시장과 이데올로기에 의해 타성화된 것으로 진단한다. 그리고 "소비시장이 힘과 지혜를 모아 문화를 유행의 논리로 일단 지배하기 시작하면, 사람들은 반드시 자신이 자기가 아닌 다른 사람이 되는 능력을 갖추었음을 증명해야만 한다"[51]고 말하며 상업화된 유행을 비판한다. 그리고 "좋은 사회, 즉 구성원들의 인간성에 적합하고 그러한 인간성을 보장하는 환경이라는 오랜 꿈의 '탈규제화'되고 '개인화'되고 '개별화'된 버전이라고 할 수 있는 사회"[52]와 '유동하는 정체성'을 긍정한다.

바우만의 논의를 빌려 본다면 인터넷과 1인 미디어를 매개로 하여 발생한 팬덤의 감성적 속성은 불안하거나 불온한 것만으로 볼 수는 없다. 다시 말해, 팬덤의 감성은 바우만이 말하는 바처럼 '무력화시키는 힘의 불확실성을 벗어버리고 연속적이며 끊이지 않고 변화하는 개인의 자아를 통해 행복을 영속적이고 안전하게 한다는 유토피아적 발상'[53]의 발현 양상일 수 있다. 동시에, 지금까지 에너지와 자원을 배치하고 유통시켜온 권력으로서의 자본과 정치적 기반을 재구조화한다는 점에서 긍정적이다.

1990년대 후반 한국의 댄스 그룹들(HOT, 클론 등)이 중국과 대만에 진출하면서 한류라는 용어가 처음 등장한 이후, 미국, 일본, 중국 등지에서 K-pop에 대한 관심이 확대되었다.[54] 이후, 국제적 퍼포먼스나 TV 프로그램, 지면·옥외 광고물 외에 온라인(social web)을 매개로 한 유통의 방식이 활성화되면서 팬덤 문화는 '특정한 지역이나 아티스트에 제한되지 않으며 지리·문화적 거리와 무관하게 새로운 공동체를 형성'[55]하게 되었다.

이러한 팬덤 감성의 자율성과 유동성은 "특정 구단이나 선수를 중심으로 하는 스포츠 팬덤, 드라마 시리즈와 만화, 영화 등 저작물에 대한 팬덤, 특정 가수와 배우 등 스타에 대한 팬덤"[56], '정치인, 정치 평론가, 지식인, 언론인 등의 시각과 해석을 공유하는 정치 팬덤'[57], 브랜드 및 특정 상품의 생산 및 판매 등에 관여하는 프로슈머(prosumer) 팬덤 등, 그 종류의 다양성과 선택가능성의 확장에 기인하고 있다고도 볼 수 있다.

다수의 팬덤은 자율적으로 운영되는 힘을 지니면서 사회적 감성을 끊임없이 분할시켜 통합적 인식을 방해함으로써 상징(문화, 감성) 자본의 안정된 생산유통 구조에 균열을 가한다. 비포(Franco Berardi 'Bifo')의 비유를 빌리자면, 팬덤 감성은 '살아서 맥박이 뛰는 채로 대기 중인 뇌 덩굴 줄기들'[58]이 거대한 기호자본의 CPU를 타고 올라 서로 얽혀 오작동을 일으킨 셈이다. 상징자본이나 상징권력의 교체나 개편을 넘어선 재구조화의 동력을 지니지 못한다는 것이 사회 구성적 측면에서 문화장의 한계였다면 오늘날 팬덤 형식을 띠고 나타나는 지역 감성의 특성은 그 한계를 벗어나는 힘을 지닌 것으로 보인다.

이처럼, 전지구화 시대의 지역 감성은 지역적이거나 주변적인 감성인 동시에 탈지역적, 초국가적으로 인식되고 유포되었다. 이러한 감성의 특징 중 하나는 감성을 행동으로 표출하는 일종의 무리(fandom)로서 현상과 실체는 확인되지만 그 구성원을 특정한 자질이나 속성으로 구획하기 어렵다는 것이다. 그것은 인종, 지역, 나이, 성별, 직업, 학력, 전통적 문화권을 초월하며 이루어진다. 또한 그것은 생활 속 필요와 요구에 의해 개인에 의해 적극적이고 자발적으로 만들어진다. 즉, 지역 감성 문화의 새로운 구성단위로서 팬덤을 통한 초국가적 감성 접속의 일면은, 애정의 대상이 특정되는 순간 생활 속 연대와 생존 시스템을 바탕으로 자발성과 적극성을 최대화할 수 있다는 점에서 강력한 정치적 잠재성을 지닌 것으로 나타난다.

‖ 날조된 감성, 신체 부적합성

이론화 혹은 정보화되어 포착되지 않는 것은 지배적 구조의 틀 속에서 언제나 불안하거나 불온한 속성을 지닌 것으로서 금기되어 왔다. 특정한 이데올로기나 거대담론을 형성하지 않으면서 언제든 행동으로 이어질 수 있는 잠재성을 지닌 존재는 정착된 구조와 질서의 힘을 잃게 만들 수 있다는 점에서 혁신적이면서 동시에 위협적이다. 그 존재가 연쇄적 결합의 가능성, 관점의 파급 가능성을 지니고 있다는 점에서 그러하다.

그 존재는 기존의 구조나 사건에 대한 이해를 끊임없이 다른 형태로 일렁이게 하면서 정작 일정한 주체의 형상으로 발견되지 않아 통제를 지속적으로 어렵게 만든다. 이것은 동시다발적으로 상호 간섭하는 오늘날 주변/지역 감성의 운동적 특성이 기존의 구조화된 지배권력 체계에서 거부되는 이유이기도 하다. 그러므로 지배권력 체계에서는 창의적 인간의 고유한 영역인 사유와 표현을 통제하기 위해 가령, 문화예술인 관리 명단을 수집하거나 교과서 내용 구성 및 공급 과정에 정치적으로 개입하기도 한다.

하지만 이 과정은 생존을 위해 삶의 마지노선에서 노동해온 이들이 자구적으로 만들어 온 집단적 생활 감성을 이해하거나 그들의 감수성을 장악하는 데까지 이르지 못한다. 삶과 감성에 대한 빅 데이터를 소유한 것만으로는 경험적 인식, 즉 체험을 통한 감성을 얻을 수 없기 때문이다. 삶과 생존을 위한 신체적 여건을 매일같이 점검하는 이들이 체험을 통해 판단하게 되었을 때, 이어지는 실행력과 그 힘의 방향을 바꿀 수 있는 정보와 가설은 많지 않다.

체험적 인식과 감성을 바탕으로 하여 사회문화적 구조와 개인의 상호 관계를 유익한 기여 관계로 판단했을 때, 그러한 구조는 개인의 신체 적합성, 즉 인간이 사회 속에 살아가는 생체로서 적절한 반응을 보이기 위해 필요한 조건을 충족하고 있다고 말할 수 있다. 반면, 사회구성원의 경험적이고 공통적인 인식에 괴리되거나 실제적 기여 관계가 확인되지 않은 채 일방적으로 개인이 구조의 안정성에만 이바지하게 될 때, 그러한 구조는 개인의 신체 부적합성을 지니고 있다고 말할 수 있다.

개인의 신체에 부적합한 구조의 사회에서는 강력한 생존 욕구와 우선시되는 가치들에 의해 결국 지배적 구조를 해체하는 계기가 발생하게 된다. 이러한 생각은 캐스티의 '사회적 분위기로서의 사회'라는 가설과 상당부분 상통하는 것으로 보인다.

> 그는 세상이 사건의 인과성보다는 사회적 인과성을 통해 작동한다고 강변한다. (…) 우리가 흔히 생각하는 인과성이란 외부 힘의 충격에 의해 운동이 만들어진다는 뉴턴적 사고를 따른다. 그렇지만 그는 사회적 인과성이란 바로 그런 외부성, 그리고 그런 외부성을 상상하기 위해 원인의 자리에 놓인 작인으로서의 사건이라는 개념을 거부한다고 거듭 강조한다.
>
> (…) 사회 분위기는 사람들 사이의 상호 작용의 자연스런 결과다. (…) 사회 분위기의 동향과 범위는 경제적, 정치적, 문화적 행동을 포함한 사회적 행동의 특징을 결정짓는다. 달리 말하면, 분위기가 사건을 지배한다는 것이 사회경제학의 가설이다.[59]

캐스티는 정동과 금융의 사회적 관계에 주목하면서 사회경제가 합리적 이해가 아닌 사회적 존재로서 개인의 내재적 세계와 관계되는 것임을 강조하였다. 그는 '전반적인 사회적 분위기가 특정 인물과 기관에 의해 형성되기 때문에 각 개인에게 동일한 비중을 둘 수 없으며 소수의 투자자나 거래자가 사회를 대표하는 일이 발생할 수 있다'고 말한다.[60] 사회적 분위기와 경제의 관계에 대한 그의 가설을 빌려 보자면, 인위적 감성 유행의 시대, 즉 중심 감성의 영향력이 강력한 시대에는 그 지배적 감성이나 소수의 감성 권력자에 의한 사회적 분위기가 당대 경제구조의 안정과 이윤 창출에 이바지하는 것으로 상호 기여하였을 것이다.

이와 달리, 주변/지역 감성의 시대는 지배적 유행 구조를 신체적합성의 충족 여부에 따라 재구조화하거나 해체하는 현상이 나타나는 것으로 변별할 수 있다. 이는 즉, 사회적 분위기를 결정하는 데 강력한 영향력을 지닐 수 있는 존재가 특정되거나 지속될 수 없게 되었음을 의미한다. 오늘날 감성의 표현과 소통은 대표적으로 1인 미디어를 통해 실현되는데, 이는 곧 신체적 접촉과 물리적 경험이 가능한 거리의 근접 정보가 가공 과정 없이 유통되는 시대임을 가리키기 때문이다. 아파두라이는 이를 전자 매체에 의한 새로운 변형과 단절 이론으로 설명한다.

> 전자 매체는 상상된 자아와 세계를 구성하는 새로운 자원들과 원칙들을 제공함으로써 대중 매체의 장(場)을 변형시킨다. (…) (전자 매체는) 자기와 다른 상황적 능력에 간섭하고 그것을 역전시키며 변형하려는 경향이 있다. (…) 전자 매체는 형식의 순전한 다양성(영화, 텔레비

전, 컴퓨터, 전화)과 일상의 단조로움을 관통하는 속도로 인해, 한 인간이 일상의 사회적 기획(everyday social project)으로서의 자기 이미지를 만드는 원천이 되는 것이다.

(…) 우리는 재빨리 옮겨 다니는 이미지들과 탈영토화된 관객들이 만나고 있음을 알게 된다. 이러한 상황은 이산(離散)된 공공 영역들(diasporic public spheres)을 창출해내는데, 이는 중요한 사회 변동에 관해 전통적으로 최종적인 조정자의 역할을 담당하고 있는 것으로 간주된 국민국가의 중요성에 입각해 있던 이론들을 무력화시키는 현상이기도 하다.[61]

아파두라이는 전자 매체의 등장에 의해 드러난 대량 이주 현상에 주목하면서 그 속에 나타난 새로운 관계가 세계화와 현대화의 핵심이라고 지적한다. 그 새로운 관계란, "지역적 공간이나 국가적 혹은 국지화된 공간적 경계 내에서 쉽게 통합될 수 있는 회로나 청중들과 부합되지 않는" 마주침, "지역이나 국가 단위의 대중 매체가 쳐둔 방역선과 내 지역의 확실함 바깥에서" 이루어지는 마주침인 것이다.[62] 이 관계는 한편, 라몽과 모나르가 말하는 '상징적 경계'[63]를 새롭게 구성하는 동력으로 작용한다고 볼 수도 있다.

아파두라이가 말하는 '이산된 공공 영역들'은 전통 사회에서 특정한 시공간 개념을 상정하는 데 사용된 지표로서 민족, 국가, 지역 등의 경계를 불규칙한 것으로 흩뜨려놓는다. 이러한 양상에서 비단 "장소감각을 갖지 않는(no sense of place)공동체를 창조"[64]하는 미디어의 특징만이 아닌, '상상력'[65]의 작업에 관여하는 변형의 힘을 확인할 수 있다. 그의 이론에 의하면, 현대는 매체에 의한 공적 영역의 이산으로 정보와 감성의 수용 대상자와 수용 여부, 수용 목적 등이 예측 불가해진 사회로서 전통과 단절되어 있다.

반대의 측면에서 볼 때, 전통적 사회 또는 중심 감성의 시대는 신체적합성과 수용가능성 등이 일원화된 몰개성적 사회경제문화구조의 한계를 노정한다고 말할 수 있다. 그렇지만 주변/지역 감성의 시대에서 새로운 관계로 재구성되는 상징적 경계 사이에서 감성 주체로서 개인의 권리 향상이나 다원적 감성의 공명, 경제 활동의 자기 결정성 확대와 같은 긍정적 측면만 발견되는 것은 아니다. 앞서 합리성이라는 경제적 표상의 전환이 새로운 정동의 경제와 절망의 단절 사이에서 의미를 확정하지 못한 것과 마찬가지로,[66] 매체를 통한 감성 유통 방식의 전환도 양면적 영향력을 지닌다.

이를테면, 특정 의도에 의해 가공되거나 실재하지 않은 경험근사치의 감성이 쉽게 유통되면서 웹 기반 미디어 이용자들은 허구의 공감, 상상된 경험을 다량 체화하며 개인의 감수성을 퇴화시키기도 한다. 이것은 감성의 초국가적 접속에 의해 나타나는 이면 작용이라 할 수 있다. 즉, 감성 유통의 권리 탈환 이면에 가짜 감성의 위협이 난무함을 주의해야만 하는 것이다. 거짓 또는 가짜를 구별하는 것은 감성 유통의 권력이 개방된 시대의 새로운 부담과 책무가 되었다. 이러한 사회에서 인지와 감성의 능력을 바탕으로 상상의 것과 실재의 것을 구별하는 과정은 삶의 어떠한 사태에 대한 신체적합성 여부를 판단하는 데 가장 기본적이고도 불가결한 생존방법으로 인식된다.

이제 1인 미디어 시대의 세대는 경험하거나 인지하지 못했던 것들의 사실성과 유효성 등을 판단하고 자신이 생성해내지 않은 숱한 감성들을 삶과 신체에 적용해야만 하는 새로운 노동을 받아들여야만 한다. 이 새로운 노동을 받아들이지 않거나 이에 숙련되지 않았을 경우에 가짜 감성에 의한 기형적 신체 반응이 개인과 사회를 오히려 공격할 수 있기 때문이다.

가령, 오늘날 감성적 오해에 의한 공격 반응으로 한국사회에 나타나는 대표적인 예는 각종 혐오의식의 만연이다. 그것은 신체 여건이나 정서적 맥락과 결합된 반응으로 마땅히 나타나는 감성적 해석이 아니라는 점에서 기형적이며 문제적이다. 특히, 혐오의 대상이 바뀔지라도 혐오의 정서 반응 구조가 무비판적으로 패턴화된 채 사회적 공감장을 위협하거나 위축시키는 양태로 나타난다는 심각성을 지니기 때문이다.

‖ 가짜 감성의 위험, 혐오의 유행

신체를 바탕으로 하지 않은 상상의 감성이 부지불식간에, 또는 피상적 욕구에 의해 수용되는 과정의 누적은 허구의 감성 바이러스에 의한 새로운 유행을 만들어낸다. 억압된 욕구와 감정이 현실 속에서 신체반응을 매개로 하여 해결 또는 해소되지 않으면서 감정의 피상적 교류와 수용, 배출이 이어질 때 감성 유통의 기형적 양상이 나타나는 것이다. 앞서 말했듯, 그 대표적인 양상은 각종 혐오의 유행이다. 가령, 웹 기반 미디어 이용자들은 자타를 막론하고 의견과 감정이 만들어지는 맥락의 고려 없이도 내면의 표출을 폭력적으로 이행하는 경우를 경험하게 된다.

그러한 행위의 이유는 형식적인 측면에서 볼 때 미디어를 매개로 게시글, 댓글 등 의견을 제시하거나 SNS 등 웹 창구를 통해 단편적으로 조우하게 되는 경우, 타인에 대한 인간적 통찰과 행위의 맥락에 대한 이해가 불필요 또는 불가능하기 때문일 것이다. 그러나 그보다 중요한 이유는 다른 측면에 있다. 그것은 자신의 신체를 매개로 하지 않은 수많은 감성 혹은 감성적 데이터가 폭발적 공급 양상을 보이는 것에 비해, 감성의 비판적 수용이라는 새로운 노동을 이행해야 하는 세대에게 감성 능력의 둔감화가 가속화되고 있다는 점에 있다.

1인 미디어 시대에서는 신체를 매개로 감성과 정보의 소통이 이루어질 필요가 없으며 오히려 그러한 이유에서 감성의 생성과 정보의 유통이 거의 즉시성을 지니며 이루어진다. 같은 이유에서 감성의 둔감화가 가속화된다. 감성의 사회적 융성에도 불구하고 인간의 감성 능력이 퇴화되는 이유는 감성이 개인의 이해와 요구를 바탕으로 하는 신체적 시스템보다 생산과 소비, 공급과 수용의 두 측면을 바탕으로 하는 생산 공정(Production Process) 시스템에서 활발하게 사용되고 있기 때문이다.[67]

따라서 지역 감성의 세대는 신체 여건에 따라 다양하게 나타나는 자율적 감성이 위축되거나 일반화된 채로, 정보를 감지하고 해석하며 행동반응의 전제를 수집하는 삶의 과정을 외부로부터 공급되는 감성에 의존하면서 양질의 감성을 수집하기 위해 경쟁하기도 한다. 이른바, '파워 블로거'나 '콘텐츠 크리에이터', '인터넷 BJ(Broadcasting Jockey)'와 같은 신종 직업이 사업주와 소비자 모두에게 주목받는 것은 그러한 경쟁의 결과로 나타나는 한 예이다. 이들 직업은 어떤 대상을 바라보는 관점이나 향유하는 방식을 제공해주고 신체적 경험 없이 특정한 감성 획득의 확률을 높여주는 데 기여한다. 소위, '결정 장애'의 어려움을 느끼는 감성 소비자들에게 '클릭'과 '터치'로써 위축된 감성능력을 보조하는 것이다.[68]

자율적 요구와 행동에 따른 신체반응으로서 감성이 아닌 유통된 상품이자 맥락이 생략된 결과물로서 피상적 감성을 다량 수용하는 과정에서 새로운 노동의 세대는 피로감을 삶의 전제로 두게 된다. 감성의 신체매개성이 저하되고 몸의 세계와 감성의 세계가 분리되는 과정에서 상호 접속되는 감성의 맥락을 이해하는 과정은 '손해' 또는 '감정소비/소모'로 인식되기 때문이다. 상호 몰이해, 감정의 피상성이 난무하는 웹 공간 환경에서 감정 수용을 반복하는 노동의 피로가 다양한 맥락에 놓여 있을 문제 상황을 몇 가지 선택지 속에 대입하도록 만드는 것이다. 그리고 이 선택지 속에 쉽게 적용되지 않은 문제 상황은 '피로, 소통의 차단, 해결의 실패, 산재한 여타 감성 문제들' 등의 메시지와 함께 각종의 상상된 혐오의식을 양산해낸다.

매체를 통해 감성을 수용하는 과정에서 사용자는 경험적으로 정보화되지 않은 감각들, 유추를 통해 유형화할 수 있는 개인, 잠정적이며 변화무쌍하고 실체와 성질을 알 수 없는 그룹(팬덤과 같은) 같은 모호한 요소들과 접속한다. 이때, 경험적으로 이해되지 못한 모호한 정보나 직접적 개입을 통해 해결할 수 없는 불편한 정서가 빈번하게 발생한다. 이 경우, 일시적으로 그 무기력한 상황과 정서적 불편감을 해소하기 위해 문제의 대상과 자신의 관계를 허구적으로 구조화하기도 한다. 허구적 구조화는 접속대상과 자신의 관계를 무비판적으로 패턴화시킬 때 발생한다.

그런데 상호 가해에 가까운 이 비합리적이고 반지성적인 관념의 구조화가 한국사회에서 빈번하게 이행되고 심지어 다종의 관계로 확산되는 이유는 그것이 선택가능하고도 용이한 자구적 방책이기 때문이다.[69] 가령, 웹 미디어 공간 속에서 타인의 감정에 무감하거나 지나치게 노골적이고 집요하게 공격적인 감정을 표출하는 것은 일종의 자기방어 기제로서 투사행위라 할 수 있다. 혐오 대상의 유형에 타인을 무비판적으로 배정하는 것 역시, 특수한 상황을 조망하고 정서적 이해관계를 해석하는 것보다 용이하면서, 자신의 정서적 반응을 일반화하고 분노의 투사가 정당화될 수 있도록 돕기 때문이다.

이것은 인간이 불안에 대응하기 위해, 또는 자연과 형이상학적 현상을 장악하고 이해하기 위해 통계와 수식, 가설과 추론 논증을 통해 고찰 결과를 이론화하는 방식과 유사하다. 다만, 통계와 고찰을 위한 데이터 수집을 설계과정 없이 차용하고 고찰 결과의 비약적 도출을 일반화한다는 점에서 오류를 지닌다. 자신의 신체를 기반으로 하지 않은 가상의 감성을 판별하지 않고 사용할 때, 즉 경험적 해법을 지니지 못한 문제에 대해 과다한 불편함과 불안의 정서를 불가피하게 수용·해소해야만 할 때 그 오류가 잠재되어 있는 것이다.

오류 반응의 연쇄에 의해 개인의 정체성과 사회의 구조를 지속시키는 힘의 임계점이 무너질 때 변화와 재구조화를 위한 징후들로서 혁신적 또는 혁명적 요청이나 자기소멸적이고 파괴적인 정서 반응이 나타난다. 후자의 경우, 소극적 반응으로는 냉소적 무관심이나 자조를, 적극적 대응으로는 그 충격에 상응하는 공격적이고 폭력적인 정서 보복을 취하는 것을 들 수 있다. 강렬한 정도나 정서적 반향이 나타나는 방향성의 차이는 있을 수 있으나 개인이 취할 수 있는, 혹은 취할 수밖에 없는 자구적 방책이라는 점에도 두 대응방식의 공통점이 있다. 하지만 근원적 불안 요소, 즉 삶의 모순을 수정하거나 소멸시키지 못한다는 점 또한 공통적이다.

‖ 중첩된 공감들, 공존의 가능성

한국사회는 지금 다수로 분할된 팬덤 감성의 운동적 특성에 의해 움직인다. 이는 대중의 사상적 견해를 정략적 지표로 둔 포퓰리즘과는 구별되어야 한다. 팬덤 감성은 감성의 소통이 삶의 자율적 구성으로 이어지는 행동의 새로운 체계를 가리키는 것이기 때문이다. 따라서 그 틀에 담기는 사상적, 문화적 견해와 행동은 포퓰리즘과 달리 계급적 특성이 혼종적으로 나타난다. 이 글은 이 혼종성이 글로벌 문화를 배경으로 전지구적으로 나타나는 시대를 초국적 공감의 시대, 근대적 감성의 시대로 인식하며 논의를 시작하였다.

초국적 공감의 가능성은 곧 중첩된 감성의 시대, 일원화된 감성의 재구조화 가능성과 신체적 판별 가능성을 상실한 가짜감성의 날조 위험성이 공존하는 위험한 가능성의 시대 속에 열려있다. 팬덤 감성의 소통과 행동 체계는 한 국가나 사회의 국부적 지역이나 사회문화적 마이너리티의 감성만이 아닌 국가와 인종의 상호 관계 속에서도 적용될 수 있다. 또한 이것은 오늘날 다중성을 지닌 세계적 공감장의 생성과 운동방식을 읽어낼 일종의 해법이 될 수 있을 것으로 보았다.

그러나 일방향적이고 인위적인 전파성을 지닌 중심 감성의 시대의 상대적 개념으로 오늘날 주변/지역 감성의 시대가 지닌 이면의 위험성을 지적하고 이에 대한 경계와 대안에 대해 논의하였다. 오늘날 미디어를 매개로 한 지역 감성의 시대는 사태에 대한 민감성이 생존에 부정적 영향을 미친다는 것을 경험했거나 과도한 정보 자극에 의해 둔감이 내성화된 상태에 이른 이들, 즉 둔감세대를 주된 구성원으로 한다. 문제적인 것은 감성의 둔감화 양상이 삶의 구조에 대한 신체적합성 여부를 판별한 후에 도출된 당연한 결과가 아니라 이 세대가 불가피하게 맞이한 기형적 징후라는 점이다.

감성의 둔감화와 광범위하고 폭발적으로 공급되는 기성 감성의 유통에 따라 오늘날의 세대는 가짜 감성의 판별, 즉 유통 감성의 비판적 수용이라는 새로운 과제와 노동을 이행해야만 한다. 그리고 허구의 감성을 경쟁적으로 유통하고 용이한 정서 해법을 의존적으로 수용한 결과로 발생하는 파괴적 징후로서 감성 폭력도 해결해야 한다. 가짜 감성의 구조화, 이를테면 혐오의 유행을 극복하기 위해 우리는 정보 공급원과 수용자로 이원화 혹은 단순화된 사회문화 인식의 창구를 신체와 관계를 바탕으로 하는 다종의 접속지점으로 확대해 가야 할 것이다.

개인의 대응방식이 아닌 사회적 대응 차원에서 볼 때, 정책과 법질서 역시 감성과 삶의 맥락을 다루어야 하는 문제에 실효적으로 접근하지 못한다는 점에서 근본적인 한계를 지니고 있다는 점도 검토되어야 한다. 이를테면, 법은 피해자의 피해 규모에 응당한 대가로서 처벌을 규정하는 데 집중된 역할을 하는 반면, 가해자의 사회적 처지와 신체 심리적 상황에서 비롯된 기형적 파괴성을 측정하거나 소멸·수정하는 정책을 세밀하게 보장하지 못하는 측면이 있다.

하지만 무엇보다, 사건의 출발지점인 개인과 사회의 내면, 즉 법에 앞서 존재하는 인간의 감각과 시민사회의 공통된 감각으로서 질서가 스스로 인식되고 체화되는 자구적 과정이 강화될 필요가 있을 것이다. 이에 더하여, 연구적 측면에서 공통감각, 공감 능력, 공감장 등 사회의 자구적인 안전 요소가 전통적 사회로부터 오늘날에 이르기까지 구조화된 예, 그러한 요소가 차단되거나 상실된 예와 이유, 각 요소의 회복 필요성과 예상되는 가치, 다양하고 현실적인 공감장의 구성 양상 등이 발굴되고 분석될 필요성을 제기해본다.

매체시대와 매체인간: 가치의 조작에서 구성까지

‖ 문제의 제기: 매체의 게임판

이 글은 오늘날의 한국사회가 당쟁이 대변하는 것으로서 상대적 가치와, 문학예술이 상징하는 것으로서 보편적 가치, 그리고 이들의 상호작용적 결과로 문화가 나타내는 횡단적 가치의 영역을 혼동하고 있으며, 이로써 영역의 경계가 오인되고 상호 넘나드는 공존공생의 기회가 악용될 수 있다는 문제의식에서 시작하였다. 오늘날 그 문제는 특히 매체가 지닌 정보처리에 관한 초월적 효용성에 의해 발생하는 것으로 보인다. 말하자면, 매체는 그 초월적 효용성을 사용할 때 궁극적으로 인간의 감수능력과 정보처리능력을 퇴락시키는 데 이르는 태생적 오류를 지니고 있으며, 그 오류가 이 사회 시스템에 내재된 구조적이고 본질적인 모순과 결합할 때 오히려 사회적 공존을 위협하게 되는 문제가 발생할 수 있다는 것이다.

이를테면 양비시론으로 거짓뉴스를 생산하거나, 정치적으로 불리한 입장에서 탈출하기 위해 법·규정의 합리성을 차용하며 진실을 호도하는 것 등, 오늘날 보편적 또는 절대적 가치를 상대적 가치로 변용하는 데 매체를 악용하는 경우는 다양하다. 매체 사용의 양날, 그중 인간의 공존공생을 위협하는 악용이 수정되지 않는 이유는 매체의 태생적 오류를 이용하는 자 역시 인간이기 때문일 것이다. 계급·계층의 층차, 그리고 이데올로기와 국가 권역별 경계에 따른 관념의 차이와 위계적 질서 등에 의해 힘의 낙차가 만들어지기 마련이고, 이 힘의 수직적 이동이 발생시키는 비본성적 노동력이 사회 운영의 에너지로써 정치적 권력을 존속시킨다.

이 과정에서 인간의 감수와 비평의 능력은 퇴락해가며, 질적으로 분리된 계층 구조를 지속시키기 위한 하부 지점으로 환원된다. 이때, 인간은 생존을 위한 보편적 가치가 상대적 위계질서 또는 그에 따른 능력의 층차에 따라 차별적으로 재편되거나 매체의 효용성에 얹혀 오히려 심화될 수 있음을 경계해야 한다. 가령, 생명은 모든 인간에게 보편적 가치의 층위에 놓이기 때문에 생명윤리에 얽힌 딜레마적 관계를 발생시킨다. 그 딜레마를 중심으로 한 집중적 논의와 갈등의 과정 없이, 생명의 보편적 가치를 특정한 상황과 입장의 해석에 따라 상대적 가치로 변환시킨다면 그 결과는 편향적 계층구조의 반영이거나 때로 범죄의 은닉이 될 수 있다.

다시 말해, 보편적 가치와 상대적 가치의 층위는 다르다. 그리고 이 층위 간의 이동은 보편적 합의에 이르기 위한 각 입장의 횡단적 소통과정을 경유해야 한다.[70] 만약 그 층위 간의 이동이나 가치의 변용이 인식과 감성에 작동할 수 있는 물질적 도구, 이를테면 신문, 도서, 포스터 등 인쇄 매체나 방송(사), 인터넷, 각종 커뮤니티, 웹 이용 1인 미디어 등 언론·통신 매체를 통해 특정한 이해를 반영하며 조작될 수 있다면 그것은 인간을 사회의 주체가 아닌 피동적 부속품으로 평가절하하거나 소외시키는 결과를 가져올 수 있다. 심각한 문제는, 특히 사회연결망서비스(SNS)를 기반으로 1인 미디어의 상용화에 이르게 된 오늘날, 이른바 매체 시대에 이러한 조작이 일종의 사회적 생존 기술이나 거래 가능한 능력쯤으로 여겨지고 있다는 것이다.

이 같은 문제의식에서, 이 글에서는 가치의 상대성과 보편성을 혼동하게 되는 과정 중, 물질적 매체의 역할과 효능에 주목한다. 앞서 말했듯, 매체라는 도구의 태생적 특질로서 잠재된 사용 오류 중 하나는, 매체가 사용자를 현장으로부터 고립시키며 그로써 개인이나 사회 단위의 인식과 감수 체계를 포섭할 수 있다는 것이다. 오늘날 한국사회에서 분권의 각 영역이 지닌 상대성은 매체의 이러한 특질에 의해 폭발적으로 증식할 수 있는 가능성을 지닌 동시에, 조직적으로 연대한 '매체-시장자본-정치권력 간 3구도 게임판(field)' 안에 포획되어 있다. 수없이 쪼개질 권력이나 다색공존의 힘이, 진실의 왜곡 게임을 일종의 '방탈출 게임'으로 전환시키려는 '게임장 업주'에 의해 이용되는 것이다.

이 같은 정황에서는 불합리한 사태의 분위기가 피동적으로 쇄신될 뿐, 게임의 틀이 구조 변경되지 않는다. 분권의 각 영역이 거대한 3구도 게임판 안에서 갱신될 뿐, 분권의 주체가 규칙과 구조를 새로이 설계하거나 변경할 수 있는 조정력을 지니지 않기 때문이다. 보편적인 것으로 인식되어온 가치를 시간의 흐름 또는 계층과 관념의 범주 차이에 따라 다를 수 있는 상대적 가치로 인식되도록 하여 행위의 판단 구조를 전환시키려는 시도에는 보편성을 재평가할 만큼의 수많은 검토가 필요하다. 특히, 생명처럼 교환 불가능한 우선적 가치에 관계된 사태를 상대적 입장에 따라 양립 가능한 가치로 논의하려는 시도가 발생할 때, 공존공생의 파괴적 층위가 단순 재배치된 구도 속에 유지되도록 하려는 의도, 즉 판단의 오류가 개입된 것이 아닌지 경계해야 한다.

하지만 오늘날 한국사회의 사회정치적 영역에서는 이 검토와 경계의 과정을 생략한 채 상대적 가치를 편의적으로 내세우는 방식으로 공론과 공감의 영역을 오염시키는 경우가 빈번하다. 오늘날 인문학의 과업 혹은 상대적 입장에서 보편적 가치를 탐색하는 모든 횡단적 노력의 기준은, 저마다의 상대적 가치를 인정하는 소리에 단지 논리를 덧입히는 것이 아니어야 할 것이다. 인간의 더 나은, 즉 공존공생의 범주를 확장하는 삶을 위한 변형과 작용의 힘이 없는 학문에 학술적 에너지를 투입하는 것은 소모적인 일이다. 그 이유는, 분단 상태의 냉전이나 지역 대립의 냉소가 상대적 양립의 상태가 아니라 인간의 신체와 생명이 개입된 치열한 싸움이며, 그것 역시 격전이나 폭력의 상태와 마찬가지로 신체를 무력화하고 삶의 질을 해친다는 것을 알아차렸기 때문이다.

또한, 형국의 변화를 야기할 수 있는 힘이 자본, 무력 등 물질의 영역에 앞서 감성과 인식 등 비물질의 영역에서 발생하는 것이며, 역으로 비물질의 영역에서 변화의 의지가 생성될 때 물질 이동의 강력한 동인으로 사용될 수 있음을 역사 속에서 학습해왔기 때문이다.[71] 하지만 가령, 노동가치 운용의 모순을 타개하기 위해 그 모순이 담긴 사회체제를 거부하거나 멸실하는 것은, 그러한 모순적 사회가 모순을 인식한 인간들의 저항력을 신체 멸실로 무력화하는 것만큼이나 인간성의 근대화를 저지할 것이다. 또 그렇다 하여, 모순을 방관하며 살아 움직이는 인간의 힘과 의지를 도구의 움직임만큼이나 타율적인 것으로 만들 수도, 살아있되 편하게 죽어가는 인간으로 존재할 수도 없는 노릇이다.

이 같은 문제에 대해 테러와 같은 폭력적인 저항, 집회나 캠페인 같은 적극적 의사표명 행위, 산중 움막살이 같은 의식적 무의미화 등 사회

행정제도의 영역 자체를 전적으로 거부하거나 본질적인 개량을 시도하는 경우도 있지만, 노동가치 운용의 모순을 본질적으로 파괴하지 않고 사회 시스템의 효용적 가치를 인정하는 측면에서는 사회의 구성단위를 쪼개기도 한다. 단위의 소규모화는 모순적 체제의 위험성은 약화시키는 분권의 실현과 함께 공동체적 삶의 이점을 승계하는 타협적 방식이라 할 수 있다. 가령, 지역자치단체에 의한 행정 운영이나 마을재생사업, 공동체문화사업, 각종 협동조합 구성 등에 의한 분권적 운영 방식이 그러하다.

이 같은 현실과 결합하여 생각한다면, 인문학은 분권의 각 영역들이 지니는 상대적 가치를 횡단하면서 인간의 감성을 기반으로 한 최소한의 협상키워드, 즉 합의할 수 있는 보편적 가치를 도출하고 그것들의 위계를 일별하며 생존이라는 최우선적 가치 아래 힘의 역학 관계를 설명해내는 일종의 '학술적 생존투쟁'이어야 할 것이다. 이를테면 오늘날의 인문학은, 노동력 발생을 위해 힘의 낙차를 이용하는 수직적 체계로부터, 재능·지형·문화 등의 개성·특성·다양성이 지닌 편차를 이용하는 수평적 체계로 이 사회를 변환시키기 위해, 현실정치·사회의 전략적 측면과도 모의할 수 있어야 한다. 일종의 가설은 엄밀한 논리적 증명의 과정에 더하여, 횡단이라는 상대적 교차 작용을 통해 보편성에 이를 때까지 공통적 지지 감성을 쟁취하는 과정을 거쳐야 하기 때문이다.

한편, 방법적 측면에서 말할 때 실재에 대한 인식은 매체가 아닌 인간의 신체를 통해 감수되고 인지되어야 하며, 행위의 기준이 되는 가치의 평가는 매체를 통해 정보의 형태로 수용되는 것이 아니라 인간의 소통 영역 안에서 자율적이고 적극적인 양태로 협상되거나 제안되어야 한다. 공존의 방법적 측면을 구상하고 주장하며 그 적용의 결과가 다시 연구의 문제 제기 대상으로 피드백될 때, 인문학은 인간의 공존 가치를 높여 가는 학문으로서 본디 실용적이었던 위상을 회복할 수 있을 것으로 본다. 그리고 이러한 지향점을 설정하고 오늘을 바라볼 때, 가치의 영역을 혼동시키고 변용하도록 만드는 주된 도구로서 매체가 지닌 오류를 극복하기 위한 논의의 중첩이 필요하다.

따라서 이 글의 초점은 이러한 판단의 오류를 충분히 합리적인 이해로 오인시키거나, 때로는 불가피하게 수용하게끔 만드는 사회적 인식의 구조를 매체의 특성과 함께 규명해보는 것에 둔다. 그리고 그것을 수행하기 위한 인문학의 위상과 역할, 인문학적 실천 방안을 도출하는 것이 이 글의 목적이라 하겠다. 즉, 이 글은 매체를 통해 세계를 인지하고 매체를 통해 개인의 의식과 에너지를 행사하는 이른바 '매체시대'에, 매체의 원형으로서 인간이 물질적 매체의 사용 오류를 발견하고 수정하여 비물질적 영역의 상호 소통적 도구를 활용하기 위한 일종의 구안 과정이다. 이어지는 지면에서는 사회의 분할된 계층구조 속에서 매체 사용이 필연적으로 가져오는 편향적 생존의 문제를 지적하고, 그것을 극복하기 위한 인간의 보편적 자질과 그 발현의 방법적 구상을 인문학적 측면에서 제안해보기로 한다.

‖ 정보를 조작하는 기계, '대중적 은자(隱者)'[72]의 발생

문자를 비롯하여 실재와 관념을 매개하는 표상의 도구들은 본디 도구 그 자체였음이 분명하다. 자연적으로 발생한 것이 아니라 사용자인 인간에 의해 발명되었기 때문이다. 그러나 인간이 우리의 대표적인 이기적 감성, 즉 속도감과 우월감에 도취되고 또 그것이 문명 발전이라는 명분을 얻게 되면서 인간은 매체에 의해 제한된 세계 속에 관념적으로 존재하게 되었다.

미디어 연구의 일각에서는 오늘날 매체의 위상에 대해 다음과 같이 언술하기도 한다. "매체적인 문화기술은 음성언어, 그림, 문자, 초기의 숫자 체계에서 시작하여, 사진과 영화와 장거리통신의 코드화를 거쳐, 오늘날의 '컴퓨터 문자'에 이르기까지, 단지 도구에 그치는 것이 아니라 바로 그 자체로서 이미 문화적 실천이 되어 왔다"(클라우드 피아스 외, 2018, 12)라고 말이다. 즉, 매체는 이제 스스로 살아 움직이는 생명체처럼 인간의 감성과 인지적 구조에 오히려 영향을 주고, 인간은 실재하는 세계에 대해 탐색할 필요성과 의지를 잃은 채 매체를 통해 세상을 보는 기계적 소비자가 되고 있는 것이다.(클라우드 피아스 외, 2018, 338)[73]

> (…)왕은 원치 않게 나라 방방곡곡을 돌아다니게 된 자신의 아들에게 마차와 말을 선물하면서 다음과 같은 말을 전해주었다고 한다. '이제 너는 더 이상 걸어다니지 않아도 된다.' 과거에 이 말은 '너는 이제 더 이상 걸어다녀서는 안 된다'는 의미를 지녔다. 하지만 이제 그 말의 의미는 결과적으로 '너는 더 이상 걸어다닐 능력이 없다'로 바뀌었다. 이제 우리는 이러한 무능력을 행복한 마음으로 받아들이게 된 것일까(클라우드 피아스 외, 2018, 354).

귄터 안더스의 글을 끝맺는 이 같은 언술에서는 분명, 매체가 인간의 삶에 미친 인간성 축소의 영향을 지적하면서 무기력화된 우리의 현실태를 비판하는 입장이 추려진다. 그는 그의 글에서 라디오와 텔레비전에 대한 철학적 고찰 결과를 다음과 같이 제기하고 있다.

1. 수단은 그냥 수단이 아니다.
2. 대중적 소비는 오늘날 단독으로 이루어진다 –모든 소비자는 가정에서 대중적 인간을 생산하는 무임금 노동자다.
3. 사건들이 우리에게 다가오는 것이지, 우리가 사건들에 다가가는 것이 아니다.
4. 우리는 공급을 받기 때문에 밖으로 나가지 않으며 아무런 경험도 못하고 있다.
5. 세계는 딱 맞는다 –세계는 탈이데올로기적이다(클라우드 피아스 외, 2018, 334–354).

이 같은 그의 고찰 내용은, 매체를 사용하는 것으로부터 시작하였으나 결국 매개되기 이전의 세계를 잃어버린 인간의 무능력을 비판하는 것으로 읽힌다. 그리고 그의 비판은 곧, 읽는 이로 하여금 다음과 같은 이해를 이끌어낸다.

1. 청취자와 관객은 매체를 사용한다기보다, 이들의 삶을 고정시키는 이미지를 단지 소비하는 것이라는 것,
2. 이 소비행동의 대중적 양식화는 '여가'의 이름을 통해 개인의 가정에서 자발적이자 자동적으로 이루어진다는 것,
3. 매체를 매개한 외부 세계는 '인격의 자유와 개성의 권리를 외견상 보존하면서 일어날 때 가장 성공적인, 인간의 탈각과 무력화'(클라우드 피아스 외, 2018, 340)를 수행하고 세계와 사건으로부터 인간을 고립시킨다는 것,

4. 상호작용을 통해 경험을 얻거나 전수받고 혹은 세계로 나아가 새로운 경험을 생산하던 시대는 이제 상품처럼 경험이 비치되거나 거래되는 시대로 이월되고 있다는 것,
5. 매체는 비현실적이거나 부자연스러워서 저항을 불러일으키는 현실세계가 아니라 대상과 일체화되어 대상으로서의 성격을 상실한 관념적 세계를 주조한다는 것.

'사용자-인간'으로서 갖게 되는 매체에 대한 비판적 입장 내지 두려움에 가까운 경계심은 프랑스 매체학(Médiologie)의 창시자로 불리는 드브레(Régis Debray)의 관점과도 무관하지 않다. 그는 매체의 영역을 설명하면서 다음과 같이 언술한다. "시선은 기술적 과정(운반체), 상징적 과정(기능), 사회-정치적 과정(작용)들의 관계로서만 규정된다. 이러한 과정들은 상이한 차원들의 상상적 결합을 나타내는 중계(전송)의 개념 안에서 합치된다."(클라우드 피아스 외, 2018, 30)

바꿔 말하면, '나'라는 존재가 곧 시선의 운반체이고, 그 시선의 창을 통해 수렴되는 정보와 이미지들이 운반체의 개체적 특성에 따라 해석되거나 상징화 또는 기억되는 것이다. 그렇게 도출된 결과는 운반체인 신체를 통해 다시 세상 속에 기능하며, 그러한 작용의 과정, 즉 운반 개체들의 결합이나 움직임이 일상과 사회-정치적 관계를 통해 나타나는 양상이 곧 나의 삶이자 생(生) 의식을 구성하는 것이라 할 수 있다. 물론 인간이라는 매우 포괄적 범주로 무리하게 일반화할 수는 없겠지만, 매체의 작동 시스템 속에 개인이나 사회단위의 이해와 감수가 포섭될 수 있다는 것은 매체라는 도구의 태생적 특질에 의해 잠재된 오류임이 분명해 보인다.

앞서 드브레의 언술을 빌려 말했듯, 매체는 '중계(전송)'라는 본질적

이고 태생적인 기능을 통해 '정보–운반–기능–작용' 간의 관계를 압축적으로 '합치'시킨다. 이에 비한다면, 인간은 산출될 수 있는 의미의 방대한 스펙트럼 속에 끊임없이 흩어지곤 하는 비효용적 매체이다.[74] 인간의 중계는 쉽게 실패하거나 단일한 송신 자료를 구성해내지 않는다. 더군다나 인간은 정보의 사용가치를 판별하기 위해서, 합치된 정보처리영역의 영역에 상상이라는 창조적 동인이나 예측하기 어려운 상황적 여건의 작용까지를 더해 충분히 고려된 의미 결과를 산출해야만 한다.

이를테면, 매체를 사용하는 인간은 정보처리 또는 정보교신 과정에서 적절한 의사 표현의 시기도 간파할 줄 알아야 하고, 적기를 놓치지 않아야 하며, 의사전달과 교신이 가능할 대상을 분석·선별할 수 있어야 한다. 그럼에도, 적절한 감정 표현이나 의미의 구사, 이해 여부에 관한 피드백이 교차되고 확인되는 데 성공하였을 때만 중계(전송)의 결과가 최소한 가시화될 수 있는 것이다.

오늘날의 매체는 분명, 정보의 이동이나 처리의 측면에서 인간의 매체적 기능을 능가하며 실로 초월적 효용성을 지닌다. 하지만 매체학의 학술적 보고를 검토해보면, 인간은 매체의 이 같은 도구적 효용성의 이면을 이미 간파한 채로 사용 중임에 틀림없다. 매체의 정보처리 또는 수용과정에서 경험하게 되는 편의성이 인간의 자질을 단순화하거나 탈각시키고, 매체 사용 능력의 차이에서 비롯되는 상대적 자기효능감이 기존 사회의 차별적 계급·계층구조를 다른 방식으로 재현하는 것 등의 사실 말이다.

매체의 영역에 포함된 조건들, 이 상이한 차원들 간의 결합이 인간에 의해 자각되거나 적극적 행위 의지에 의해 실행되지 않는다면, 즉 인간이 사용자로서 주체의 위상과 역할을 행사하지 않는다면 매체는 그 순간 고립된 사용자를 확보하게 된다. 다시 말해, 세계에 연계되기 위해 도리어 세계로부터 차단을 선택하며 매체에 의존할 수밖에 없는 '은자(隱者)'로서의 소비자가 탄생하는 것이다.[75] 결국 매체는 그것이 지닌 효율성과 편의성에 의해 '은자'로서의 소비자[76]를 자동 증식시킬 수밖에 없는 기능 역시 본질적으로 지니고 있는 시스템이라 할 수 있다.

매체를 경유한 의미 세계 속에 살아가게 된 인간이 매체의 초월적 효용성을 경계하는 것은 일견 모순적으로 보이지만, 인간은 여전히 편의성의 추구를 인간성의 상실로 감지하는 경향이 있다. 개성적 욕구가 거의 획일화되다시피 하고 행동 양상을 결정하는 감성 체계와 행동의 의지가 불필요하거나 불편해졌을 때 인간이 물체화되고 그로 인해 도구화되기 쉽다는 것, 즉 충분히 예측 가능한 특성과 용도로 분류되고 사용 편의성을 갖춘 일종의 노동 도구로 전락할 수 있다는 것을 감지하는 것이다.

이것은 인간이 매체의 기술과 기능에 대한 자긍심을 기술 경배의 층위까지 끌어올리는 한편, 인간성에 대별되는 인위성에 대해 경각심을 놓지 않는 이유이기도 하다. 때문에, 간 개체적 공감과 신체적 경험을 통해 생명윤리나 인간의 존엄성을 터득하고 승계하는 것을 교육의 실천적 범주 속에 보호하고 필수교양의 범주로 가져온 것은 이미 오래된 일이 되었다.

그럼에도 불구하고, 신체를 통해 증명되는 경험적 가치가 매체를 통해 검증할 수 있는 인식적 가치로 다량 변용되면서, 그 가치라는 것이 수없이 많은 분권의 영역을 창출해왔음을 역시 인정해야 한다. 웹 공간

사용이 대중화되고 일상화되면서 정보생산과 공론화의 힘이 분산된 개인들의 영역에까지 놓이게 되었음을 확인할 수 있다. 하지만 문제는 오늘날 한국사회에서 그 분권의 영역이 지닌 상대성 혹은 다양성의 힘이 매체와 시장 자본, 정치 권력의 조직적 연대를 통해, 이 세 요소들에 의한 게임판(field) 안에 포획되어 있다는 점이다.

이러한 정황은 인간의 신체적 연명이나 행동 체계의 운용 과정에서 보편적이거나 참된 것으로 여겨져 온 가치의 층위가 일종의 게임 규칙처럼 사용 입장에 따라 변용되기도 하는 현실을 도출해낸다. 그것은 참된 것으로서 진리나 진실, 교환 불가능한 우선적 가치 등, 주로 문학예술을 통한 발현으로 전승되어 온 인간의 보편적 가치를 당쟁 등의 투쟁으로 대변해왔거나 할 수 있을 상대적 가치, 그리고 개체·시간·공간 등의 상호작용을 통해 문화라는 결과로 나타나는 횡단적 가치 등과 혼동하기 때문이다.

분권의 영역이 지닌 가치의 상대성이나 다양성 존중의 입장을 보편적 가치 왜곡에 오용하는 양상은 오늘날 우리 사회에서 중요한 논란으로 가시화되곤 한다. 가령, 인간의 생명에 결부된 보편적 가치를 정치적 생명력에 결부된 상대적 가치로 혼동하는 경우가 그러하다. 일례로 이러한 가치 혼동이 5·18광주민중항쟁에 적용되면, 정치·사회·경제적 가치 등에 앞서는 우선적·보편적 가치로서 '인간 생명의 존엄성'이 정치적 입장에 따라 양분될 수 있는 상대적 가치의 층위로 이동하는 일이 발생한다.

다시 말해 '군사정권에 의한 시민의 생명권 유린'이라는, 보편적 가치를 뒤흔든 사태의 쟁점이 이를테면 '공안정국의 국가폭력 대(vs) 국가안보를 위한 폭거 수습'이라는 양립 불가할 정도의 큰 편차를 지닌 이해가

병존하는 상태로 이동하는 것이다. 본디 모순이 될 수밖에 없는 이 양측의 이해는, 자신의 정보를 각기 보편적 가치의 측면으로 처리한 결과로 나타난다. 즉 인간의 보편적 가치가 개인과 집단에 따라 상대적 가치를 지니며 변용될 수 있다는 믿음에 근거하여 기괴하게 양립된 상태를 만들어내는 것이다.

물론, 보편적 가치를 확정하거나 그것을 위계적으로 평가하는 과정에 정황적 이해의 편차가 개입될 수 있다. 그러한 경우, 그 편차로부터 사태의 서로 다른 해석과 논증이 인간의 공통감각에 호소하는 순간이 반복되며 딜레마가 발생하게 된다. 상대적 가치의 기괴한 양립은 이러한 딜레마가 어렵사리 논의되며 접합점과 대안을 모색하는 과정이 축약 또는 생략된 채 양측의 이해가 각기 선언된 상태를 말한다.

이보다 더욱 문제적인 경우는, 과학적·정치적·역사적·사회문화적 입증이 적층되어 당위론적인 성격을 띠는 가치명제에 대해 역으로 딜레마적 논의를 생성해내는 경우이다. 경직된 사회구조를 재평가하고 보완·개편하기 위한 성찰적 물음이라면 문제되지 않는다. 문제는 당위·우선적 가치로 입증되어 온 바에 의해 불리할 수 있는 처지를 보다 유리한 상태로 변경하려는 의도 아래, 편차의 딜레마를 인위적으로 생산해내는 경우에 있다.

인간의 공통감각에 의해 보편적 가치의 범주로부터 배제되거나 때론 처벌되어야 하는 것으로 감지되고 다수에게 인정되며, 그 평가의 타당성이 증명되는 경우가 분명히 존재한다. 공분(公憤)의 행위와 은유적 표현을 통한 메시지화, 기념적 제의 등의 연쇄는 그러한 행위의 저열함을 평가하는 동시에 그 평가가 보편적인 것임을 재차 입증한다. 그럼에도 불구하고, 인간의 보편적 가치 기준을 저버린 행위가 오히려 상대적 견해와 입장을 존중해야 하는 민주적 절차에 의해 최후까지 비호되는 사례들 속에서 아이러니를 발견할 수 있다.

'5·18 학살자에 대한 사형 사면' 외에도 이러한 아이러니는 산재하며, 심지어 전례라는 힘을 얻어 재차 분기하기도 한다. 이것은 때로 우리의 삶에 강렬하고도 비극적인 회한을 끌어오기도 하는데, 인간이 매체의 매개성으로부터 벗어나 실재에 대한 감각 능력을 충분히 활용하게 되는 어떤 순간(감성적 회복력의 측면에서)이나, 혹은 자율적이고도 적극적인 중계(전송) 능력이 매체 너머의 사태를 통찰할 수 있는 순간(논리적 회복력의 측면에서)에 그러하다.

실재의 세계 또는 사태의 진실을 조작·중개하는 매체의 게임판은, 아이러니의 발생 순간 기존의 보편적 가치를 입장 차에 의한 상대적 가치로 탈바꿈시키는 '방탈출 게임'[77]으로 전환되기 마련이다. 하지만 전환된 게임에서 다시 게임-말이 되든지, 강렬한 회한 덕에 허울 벗은 실재의 세계를 직면하게 되든지, 스스로 진실을 바라보고 비평할 수 있는 인간의 자율성을 유린당한다는 점에서는 마찬가지의 비극이다. 어느 쪽이든 종국에는 필연적으로 보편적 가치를 선택하고 그것에 대한 위계적 평가에 참여해야 하며, 상대적 가치를 주장했지만 패배한 측에 집단적 트라우마가 수반될 수 있다는 점에서 양쪽 다 치명적이다.

그러므로 사태의 의미 해석에 딜레마적 요소가 개입된 경우 역시, 가치의 상대화를 편의적으로 이행하기에 앞서 양분된 입장의 중첩된 지점, 인간으로서 검토해야 할 보편적이고 우선적인 가치에 주의해야 한다. 즉, 교환 불가능한 우선적 가치가 인정되는 층위에서의 보편성[78], 감성과 이해가 교차할 때 공감이나 협상이 가능한 지점으로서 횡단적 보편성, 가치가 양립하는 상태의 상대성이나 그 밖에 양비론에 의해 부정되는 상태의 무의미성 등 가치의 기준과 분류 체계에 대해 충분히 논의되어야 한다. 인간의 입장차, 개성, 경험과 처지 등을 존중하되 신체적 생존과 생존의 질적 측면을 고려한 최소한의 합의가 도출되어야 하는 것이다.

그렇지 않을 때, 보편적 가치가 인간의 생존과 행복이 아닌 자본의 증식과 계급·계층적 분배 구조를 위해 언제든지 얼마든지 해체되거나 계열·계파의 상대적 가치로 오용, 혼용, 평가 절하될 수 있기 때문이다. 이러한 논의가 이루어질 수 있는 곳이 바로 인문학의 영역일 것이며, 그것에는 물질의 영역보다 더욱 강력하고 본질적인 층위에 있는 비물질-감성의 영역이 결합될 필요가 있다. 이어지는 장에서는 가치의 분권적 영역을 장악한 편향적 사회의 계층구조를 전환시키거나 변용하는 데 사용될 수 있는 또 다른 도구에 대해 탐색해 본다. 바로 매체의 원형으로서 인간이 사용해 온 일종의 비물질적 도구인 감성과 사회적 구조 전환의 연관성, 그리고 그 전환적 힘의 발현 사례와 힘의 생성을 위한 인문학적 방안에 대한 논의이다.

‖ 매체인간의 원초적 자질: 횡단하는 감성과 가치의 전환

생명과 안위를 지킬 수 없었던 순간에 대한 경험과, 인간의 생명을 지켜야 한다는 본능적 사고 사이에서는 이후의 삶을 바꿔놓을 만한 놀라운 힘이 발생하기도 한다. '본능-가치관-행동'이 상충하는 딜레마적 순간을 경험했을 때, 그 미해결의 기억은 끊임없이 인간의 내면을 괴롭힌다. 해결하지 못한 그 심적 고통의 상태가 의지와 무관하게 재현되면서 인지적으로든 신체적으로든 개인의 내면을 무기력하게 만들 때, 그 경험은 개인의 내면에서 트라우마(trauma)의 층위로 분류된다.

즉, 치명적인 외상으로 인해 정신적 타격을 입은 상태이므로 극복해야 할 비상 상황으로 인식하고 심리적 방어 혹은 공격 기제를 발동시키는 것이다. 그것은 생존을 위한 일종의 자기 보호 에너지로 순간적으로 발현되기도 하고, 혹은 두 번 다시 실패하거나 절망하지 않겠다는 팽팽한 긴장감으로 인간의 내부에 도사리게 된다. 이것은 복지부동, 몸을 벼르고 있는 상태와 같다. 치명적 순간 이후, 상황을 지금까지처럼 마냥 안전한 것으로 바라보지 않겠다는 경계의 시선에서 숨을 고르고 방어진을 재구축하는 과정이 이어지는 것이다.

이 과정은 우리 사회를 구성하는 크고 작은 조직과 그 안의 개체를 연결하며 다분히 연대적 공감의 양상으로 나타난다. 과연, 자기애에 대한 몰입만으로 인류는 지금까지 생존할 수 있었을까? 다음의 두 사진은

사진 1-1. 2015년 9월 시리아 내전을 피해 난민선을 탄 후 그리스 해변에서 익사한 채 발견된 아일린 쿠르디(3세)

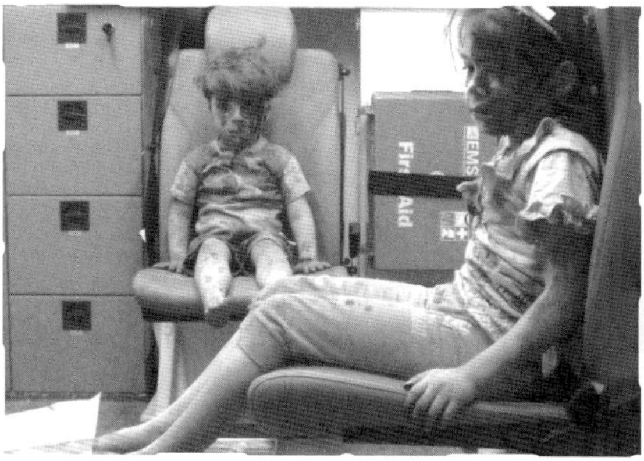

사진 1-2. 2016년 시리아 북부 알레포 공습에서 구출된 소년과 옴란 다크니시(5세)와 그의 누나

영화의 한 장면이나 조작된 그래픽이 아니다. 세계의 외신들과 지구적 네트워크를 이룬 개인 미디어들은 어린 생명이 삶의 마지노선에 놓여 있는 이러한 실태에 경악과 공분을 금치 못했고 결국 이렇게 말하기에 이르렀다. “현실은 이(사진 1-2)보다 훨씬 끔찍하다.”

〈사진 1-1〉[79]과 〈사진 1-2〉[80]의 실태는 연대적 공감의 네트워크를 타고 〈그림 1-1〉[81]과 같은 2차 메시지로 재현되었다. 두 사건은 곧 시리아 난민이 처한 현실적 딜레마와 비극을 지구적 분노로 전환시켰다. 애도의 메시지는 각국 언론의 뉴스와 SNS 등을 통해 집단과 개인의 차원에서 동시적으로 표현되었고, 발화된 메시지에 대한 피드백이 또다시 애도의 과정을 순환시켰다. 매체를 통해 공감의 영역이 지구적으로 확장되고 그 정도가 배가된 것이다. 유럽 각국에서는 난민 정책에 대한 논의가 적극 회부되었고 사람들은 난민 발생의 근원을 향해 시선을 이동시켰다.

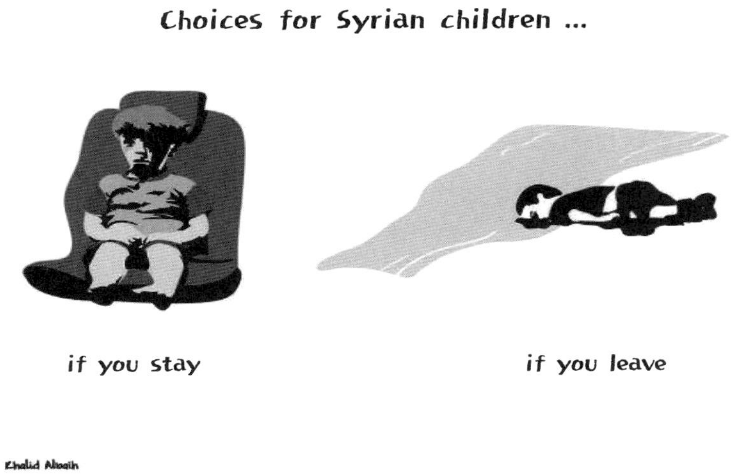

그림 1-1. 2016년 시리아 공습 후 카타르의 칼리드 알바이흐가 트위터에 공유한 카툰

시리아 공습에서 구출된 남매의 사진이 회자된 것은 그 처연하고도 비극적인 이미지가 최초로 발견되었거나 극한의 상황을 고발하고 있어서만은 아니다. 그것은 목숨을 건 난민들의 항해에서와 마찬가지로 전쟁에서 유린되고 마는 생명권에 대한 오랜 방기와 책무감을 지적하려는 발화 의지의 표명이다. 생명, 그것도 어린 생명에 대한 인간의 책무감과 비통함에서 연유한 문제의식은 카툰, 포스터, 기념물, 퍼포먼스 등 애도의 차원을 넘어 정치적 비판과 정책적 변경을 이끌어냈다. 생명권이라는 인간의 보편적 가치에 대한 동의감과 그것이 유린되는 상황에 대한 공분의 감성이, 시간의 흐름에 따라 애도가 무마되듯 처리되지 않도록 2차적 메시지로 묶어 담는 것이다.

생명권 유린에 대한 위 공분의 감성은 한국사회에 이르러 '국가와 사회가 국민의 생명을 구제하지 않는 것은 무엇 때문인가' 하는 의문을 침묵 밖으로 이끌어내는 한 고리가 되었다. 2014년 4월 16일 오전, 진도군 앞바다에서 세월호가 반쯤 물에 잠긴 채 침몰해가는 모습은 인간의 죽음을 바로 눈앞에 두고 어떠한 구제도 실천하지 못하는 당혹감과 자괴감을 시작으로, 우리 사회에 치명적인 트라우마를 남겼다. 그리고 천일이 넘는 세월 동안, 희망과 절망 사이에 놓인 사람들은 몇 초 몇 분의 단위가 아닌 몇 달 몇 년의 시간 속에 갇히다시피 했다. 그 죽어가는 생명에 공감하는 공포와 불안의 감정이 피할 수 없이 지속되고, 부모와 자식과 친구와 이웃을 잃은 애통함의 메시지가 수없이 재현됨으로써 집단적으로 트라우마를 경험하고 그 경험을 삶의 흔적으로 고착시켰다.

하지만, 동시에 이러한 비애는 일종의 전환적 에너지를 비축한다. 기존 삶의 구조를 유지할 때, 이 같은 비애의 사태가 또다시 발생할 수 있다는 단순하고도 명징한 판단에 의해서다. 자기나 자기 자신에 비견할 만큼의 중요성을 지닌 생명이 위태로워진 순간, 그 직후의 날카로운 방어 태세를 예상할 수 있다면 그 순간 놀라운 힘이 발생한다는 사실을 함께 떠올릴 수 있을 것이다. 궁지에 몰린 쥐는 고양이에게 덤벼들며, 무리에서 분리되어 죽음을 목전에 둔 초식동물은 육식맹수에 저항하며 일격을 가하기도 한다. 이 순간은 본능적 두려움이 사라지거나 최우선적 가치로서 생명의식이 모든 것에 절대적으로 앞서는 순간이다. 이때의 힘은 이성적인 판단력에 의해 이해할 수도 없고 평상심에 의해 공감할 수도 없으며 생명을 스스로 구제해야 하는 극한의 순간 돌연 구현되었다가 사라진다.

인간의 경우, 이 힘은 때로 용맹함으로, 용기로, 사랑으로, 숭고함으로, 인간애로, 박애로 일컬어진다. 이것은 "어떤 형태를 취하든지 간에

원칙적으로 가치에 대해 무분별"(막스 셸러, 2014, 36)한 것으로 설명되는 동감(sympathy)의 양태를 띤다. 단테의 말을 빌리자면 이것은 세계를 변혁하고 '비타 누오바(vita nuova)', 즉 새로운 삶을 창조하는 우발적 사건으로서 '사랑'이다.(안토니오 네그리, 마이클 하트, 2014, 518) 또한 그것은, '목적의식적 요소에 의해 작동하지 않는 민중권력이자 사랑의 투쟁 공동체로 한 데 뭉친 민중의 의식적 자생성'의 양태로 발현되곤 하는데, 조지 카치아피카스는 이 전환적 에너지를 '에로스 효과'라고 부르기도 한다(조지 카치아피카스, 2015, 19-20).

이러한 힘은 개체의 인간을 집단체, 즉 연대적 감성의 주체로서 동일시하도록 만드는 일련의 사건들을 만들어냈다. 한국사회의 근현대사 속에서 그러한 순간은 동학농민혁명, 식민지 항일투쟁, 6.10민주항쟁, 5·18민주화운동, 광화문촛불집회(2002년 효순이·미선이 사건, 2008년 미국산 쇠고기 수입 항의, 2016~2017년 국정농단 사태 규탄) 등에서 구현되었다. 이 일련의 과정에서, 죽음에 대한 본능적 공포와 불안을 넘어서는 강력하고도 집단적인 동인이 발생하는 데에는 다음의 두 가지 징후가 있었을 것으로 보인다.

그 중, 하나는 현재 처한 삶의 장(場)이 내 자신에게 불합리하고 위협적으로 작동한다는 사실을 인식하도록 만든 강렬한 자극으로서 '집단적 생존의식을 위협하는 사건의 발생'이 있었을 것이라는 점이다. 이 사건은 애써 구축한 안정과 합리적 구조를 위협하는 것으로서 불쾌함, 불편함, 불안함과 같은 내적 상태를 만들어낸다. 공포와 불안이 정점에 이르는 순간은 이 사건 직후에 놓인다. 하지만 이 순간까지의 인간은 이 위협적 사태를 우연한 것으로 인식하려고 하며 자신의 일시적 착각에 의해 상황이 잠시 불안에 빠진 것으로 판단하고 싶어 한다.

그것은 지금까지 이루어놓은 합리적 판단의 결과물과 일정한 체계 속에 안정적으로 유지되어 삶을 구조적으로 운영하는 과정이 파괴되는 것이 굉장히 혼란스럽고 모순된 것으로 인식되기 때문이다. 앞으로 살아가기 위해 지금까지 생존을 위해 구축해온 여건을 스스로 파괴해야 한다는 것은 모순이 아닐 수 없다. 이러한 입장에 선 이들은 지금까지의 판단이 옳은 것이거나 최선의 것이었음을 재차 확인하고 일시적으로 나타났을 이 문제를 해결하여 수정된 궤도로 삶을 업그레이드하려고 시도한다.

반면, 사태가 일시적 수정이나 잠정적 회피 등으로 해결될 수 없다고 판단하는 경우, 근본적으로 삶의 토대와 구조가 바뀌거나 상황을 바라보는 관점 자체를 변화시켜야 한다는 태도를 지니게 된다. 이러한 시각에서는 인간의 오늘과 미래가 끊임없이 척도를 달리하며 재평가될 수 있어야 하고, 사회의 체계와 체제가 현재의 인간에게 유효한 것으로 변화될 수 있어야 한다는 입장을 지닌다. 이 측면에서는 지금까지의 역사가 합리적 진화의 증거라기보다 합리적 판단의 전거로 활용된다.

이 두 가지 시각의 측면에서 인간은 안정적인 사회체계를 구축하기도 하고, 다른 한편 불합리하게 구축된 구조와 운영에 의해 인명과 인력이 소진되지 않도록 경계하는 생존의 균형감을 발달시켜왔다. 하지만 집단적 연대의 감성과 관련하여 이 글에서 주목하는 다른 하나의 징후는 그 두 가지 측면의 시각에 의한 행동을 발동시키는 생존 자극으로서의 사건, 그 이후의 양상이다. 즉 두 번째 징후는 더 이상 피할 수도 없고 다른 방법을 선택할 수도 없는 한계에 이르기까지의 지속되는 비합리적 순응의 시간, 바로 '잠정적인 침묵의 지속 기간'이다.

명백히 이 시간은 침묵의 형태를 띠고 진행된다. 발화되거나 실천되는 행동의 양상이 문제의 해결도 저항도 망각도 아닌 상태로, 비합리적이지만 표면적으로는 순응의 양태로 일상을 지속시킨다. 하지만 이 시기는 태풍의 눈과 같다. 침묵과 안정의 양태를 띤 채로 생존을 위한 전쟁이 지속되고 있는 것이다. 생존의식을 위협하는 사태 이후, 불합리한 구조에 대한 문제적 인식이 구체화되는 시간이다. 한편으로는 그러한 사태에 일시적 수정을 가해 불안을 소강시켜야 한다는 자기안정의 기제가 작동하며, 다른 한편으로는 이러한 사태가 전적인 구조 변경을 가할 만큼 심각하고 치명적인 위험을 확대시키는가에 대한 점검의 시도가 이루어지는 것이다.

사회가 변혁을 통해 새로운 시대로 전환하는 순간은 이 두 번째 징후 속에서 구조적 불합리성을 재확인시키며 가뜩이나 도사리고 있던 경계태세를 공격 태세로 촉발시키는 사건이 발생할 때 만들어진다. 이를테면, 그러한 사건은 군인들의 무차별적이고 폭력적인 진압의 공포 속에서 수레에 얹힌 두 구의 시신을 목도한 광주시민들의 내면에서, 또는 난데없이 "어머니!"하고 부르며 무장군인에게 쫓겨 달려오는 청년을 "내 아들이오!"하고 감싸는 오월광주의 아주머니들 목소리에서, 또는 매캐한 연기 속에서 최루탄을 맞고 쓰러지는 친구의 등허리를 안은 채 대열로 돌아갈 길을 찾는 경계의 눈빛에서, 그리고 침몰한 배 안의 아이들을 목전에서 수장시켰다는 사실에 대한 수치심과 자책감, 세월호 침몰 이후 난방과 식사, 여가 등에 죄책감을 느꼈던 다수의 국민 정서 속에서 거대한 전환적 에너지를 만들어낸다.

영화 〈아바타〉(2009)의 나비족이 아니더라도 인간은 다른 이들의 생각을 알아차리고 다른 이들의 느낌을 내 느낌인 마냥 감지하는 것이 가능하다. 보이는 촉수는 없지만 여러 정보들을 감지할 수 있는 몇 가지

감각 기관을 지니고 있으며, 감각과 감정의 표시들을 의미로 전환하면서 이것이 어떠한 후과를 가져올 것인지 합리적으로 예측할 수 있는 이성적 체계를 내장하고 있는 존재인 것이다. 촉수 없이 소통하는 인간은, 아주 양보해서 인류의 직계 조상(호모 사피엔스 사피엔스)부터 계산했을 때 약 4만 년 전부터 진화해 온 생존의 특화된 체계, 즉 '공감 능력'을 지닌 존재이다. 거대한 집합으로 결합하여 공명하는 파동을 사회적 범주로 발생시키는 과정은 낱낱의 신체들 즉, 개인들의 사고가 서로 감응하고 교류되는 공감과 소통을 전제로 할 때 가능한 것이다.

이를테면 공감은 나의 신경 체계에 의해 감지될 수 없는 자극을 내가 나의 신체에서 발생한 것처럼 느끼거나 이해할 수 있는 것이다. 그 어떠한 이익과 가치에도 우선할 수 없는 절대적 가치는 경험과 역사, 이성과 지성에 의해서 인식되고 있거나 인식될 수 있다. 하지만 이러한 인식이 자신의 신체를 통해 구현되는 것과 동일한 것은 아니다. '인간으로서 양보할 수 없는 절대적 가치에는 어떤 것이 있을까? 이러한 가치가 나의 신체와 삶을 어떻게 변화시키는지 경험한 적이 있는가?', 이러한 의문과 사례를 검증하는 논의의 장으로서 학술적 협상테이블이 마련된다면, 상대적 가치를 고려한 양가적 태도에 의해 '생존'과 '공존'이라는 인간의 보편적이고도 우선적인 가치를 폭넓게 구제할 수 있을 것이라 본다.

‖ 공통감각의 협상 영역, 감성인문학

인간은 다분히, 논리적 가설의 검증 과정에 따라 행동하지 않으며 예측하기 어려울 정도로 호기심에 의해 움직이고, 자율적 의지와 욕망에 따라 관계를 구축한다. 하지만 사회적 인간은 일상의 일정한 패턴 속에 자신의 잠복된 욕구를 조정하면서, 필요한 만큼의 생산과 안전할 만큼의 방어 이상으로 행동한다. 곧, 사회는 근본적으로 인간의 본성을 거슬러 억압하는 데서 발생하는 것으로 보인다.

인간에 대한 인간의 억압을 인간사회의 발생론적 전제로 둔다는 위 말은 일견 모순적으로 여겨질 것이다. 하지만 돌아보면, 사회라는 시스템은 인류의 존속이라는 상위 목적을 수행하기 위해 인간을 그룹 등으로 분류하고 계층화했으며, 생존을 위한 노동과 방어, 즉 필요하거나 본능에 의해 발휘되는 자연적 행위 체계 이상의 움직임을 만들어냈다. 즉, 사회라는 집단적 생존 시스템 속에 비본성적 노동 행위가 인위적으로 발생했고, 최초에는 이상했을 생활 패턴의 이질성이 차츰 감지되지 않을 만큼 인정되면서 그 행동 양상이 계급·계층적 지위라는 교환가치를 만들어내는 데 이른 것이다.

이러한 생각은 이미 사회 자체가 사회구성원인 인간의 우위에 선 것이 아닌가 하는 의문을 지니게 한다. 과연, 오늘의 메트로폴리스 단위 사회가 자연법칙에 의해 발생하고 유지되는 것이라고 볼 수 있을 것인가. 두 명 이상의 개체 사이에서는 힘의 격차, 즉 힘의 이동에 의한 낙차 에너지로 최초의 불공평한 노동이 발생했을 것이고, 그렇다면 이 관계가 대도시 단위까지 확장된 사회를 자연법칙에 의해 발생한 자구적 집단생활 시스템으로 보기는 어렵다.

즉, 사회는 본능이나 섭생, 생존의 법칙에 의하여 자연적으로 발생했다기보다는 우월함과 열등함의 격차를 전제로 하여 생존 활동의 편의와 효율성을 극대화하기 위한 구상이 진화한 결과로 보아야 한다. 결국, 사회는 인간을 위해 인간을 물질적으로 소모한다는 역설적 기치를 정당화하고 있으며, 타당성을 논구하는 합리적 이해의 측면에 놓일 수 없을 것으로 판단된다.

그런데, 사회적 분업이라는 말은 사회적 목표, 즉 어떤 조직 공동체가 합의한 대승적 차원의 목적이 있음을 전제로 하여 성립된다. 사회적 분업 체계가 작동하고 유지된다는 것은 생물로서 인간의 본성에 반하는 경험이 지속되는 상태임을 가리킨다. 그럼에도 불구하고 사회적 인간으로서 이러한 경험을 일상화하는 데 이르는 것은, 비본성적 수행에 자발적으로 합의하고 있거나, 경험 이전에 판단과 인식의 기회를 박탈당한 상태로 태어나 있음을 의미할 것이다.

사회는 실상, 한편으로는 인간을 사회적 동물로 진화시켰고 오늘날의 인간은 관념적 측면에서 이미 세상의 지배자이거나 혹은 전-지구적 파괴력을 지닌 존재로 독주하고 있다. 관념의 날을 세운 각 개인, 각 그룹들은 모순된 재화의 분배 구조보다는 재화의 재분배를 위한 힘겨루기에 집중하면서 계급·계층 간 투쟁을 지속하는 가운데 있다. 이것은 사회의 비본성적 수행이 오히려 본성을 변화시키는 작용을 하면서 인간을 새로운 환경에 적응시킨 결과일 것이다.

하지만, 대승적 차원에서 모순을 묵인하거나 그 모순의 동력으로 가동되는 사회는 사회구성원의 효율성 지향이 더 이상 합의되지 않을 때, 즉 기존의 사회 시스템이 자신의 삶에 유효하지 않다고 판단될 때 위기를 맞이하게 된다. 예를 들면, 사회적 인간으로서의 생존 여건이 보편적으로 중대한 위험 속에 빠져있다고 감지되거나, 아니면 반대로 자연 속 생물체로서의 생존이 더 이상 위협받지 않는다고 여기는 보편적 복지 단계로의 진입 시기가 그러할 것이다.

전자의 경우에는 전쟁(Genocide)을 통해 반(反)체제적 사고가 담긴 신체들의 물리적 멸실을 시도하거나, 모순적 체제의 권력 정점에 있는 계급을 중심으로 정치적 재구성을 거쳐 그 모순이 담긴 시스템을 유지 또는 변형해왔다. 이러한 경우, 생산되어 모인 힘에 접근하거나 이를 다룰 수 있는 기회는 권력 상층부에 그대로 안배된 채 제한적으로 재구성되는 것이다. 따라서 전자의 경우, 총체적인 사회 시스템이 모순이 담긴 채 유지되는 것은 당연하며 위기는 잠재된 상태로 보아야 한다.

그런데 오늘날의 사회는 후자의 경우에 가까워지고 있다. 이 경우의 대처 양상은, 모순적 사회 시스템의 동력 기반을 차지하는 계급의 기능을 그야말로 기능적 보조물로 대체해 가는 것으로 나타난다. 인간의 신체적 기능을 보조하여 역량을 질적으로 강화하고 시간의 측면에서 연장하며 공간의 측면에서 상호 연결하는 등, 표면적으로는 인간을 생존노동으로부터 해방시키며 노동력 수합과 사용의 비합리적 절차로부터 인간을 보호하는 것으로 파악될 수 있겠다.

그러나 이 경우 역시, 사회 동력으로 사용되는 기반 노동력이 인간을 관리 능력을 불가결하게 요구하는 기계 기능으로 대체되는 것이기 때문에, 인간을 전적으로 해방시키거나 불합리한 생산-소비 구조를 개편하는 것이라고는 볼 수 없다. 전자의 경우든 후자의 경우든, 인간을 분류하고 힘의 격차에 의해 인위적 움직임을 만들어내는 과정, 즉 타율적 행위가 자연스럽게 인식되고 인간을 위해 인간을 소모하는 양상이 인간의 문화 자체가 되는 모순은 동일하게 잠재되어 있는 것이다.

4차 산업혁명시대로 불리는 이 시대 역시 인간의 노동력을 어떻게 공급받고 운용하며 증량하는가에 근대구분의 경계기준을 두고 있다는 점에서 인간성의 근대, 감성의 근대로의 진일보는 확인되지 않는다. 관점들의 첨예한 대립이 힘의 낙차에 의해서가 아니라 최소한 협상과 약속에 의해 공존의 체계를 만들어내려면, '공통감각'[82]에 의해 동의할 수 있는 보편적이고 우선적인 가치를 각종의 영역에서 도출해낼 수 있어야 할 것이다.

그 각각의 가치가 상호 횡단하는 접점으로서 공적 회합은 하버마스의 공론장[83]이나 감성인문학연구에서 말하는 공감장[84]의 형태, 또는 윌슨의 '일시적 자율지대'[85] 형태로 역사 속에 나타나 왔다. 이 과정은 이 매체 시대의 복잡다단한 네트워크 속에서 계산되고 정략적으로 조정된 중앙집중적 통제를 탈각화하는 운동이기도 하다. 신체가 포함되어 가시적으로 확인할 수 있는 네트워크 속에서, 지각과 감성을 통해 사태를 조정할 수 있는 실제의 신체를 매개로 연결된 '떼 지성'[86]의 발현인 것이다.

하지만 앞서의 공적 회합의 사례들은 개념에 의해 사후적으로 포획된 역사적 사건이거나, 구안하고 구성할 수 있는 자율성보다는 이미 구조화되어 있는 어떤 사회적 편향성에 의해 불가피하게 발생한 것들일 수 있다. 즉, 우리 사회는 역사 속에서 발견된 공적 회합의 결과를 이제 스스로 구안하고 구성하며 활용하는 데까지 진화할 수 있어야 한다. 그 구안의 시작점은, '비-유기체적 신체'[87]로서 공중이 집단적으로 감수하는 불안정·불평등·불합리한 사건일 수도 있고, 일상적 공론장, 구조화하는 공감장[88], 비-일시적 자율지대[89]와 같이 사회문화적으로 도구화된 공적 회합의 다층적 운영 과정에서 발견될 수도 있다.

하지만 그러한 장(場)을 구성할 때 형식적 자질이나 운영의 방식보다 중요한 것은, 그러한 장이 구성되는 목적의 설정이자 보편적 합의점으로서 목적을 인식하는 공적 약속이다.[90] 다양성과 다층성의 시대에 횡단을 거듭하는 관점들에 대하여 인간의 공존공생이라는 원초적 목적이

중력을 행사할 수 있을 때, 물질적 매체의 사용 오류나 편향적 계층 권력 등에 의해 가치와 의미가 불필요하게 변용되는 것을 막을 수 있을 것이라 본다.

분리된 시선을 지닌 상이한 힘들의 양 끝은 '살아남을 수 있는가'라는 생존 자체의 여부와, '잘/행복하게/건강하게 살 수 있는가'라는 생존 후 질적 평가에서 다시 만난다. 이러한 질문에 응답할 수 있는 인간의 평가적 능력이 바로 감성이다. 사회가 분리된 개체들의 생존과 질적 진보의 상태로서 공존을 위해 최소한의 질서와 규약을 확립하는 합의의 과정은, 보이지 않고 들리지 않는 것을 알아차리는 인간의 감수능력을 반드시 필요로 하기 때문이다.

바로 이 지점에 감성인문학의 과업이 놓여있다고 본다. 말하자면, 모순적 사회 시스템을 파탄 내거나 방관하는 것 사이에 최소한의 협상이 가능한 지점으로 새로운 영역을 구성해가는 과정에서, 혹은 제각기 전혀 다른 운영 시스템이 경계를 넘나들며 양립할 수 있는 상태 속에서 감성인문학이 일종의 규약 생성의 장으로 기능해야 한다는 것이다. 특히, 생존 감각에 기반을 둔 최소한의 공통감각을 발견하거나 구상하고 구성해야 할 것이다. 이 과정에서 '횡단적 보편학'으로서 감성인문학의 정체성이 구현될 수 있을 것이라고 본다.

공간의 문학적 변용

‖ 날뛰는 에너지의 시대

1인 미디어 시대로 불리는 오늘날의 인간 관계망에서 시선두기는 그 전환이 빠르고 비고정성과 비지속성을 특징으로 지닌다. 그 이유는 특히 개인 미디어를 통해 흩어지고 다시 긴밀한 네트워크를 이루며 재구성되곤 하는 관계 탈착의 자율성 때문일 것으로 여겨진다. 이 때문인지, 오늘날에는 지리학적 경계만이 아니라 문화, 국가, 관념 등의 측면을 포괄하며 유형이나 관계를 나누는 기존의 기준이 무색해지고 있다.[91] 융합이나 통섭이라는 키워드에 담긴 학제적 경향에서도 경계 허물기를 통한 혼종성과 창의성 발굴의 요구가 종종 발견된다.

그런데 이러한 요구가 학술적 범주 밖, 생존을 위한 사회적 생활과 의식 활동을 일상으로 삼는 개인들의 삶 속에 발현되는 양상은 다소 문제적이라 할 수 있다. 그것은 개인의 삶이 속한 관계의 테두리, 즉 삶-조직의 유무형적 범주와 삶 목적을 재설정해야 하는지의 여부에 관한 문제이다. 다시 말해, 삶의 지향점이나 개인의 사회적 영토 등에 대한 인식은 자신의 정체성을 의미화하는 데 쓰이는데, 그 정체성을 산출하기 위한 데이터 값이 예전과 달라지면서 '나'와 '삶'에 대한 정신활동에 경고등이 켜진 것이다.

이 '좌표 상실'의 문제는 '나는 누구인가' 또는 '나는 어떻게 살아가야 하는가' 하는 철학적이고도 추상적인 질문의 확장 버전처럼 난해하다. 이 낯설고 불편한 성찰의 문제는 시장경제원리에 삶의 주도성을 인계하거나 기성 상품화된 인문학적 해법을 차용하는 방식 등으로 회피되어 왔다. 하지만, 회피한 주제는 오히려 심화되어 개인 앞에 환원되어 왔는데, 가령 자살률의 증가나 청소년 연령을 소급하는 중범죄 양상, 반인륜적 분노 범죄, 생(生) 의지를 상실한 염세적 자기 방치(노숙, 은둔) 등의 사회적 양상이 그것이다.

이 정체성의 좌표 상실이라는 문제의 해법을 탐색하기 위해서는 먼저, '우리는 지금 낯섦과 불편함을 감수하고서라도 선택의 여지 없이 변화와 새로움을 수용해야만 하는가? 왜 그러한가?' 하는 질문에 답해야 한다. 그 답은 우리의 신체와 정신이 놓인 우리의 시공간을 이제 어떤 좌표 구성에 두고 이해할 수 있을지 탐색하는 과정의 명분이 될 것이기 때문이다. 이 글은 이러한 물음에 답하기 위해 우리의 시대를 스스로 명명하기 위한 전제를 추려내고, 가능하다면 그 변환의 시공간에서 유용하고도 범용적(汎用的)으로 쓰일 인문학적 도구와 사례를 찾는 것을 연구의 지향점으로 삼고 있다.

여기서 인문학적 도구라 함은, 오늘날과 같이 비약적인 사회변화를 추동하곤 하는 집단적 요구가 일회적으로 출현하는 것이 아니라 집단의 사회적 진화과정에서 유사한 패턴으로 재현되어 온 것이라 여기는 사고를 인문학적으로 정리한 개념의 일체를 가리킨다. 이 글의 진단에 유효한 개념들을 가려내기 위해, 집단 내 상징자원이 되는 중심적 가치가 바뀌면서 사회적 개체들의 집단적 의식 활동이 이루어지는 공간적 형태나 경계가 변화하거나 전환되는 양상에 착안한 논의들을 주목하였다. 그리고 그로부터 국민국가 이후 '가족, 회사, 국가, 지역, 젠더, 이웃, 민족 등' 개인의 정체성을 구성하는 데 검토되었던 주요한 사회적 영토들의 위상이 흔들리고 있다는 사실을 분명한 전제로 삼을 수 있었다.

최근에 이르는 사회학적 논의 속에서는 이러한 흔들림의 양상을 상실의 문제라기보다 전환의 패러다임으로 보면서 '탈영토화 및 재영토화'[92], '탈경계화', '공간적 전회' 등으로 명명하곤 한다. 물론 이 명명된 바들의 문학적 쓰임새는 비근한 문학적 실현 사례를 통해 검토될 때 더욱 유효해질 테지만, 각종 전회 논의의 연쇄[93] 속에 나타나는 공간에 대한 사회적 또는 사회·철학적 인식은 이미 꽤 유의미한 것으로 보인다. 구조화된 사유에 대한 그 의혹이 기존의 역사적 진술들에 대한 재평가와 함께 새로운 사회문화 구성의 설계를 요청하는 데 이르고 있기 때문이다.

한편, 위상·지리학적 공간의 논의가 인문사회학적 의제의 영역에도 빈번히 호명되는 것을 볼 때, 시간의 흐름에 따른 발달사적 관점 또는 역사주의(Historismus) 중심 세계관 역시 더 이상 공고해 보이지만은 않는다. 더 정확히 말하자면, 오늘날의 세계 인식이 그것의 변형이나 단절을 야기하는 감성의 횡압력에 의해 비로소 흩어져 이동하는 순간을 맞이하고 있는 것처럼 보인다. 말하자면, 이 세계는 20세기 이후까지 이어왔던 국민국가와 신자유주의 시대의 질서에 포획되지 않은 채 새로이 구성되는 혼종적 사회를 견인하고 있는 것이다.

'초국적', '다중적', '글로컬' 등의 수식어로 묘사되곤 하는 그러한 사회는 다채로운 감성의 작용 관계 속에 자리한다. 국가와 민족, 전통적 지역 사회 등에 내재한 기준과 질서를 관례(custom)라고 한다면, 혼종적 감성의 횡압력은 일종의 한계자극(liminal stimulus)이 되면서 관례라는 사회의 인식 기반에 단층을 발생시키는 것이다. 다시 말해, 혼종적 감성이란 기존의 구조화된 질서 속에 포획되거나 구(舊) 경계와 기준 사이에 포착되지 않고 사회적 변용을 거듭하는 비물질 에너지로서, 가령 공분(公憤)과 같은 간(間)-개체적 공감이나 그것에 관한 인식을 생성하는 원인이라 할 수 있다.

하지만 다채로운 개체들의 감성이 공감으로 완결되는 바는 흔치 않으며, 감성의 동질감에 의해 규합된 개체들의 경우라도 그것의 정체는 일정한 형태나 성질의 것으로 지정되기 어려울 수밖에 없다. 그렇기 때문에 사회적 변용을 이루는 그 규합된 에너지는 구조화된 사회질서에 대한 '투쟁' 혹은 '교란'이라고 명명되며 작용과 반작용이라는 힘의 운동을 지속해왔다. 법과 문화, 그것이 실행되는 정치와 예술이 단층과 같은 비약적 변화를 나타낸 마디에 전쟁, 압제, 학살, 참사 등 죽음의 사태에 얽힌 애도와 공분의 감성처럼 거대한 비물질 에너지의 규합이 발견되곤 한다는 점이 그러하다.

그 가운데, 감성을 규합하는 문학의 기능은 직관에 의해 세계를 감수하고, 표상이라는 미학적 기술(技術)에 의해 그 세계를 재구성하여 투영해내는 과정을 통해 발휘되어 왔다. 즉, 사회적인 측면에서 언어예술은 세계를 새로운 관점으로 바라보고, 그것을 해체하고, 본질을 꿰뚫어 보고, 장면 이미지 형태로 구현된 다른 버전의 사회 구성을 제시하는 것이다. 이것의 기능은 마치 분열과 재구성을 거듭하는 식물의 생장점이나, 꽃이 비둘기로 변신하는 마술 상자의 그것과도 같다고 할 수 있다.

문학 연구의 영역에서 텍스트를 직조한 방식과 의미망이 세계를 향해 발화하는 바, 즉 작품에 담긴 시대정신을 간취해내고자 집중하는 이유는 이 같은 문학의 변용적 기능을 인정하고 있기 때문일 것이다. 이 글에서는 바로 이 사회적 재구성 기능과 연관된 문학의 특성에 주목한다. 즉, 인식적 전환을 다루는 사회학적 공간론인 '공간적 전회'의 담론을 빌려와 문학의 사회 구성적 기능을 개념과 시적 실현의 층위에서 확인하려는 목적을 지니고 있다. 그러한 측면에서 볼 때 이 글은 일종의 문학 기능론의 성격을 지닌다고 할 수 있다.

공간적 전회(Spatial Turn, 空間的 轉回)는 인문지리학자 소자(Edward W. Soja)의 조어로 시작되었지만 포스트모더니즘을 모더니즘과 구분하는 수많은 사회비판적 텍스트와 연쇄적 반향으로 이어지면서 패러다임의 전환이나 학문 내부의 비판적 고찰을 아우르는 의미의 파장 효과를 일으켰다.[94] 이 글에서는 전환적 패러다임의 키워드로 '공간'과 '전회'를 주목하고, 이것과 문학적 변용의 접속을 시도하고자 한다. 이것은 전환적 세계 인식을 확장할 수 있는 학제적 연구의 실현이면서 융합적 개념을 정초하는 인문학 발(發) 도전이라는 의의를 지향하는 것이다.

미래에 의해 근대 바깥으로 차츰 밀려가는 오늘날의 세계에서, 그 변화의 동력으로 작용하는 것은 어떤 요소를 밀어내는 힘(centrifugal force)과 끌어당기는 힘(centripetal force)을 동시에 지닌 운동성일 것이다. 이것은 마치 유체(fluid) 속에 빠르게 회전하는 소용돌이(渦動, vortex)와 같이 파괴력, 파급력, 순환력을 지닌다. 오늘날 사회구성에 있어 이 같은 구심력으로 작용하며 재구조화된 사회를 유인하는 인간의 자질을 발견하고 오늘날을 새로운 근대로 변별할 수 있는지 검토해보는 것이 이 글의 주요한 논점이다.

이어지는 장은, 인식의 위상공간(topological space) 바깥을 호명하고 끌어오는 사회 변용 에너지가 한국사회의 비근한 시공간 속에 나타나는 문학적 분출 행위를 탐색하는 과정이다. 곧, 2장에서는 한국현대시사 중 50여 년을 관통하는 시적 실현이 어떠한 감성적 자질에 연유하고 있는지, 문병란의 시론을 사례로 살펴볼 것이다. 3장에서는 그러한 변환의 힘과 자질에 의해 집단의 인식적 전환이 발현되는 유·무형적 사회공간을 탐색하고, 4장에서는 변이의 운동성이 나타나는 사회공간에 대한 개념적 정초가 문학적 층위에서도 병행 가능할 것인지 논구해보기로 한다.

‖ 흩어진 세계의 문학적 재구성: 문병란의 사례

앞서 말했듯 문학 텍스트는 사회와 세계의 재구성 과정을 장면 이미지로 구현하는 동시에, 사실 그에 앞서 해체하거나 변용해야 할 사회의 인자(factor)들을 발견하고 눈에 띄게 만들거나 그것을 재가치화·재의미화하는 역할을 해왔다. 소위 참여시, 민중시, 저항시, 부조리시 등으로 불리는 카프(KAPF) 계열 이후의 시들이 그러할 것이고, 순수시를 비롯한 시문학파 계열의 텍스트라 할지라도 시적 대상을 깨뜨려 표상 과정 속에서 새롭게 만드는 점은 그와 다르지 않을 것이다. 문학이 세계를 재구성하는 방안의 일례를 제시하는 것만이 아니라, 재구성의 시발점이 되거나 그 움직임의 방향타 역할을 하여 사태에 영향을 미치기도 함이 그것의 오랜 특성이라는 뜻이다.

이 글의 맥락에서 이 오랜 에너지원의 시적 발휘 양상을 살펴보는 이유는 그러한 특성의 재귀적 증명을 위해서가 아니다. 초점은, 인식의 패러다임과 사회구조의 변환 과정에 작용하는 집단의 전환적 에너지가 개인 낱낱의 경우나 문학의 하위 범주 속에서 움직이는 구체적인 바를 확인하는 데 있다. 구조화된 공간 인식이 비근한 현실 속에 어떻게 발현되는지, 그 인식에 대한 입장은 어떻게 감수되며 무엇이 깨뜨려지고 변용될 것인지 엿보기 위해 당대를 함께 살아간 문학 창작자의 발화를 분석하는 것은 실제적이고 유용한 추체험이 될 수 있다. 문학 텍스트를 짓고(창작자) 그 의미를 향유하거나 재구성(독자)하는 문학 주체의 사례 속에서 구현된 양상을 분석해가는 과정은 문학의 창작과 감상, 분석 등의 향유 과정에 담긴 사회적 소통과 담론 구성의 역능을 확인하는 작업이 되기 때문이다.

문병란(1935~2015)의 시 정신이 시론으로 발화된 바를 탐색하는 것은 그러한 작업의 긴밀한 사례가 될 수 있다. 시 텍스트는 그에게 있어 삶이라는 일종의 신체적 행위이자 표현을 위한 움직임 자체인 것으로 보인다. 그는 「참다운 시를 찾아서」라는 짧은 글을 통해, 시적 표현이 곧 현실을 그려내는 투쟁의 행위이자 바라는 현실을 이루어내기 위해 사상과 실천을 일치시키는 미적 행위가 될 수 있음을 말한다. 우리가 살아가기를 희망하는 상태는 이상(Idea)으로 일컬어지는데, 그는 그 이상이 "공상이나 단순한 상상적 산물"이 될 수 없다고 단언한다. 즉, 문학은 "사회와 인간의 변화를 위한 투쟁의 승화"이자 "인간의 현실적 삶을 바탕으로 한 현실의 반영으로서 이상의 표현"이라는 점에서 존재 가치를 지닌다는 것이다.[95]

이 같은 그의 시론은, '관념의 현실화를 위한 실천 행위로서 텍스트가 진실성을 지닐 때 문학 텍스트의 미적 가치나 미의식이 비로소 발견되는 것'이라는 생각으로 요약될 수 있다. 그의 초기 시집들[96]은 그가 시론 「나의 詩的 正當性」에서 직접 언술하고 있듯이, "무엇인가 때릴 것을 찾아 강렬한 비판 정신과 고발정신으로 주먹을 다지고 있었으며 저항의 열기로 충만"한 "과열된 시정신"(문병란 1993, 273)을 담고 있었다. 그럼에도 불구하고 그는 자신의 시정신을 "하나의 지적 소산으로 관념을 완전히 탈피하지 못했"(문병란 1993, 273)다고 스스로 비판하며, 시정신의 변혁을 시도하였다. 그 변혁 대상의 일례는 전통 시가의 정서적 프로세스였다. 바로, '한(恨)'-'민(民)'-'패배의식'의 연결고리를 '한(恨)/고난-민중-대결의지'로 재결합시키는 텍스트 구조화를 통해 '정한(情恨)'의 상징적 정서를 '원한(怨恨)'이라는 저항의 힘으로 전환시킨 것이다.[97]

하지만 그의 시가 저항과 대결의 관점을 통해 민족 애상주의를 현실 변혁적 '에네르기'[98]로 전환시키는 마술사의 주머니처럼 기능했다고 해서, 그가 정치적인 시를 표방하고 있었던 것은 아니다. 시의 정치성은 심지어 그가 스스로 시작(詩作)의 난점으로 인정하고 있었던 부분이기도 하다. 그는 시론 「나의 詩的 辯護」에서 '리얼리즘적이며 앙가쥬망의 입장을 지닌 사회적 기능 문학'(문병란 1993, 283)을 자신의 시적 편력에 관한 일문에서 표명하기도 한다. 문학에 있어서는 가령, 도덕적 회복이나 사회적 권리, 평등한 분배, 참된 가치의 존중과 같은 이상을 표현하기 위해 현실을 반영하는 '참여'의 태도가 필수적이라는 것인데, 이것이 정치적인 성질과 분리되거나 문학이 초(超)정치적이 될 수는 없다는 것이다.

또한, 그는 시론 「나의 詩世界」에서 자신이 한편으로 '특정한 목적의 지점에서 순수의 반대가 되는 참여파가 아니라, 인간의 진실에 투철하고자 하는 순수한 문학의 추구자'(문병란 1993, 288)임을 말하기도 한다. 하지만 아이러니하게도 그의 시적 삶과 시 세계는 우리 사회의 정치성에 의해 억압되고 제한되었는데, 다음 언술은 그럼에도 불구하고 그의 시관(詩觀) 속에 문학의 정치성에 대한 불가결의 이해가 성립되는 이유를 보여주는 부분이다.

나는 스스로 참여시를 쓴다고 떠들거나, 더구나 정치적인 시를 쓴 적은 한 번도 없다. 누군가 시를 편의상 순수시니 참여시니 가른 것이지, 사실은 진실한 시, 인생을 위한 참된 시라고 해야 할 것이다.(…) 참여냐 순수냐라는 용어로서가 아니라 진실이냐 반대이냐, 역사적 안목에 비추어 진보인가 퇴보인가 그것만이 오직 내 시의 척도가 될 것이다.(문병란 1993, 278)

예술을 빙자하여 시가 탐미적인 방향으로 흐른다면 경계해야 할 일이요, 그렇다고 시가 도덕, 사회, 정치 등의 선전이나 계몽 수단이라고 생각할 수는 없다. 다만 그것들 위에 관계되어 있거나 인생이란 큰 목적성에 연결되어 있는 삶 자체의 함축이라는 것은 확실하다. 삶 자체가 현실이나 상황에 대하여 참여하지 않고는 살 수가 없는데, 어떻게 시가 인생과 현장을 떠나서 순수구경(純粹究竟)의 세계만을 노래할 수 있는가?(문병란 1993, 281)

이처럼 앙가주망문학의 입장을 견지하는 문병란의 발화(發話)는, 특히 '투쟁' 또는 '교란(攪亂)'의 힘을 문학적으로 투사하며 인식의 전위(轉位)와 전복(顚覆)을 꾀한 시적 사례로 독해되곤 한다. 문병란은 내적 삶의 진폭을 사회와 세계로 확대해 가는 과정에서, 주로 시를 통해 자신의 정체성을 연마하였다. 하지만 그는 단지 시인으로만 존재하지 않으며 교육자, 사회 활동가만이 아닌 다양한 거점에서 소통과 변용의 실천을 지속한 인물이다. 시인 문병란은 단연, '다작의 시인'으로 일컬어지는 만큼 시적 렌즈에 다기한 삶의 요소를 담고, 또 그만큼 오랜 발화를 유지하며 벽파(劈破)의 대상을 재차 조명하였다.[99]

삶과 미학과 사상의 각 층위에 나뉘어 프랙털(fractal)화된 그의 시적 지향과 정체성은 결국, '실천하는 자신의 몸'으로 일체화되는 것으로 보인다. 다시 말해, 그의 방대한 저술은 삶의 현장에서 요구되는 지성과 지혜를 온몸으로 구현하기 위한 성찰적 실천으로 여겨진다. 그리고 그 실천의 양상은 1)벽파하고자 하는 대상을 텍스트로 실체화하는 전인적(知性·感情·義志) 감각과 2)선택한 벽파의 대상을 여러 장면에서 상이한 화자의 여러 화법 설정을 통해 '완패(KO)'[100]시킬 때까지 집중 공략하는 승부의 집념으로 특징지어진다. 이 같은 특징과 '현실의 이상화'라는 그의 문학 목적에 비추어볼 때, 새로운 사회상을 제시하기 위한 그의 시적 표상 과정에 수호와 투쟁의 상징이 중심적으로 구현되는 것은 당연한 결과일지 모르겠다. 일상의 터전으로서 땅에 근거한 주인 의식의 '수호(守護)', 그리고 그 주인 의식 간의 '협화(協和)'를 이루기 위한 혼신의 투쟁 말이다.

그렇지만 문병란이 텍스트로 발화한 시대정신과 소통의 화법을 탐색하는 과정에서 주안점은 무엇보다 문학 장르에서 실천해 온 전회의 양상과 그 효과에 놓여야 할 것이다. 그것은 특권층의 문화적 사치이자 지식인의 향유물로서 상징자원이 된 시문학의 범주와 기능을 분해하는 동시에, '유행가보다 강한 매력으로 대중을 사로잡을 수 있는 쉬운 시'(문병란 1993, 277), '양반 풍류 문학에서 민중 저항 문학'(문병란 1993, 274)으로 변용시키는 양가적 작용력을 지닌 '비판과 재현'의 힘이라 할 수 있다.

그는 그의 시론 「역사에 있어서의 시적 참여」에서 '시는 시로서 독립해 있는 절대적 산물이 아니라 인생살이와 사회, 역사 속에 있어야 한다'(문병란 1993, 295)고 말한다. 그리고 시론 「참다운 시를 찾아서」에서는 '문학의 내용이 진실성에 초점을 맞출 때 공감과 감동성을 갖는 것이며, 이 경우 미의식은 진실에의 공감인 것'(문병란 1993, 222)이라 말한다. 이 같은 언술은 곧, 그가 사회구조의 적합성에 대한 기준을 생(生)이라는 현실과 역사적 진실에 두고 있음을 나타낸다. 풀이하자면, 우리의 시공간은 신체로 감응하고 판별하는 실제 삶의 기준, 즉 '진실'에 의해 사회와 개인의 삶이 상호작용하며 변형될 수 있어야 한다는 것, 우리의 인생살이를 구성하는 각 측면(인식·감성·행위·관계 등)을 검토한 끝에 이 사회의 구조가 우리의 행복을 위해 적합하지 않다면 당면한 역사와 대결하는 의지를 지녀야 한다는 것, 그리하여 새로운 국면을 호명하고 단면을 스스로 전환시켜 가야한다는 강렬한 발화로 읽힐 수 있는 것이다.

홀로 발화하되 더불어 공명하는 시적 화자의 소통적 자질을 발견하는 과정은 곧, 인식의 패러다임을 변용해야 하는 근대적 변곡점에서의 불안 속에 새로운 정체성 확립을 위한 지혜를 누비질(quilting)하는 전인미답의 경험을 제공할 것으로 생각한다. 이 장에서는 문병란의 대표적 시론집 『삶의 고뇌 삶의 노래』를 통해, 표명된 시적 태도를 탐색하면서 그의 시론이 사회 인식의 변용과 전회에 맞닿아 있는 면을 제시해보고자 했다. 하지만 여기서 다룬 문병란의 발화 분석은 새로운 근대의 변곡점을 살아가는 우리가 수집해야 할 수많은 지혜와 태도적 방안의 한 조각일 뿐이다. 때문에, 오늘날을 함께 살아가고 있거나 어느 지점에서 중첩되었을 동위 원소(isotope)로서 또 다른 문학적 범주, 혹은 또 다른 문학적 주체 인식의 층위를 답사할 필요를 확인하게 된다.

그 전에, 시 텍스트를 비롯한 문병란의 다양한 발화 탐색을 통해 우리 시대가 무엇을 향해 전회하고 진화해왔는지에 대한 일설(一說)을 발견할 필요도 클 것이다. 지금까지 살펴본 바, 그의 시적 발화는 이질적 공간 인식을 제기하는 동시에 균열과 경계 인식을 이음질하는 행위, 즉 집단적 공명과 사회적 변용을 실현한 문학적 전회의 일(一) 양상일 것으로 여겨지기 때문이다. 그것은 가령, 문병란 시의 인상적 견해를 다각도에서 벽파하고 실로 다방면에 분산되어 있을 그의 정체성을 누비는 또 하나의 전회이자 변용 과정 같은 것이다. 한편, 그 과정의 의의는 해체와 재구성이라는 문학의 사회 구성적 작동 방식을 문학 연구의 층위에서 실천하는 사례가 된다는 점에도 놓일 수 있을 것이다.

‖ 마침내 탈주하는 것들, 감성의 변주

부르디외는 동일한 아비튀스를 공유한 집단을 '계급'으로 호명하고 이것의 개념을 아비튀스의 동질성에 의해 규정되는 사회적 실천자들의 집단으로 보았다. 아비튀스는 자본 또는 자원을 사회의 구성 망 안에서 이동시키거나 그것의 총량을 늘리는 데 이바지하는 장 내 행위자들의 지위를 구분한다. 동시에, 근대사회를 구성하는 원자들의 상호작용 구조를 설명하는 데 사용되어왔다. 한편, 하버마스는 부르주아 계급의 구조변동에 담긴 정치적 함의를 역사적으로 맥락화하면서 문예적 대화와 사교가 이루어지는 비정치적 공간으로 '문예적 공론장(公論場)'[101]의 논의를 제시하기도 한다. 문예적 공론장은 개인의 소유와 처분이 가능한 사적 영역의 발생과 교환경제 주체의 형성을 설명하며, 당대 주류 감성에 의해 표명되는 가치들과 주목되는 대상들의 변화추이를 통찰하는 데 사용되기도 한다.

이와 같이, 규정된 지위로서 계급, 사회를 조직하고 운용하는 구조적 질서, 이것을 변용하거나 전환하는 인간의 힘으로서 합리적 이성, 사회적 담론이 구성되는 만남과 충돌의 공간으로서 각종 장(場) 개념 등은 사회와 역사를 이해하기 위한 패러다임 속에 오랜 유용성을 지녀왔다. 이 유용한 논의들은 차이를 지닌 사회 원자들이 집합적 의식 행위로서 사회적 담론을 어떻게 구성하는지, 그리고 그 행위가 이루어지도록 실제적인 힘이 상호 작용하는 바탕은 언제, 어떠한 요건에 의해 어떻게 발생하는지에 대한 물음이자 진지한 고찰의 결과였다. 하지만, 그 고찰의 과정은 이제 그러한 논의에 의해 설명되지 않거나 포착할 수 없는 새로운 시대적 감성과 맞닥뜨리고 있는 것으로 보인다.

이를테면 세대, 국가, 경계, 젠더, 가족, 인종, 민족, 계급 등의 다기한 영역에서 지금까지 존속되어 온 인식적 체계에 대한 의문과 반문들이 교착되는 것이나, 각각의 입장들 사이에 부재한 공감이 혐오의 유행을 만들어내는 현상이 그러하다. 1인 미디어 시대로 명명되는 오늘날, 정보 교류의 속도전 속에서 이 같은 의문과 질의는 온라인 네트워크를 타고 도처에서 도처로 수도 없이 쏟아진다. 아니, 새로운 의문들이 생성되어 발설되고 있다기보다는, 내재했던 의문들이 공유될 수 있는 공간을 얻어 가시적으로 발견되고 있다고 말하는 것이 더욱 적확할 것이다.

이는 가히 놀라운 변화감을 전달하면서 산업기술에 의한 혁신적 현상(이른바, 4차 산업혁명)으로 불리거나 문화적 충격을 체감케 만든다. 말하자면, 우리는 분리된 신체들 사이를 의식적으로 연결하는 인간의 역능으로서 공감 능력이 기술 중심적 미래주의[102]에 따라 쇠퇴하는 과정을 목도하고 경험한 인류의 세대인 것이다. 그리고 놀랍게도, 그것에 이어 결국 기술적 진보와 자본시장의 정교화 끝에 간-개체적 연결의 역능이 기술적으로 구현되는 과정 속에 살고 있는 것이다.

그렇다면 오늘날 각종 전회에 대한 논의가 개념적으로 정리된 바가 모호하고, 심지어 학술적 피로감을 일으키게끔 하는 영역별 전회 표명이 어지러움에도 불구하고 주목과 호명의 대상이 되고 있는 이유를 이해할 법하다. 말하자면, 지금은 기존의 개념들에 포착되지 않는 각각의 장들이 분기하면서 그것을 설명할 새로운 전거 탐색의 필요성이 제기되고 있는 것이다. 즉, 전회의 양상을 논의하고 오늘날의 세대가 정신활동의 주제로 주목하는 대상을 탐색하면서, 사회적 구조변동과 전환적 감성을 감지하고 새롭게 정비·파기·생산해야 할 것들을 선택·판별하는 시기인 것이다.

상호 중첩되어 당대를 살아가는 각 세대들은 가령, 신화적 세계관이나 인간성의 회복, 민족의 자립, 민주주의와 자유, 정보기술과 기호자본, 감성의 소통과 치유 등 정신활동 주제가 변화하는 흐름에 따라 당대의 특정한 역사관과 세계관을 만들어왔다. 그 역사의 흐름 속에서 돌연한 것으로 보이는 낯선 감성이 정동작용의 힘에 의해 발현되었을 때, 그 출현의 틈새는 역사를 분절하는 각 지점이자 새로운 근대가 명명된 기점으로 기록되어 왔을 것이다. 그 변화의 마디는 낯설고 혼란스러운 미명의 시기이며, 이를테면 후일 '일제식민시대, 한국 전쟁기 또는 전후시대, 인간 소외의 도시화 시대, 신자유주의 시대, 기호자본주의 시대 등'으로 명명되어 온 것들이다.

바로 각종 전회에 대한 활발한 논의가 상기하는 것은, 세기말적 현상으로 비하되곤 하는 이 낯설고 불편한 변화의 양상들이 새로운 근대의 변곡점을 나타내는 신호라는 점이다. 한국사회에서는 근대국가의 패러다임 속에 예속되지 않는 인식에 근거하여 어떤 공통적인 관심사에 대해 문제의식을 제기하는 일들이 빈번하게 나타나고 있다. 이것은 흔히, 주장이나 해석을 일삼는 정보 콘텐츠의 형태로 웹 공간 속에 전(全)-사회적, 전-계급적, 전-지구적으로 유통되곤 한다. 더구나, 제기된 문제의식에 대한 의견이나 감정적 반응을 확인하는 과정은 거의 즉시성을 띠는데, 피드백의 참여가 활발하고 사안의 중요도가 넓은 범주에 해당될수록 반목의 감정 반응이 두드러진다.

뿐만 아니라, 각 입장의 편차 속에 개인 유저(user)가 자신의 관념을 재-위치시키는 내면의 과정 역시 혼란스러울 수밖에 없다. 온라인 네트워킹을 통한 접속 과정에 관념이나 감성이 담기는 신체가 확인되지 않기 때문이다. 즉, 그것은 온라인 네트워킹이 괄목상대한 위상을 확보해가는 것에 비해, 어떠한 대상의 사회적 좌표를 파악하여 사건을 모종의 의미로 해석할 수 있는 정보가 빈약하거나 부재하다는 것을 뜻한다. 바로 이 지점에서 인식적 혼란이나 감성의 변화가 야기된다고 볼 수 있다.

즉, 기존의 것으로부터 탈주하지 않으면 물질과 비물질의 측면에서 불안정성을 감내할 에너지를 사용해야만 하는데, 그것의 소진(burnout)은 소멸 또는 변화의 징후를 드러낼 수밖에 없는 것이다. '금수저 흙수저론'이나 '갑질 횡포'에 대해 공분을 일으키는 계급 간 상대적 박탈감이라든지 우울증, 분노조절장애, 조현병 등의 신경증적 병증과 혐오가 결부된 범죄 발생 양상 등은 기존의 인식과 감성에 기반을 둔 사회구조에 대한 재구성을 촉발하는 징후의 예로 볼 수 있다.

탈주하는 감성의 예는 그뿐만이 아니다. 한국전쟁 후 베이비붐 세대부터 80년대 민주화운동의 386세대를 관통하는 '인내'의 감성이나 프라이버시의 억압을 감수하는 생활상은 이제 좀처럼 불가결의 감성이나 사회적 덕목으로 요구되지 않는다. 즉, 우리 시대의 중심적 가치와 주된 감성은 탈주하는 중이다. 앞서 말한 세대의 자녀 층에 해당하는 포스트 386세대나 에코붐 세대(echo boomers)로서 X세대, N세대, M세대, 밀레니엄 세대 등의 생활상에는 점차 빠른 포기, 새로운 선택, 자유분방함,

기준의 다양성, 혼종성의 수렴 등이 요구되고 있다.[103] 도전할 바를 선별하고 성취를 지향하는 목적중심의 인생관이, 실현 가능성을 계산하고 생존의 안정성을 판별하는 과정중심의 그것으로 대체되고 있는 것이다.

당대의 특징적인 인식체계나 감수 성향을 변별해내고 상대적 특징을 이해하기 위해서는 이데올로기·민족·인종·전통문화·젠더·지역·세대 등, 수없이 많은 범주들을 설정하고 검토할 수 있을 것이다. 이 과정이 학술적 분야를 가름하며 개념과 이론을 생성해가면, 개인은 삶의 현상을 그 인식적 체계에 비추어 이해하고 설명하게 되기 마련이다. 그런데, 개인의 온라인 공간이 상용화된 지점에 접어들면서, 구성된 조합이 어느 단일 범주에 쉽게 포획되지 않거나 그 구성의 원인을 명료하게 설명할 수 없는 집합 단위의 행위 양상이 발생하고 있다.

가령, 유신정권 전후 민주화운동의 상징이 된 소위, '깃발부대'이거나 정치적으로 결부된 사회단체도 아니면서 참여 횟수나 시기, 참여 계기와 목적 등이 매우 혼종된 양상을 보이는 시민들의 총체적 궐기('촛불집회')가 그러하다. 특히 2016년 비선 실세 의혹과 관련하여 대통령 탄핵 정국에 접어들면서 서울 광화문과 지역 거점의 거리와 광장을 가득 메우게 된 시민들의 경우, 그 조합된 구성의 규모와 속성이 다변하여 인원 집계 추산에도 큰 폭의 편차가 나타나는 등의 어려움이 따랐다.

이 현상을 도출하는 주체들은 일정한 범주의 계급이나 특정한 관계적 속성에 의해 포섭되지 않았다. 다시 말해, 그들의 결합과 행위의 구성 논리는 개인의 사회적 지위와 역할에 따른 이해관계나 공모 과정에 의해 설명되지 않는다. 또한, 이들의 행위 양상은 기존에 구축되어있는 가장 합리적인 생산·교류 관계(직장, 학교, 군대 등의 기반 조직)에 의한 활동이거나, 그러한 관계로 변화하기 위한 집합적 결합 시도(친목회, 이념적 수호 조직)이거나, 그러한 관계를 표방하는 이들의 의례적 실천 행위(기념 사업회, 협동조합, 사회단체 조직)인 것으로 성격화될 수 없다. 그 이유는, 이들의 행위 경계가 확정되거나 행위 양상이 지속되지 않아 구성 인자들이 흐트러지며, 상호 네트워킹이 고정되어 특정한 집단성을 표방하는 데 이르지 않기 때문이다.

이 같은 행위는 그 현상이 가시화되거나 의식적으로 인지되는지의 여부에 의해 그 실현이 확인될 수 있을 뿐이다. 그 행위 현상은 끊임없이 은닉되거나 삭제되고 변형됨으로써 비(比)고정성과 비(比)지속성을 지닌다. 그리고 그것의 양상은 마치 끊임없이 요동하고 변형되는 인간의 감성 상태와 유사한 것으로 보인다. 다종의 구성 성분이 드나드는 전(全)투과성막의 형질을 지닌 유동적 형태로 예측 불가능한 운동 양상을 보이는 집합적 행위는, 인간의 감성이 지닌 상호작용과 변형의 속성을 제외하고는 풀이되기 어려울 것이다. 새로운 근대의 여러 양상 중에서도 이처럼, 합리적 이성이라는 사회구조의 기축으로부터 탈주한 감성의 사회구성력에 주목하고 있는 관점에 비추어본다면, 이 시대를 가히 '감성적 근대의 분기점'이라 이를 수 있을 것이다.

‖ 문학적 전회(轉回), '문학-공감장'

감성이 지닌 이 같은 사회구성력을 고려할 때, 서로 다른 감성이 상호작용하며 서로를 관통하고 변이하는 운동성이 나타나는 공간의 개념화를 시도한 '공감장(共感場, sympathetic field)' 이론[104]은 반추할 만한 유용성이 클 것으로 여겨진다. 감성의 사회성을 논의하는 공감장 이론이 주요한 지표로 삼고 있는 점은 다음 세 가지인 것으로 볼 수 있다. 첫째,

사회 구성의 원자들을 개인에서 집합 또는 교집합 등의 형태로 유동시키는 동력으로서 '감성(感性)', 둘째, 감성이 각 사회 원자를 직조하는 운동성을 가시화한 결과로 나타나는 집단성으로서 공감(共感)', 셋째, 포착되거나 일정하게 정의될 수 없는 형태로 끊임없이 변이하고 생장하는 집합적 소통 공간으로서 '장(場, field)'이 그것이다.

공감장에 대한 인식은 '지금'과 '이곳'으로부터 끊임없이 탈주하려는 인간의 속성이 곧 삶의 운동성을 생성하고 사회적 관계를 통한 구조적 결과를 변형시킨다는 관점에서 출발한다. 그러한 관점은 인간의 감성이 탈주와 안주의 경계에서 선택적 기제로 작동하며, 탈주의 선택이 적층되거나 결합되어 가시화될 때 고착된 사회구조에 균열을 가하는 돌연한 분기의 장이 나타난다는 생각을 도출하도록 한다. 즉, 공감장은 불특정한 장의 구성원들에게 탈주의 선택이 상호 가시화되는 공간으로 기능하며, 자신과 서로의 감성을 비로소 발견할 수 있는 기회가 되는 순간들을 포함하는 곳으로 볼 수 있다.

한편, 사고와 행위의 전환적 계기를 마련하는 소통의 공간으로서 그 속성을 고려할 때 공감장은 '감성+공론장'과 상통하기도 한다. 김예란은 "인간의 감정, 정동, 느낌, 사고, 의견이 다양한 육체적·상징적 소통 과정에서 감응, 확산, 공유되어 형성되는 사회의 마음, 사회적 관계, 사회 활동"(김예란 2014, 73)을 감성공론장으로 정의하며, 박애경은 그 소통 활동의 방식을 문자와 구술의 층위로 나누어 '말하기와 글쓰기, 감정과 경험의 교류를 통한 공감의 확산을 통해 공적 여론을 형성하는 공론장'(박애경 2015, 350)을 감성의 공론장이라 부르고 있다. 그는 특히 다음과 같은 서술을 통해, 소통 대상에 따라 노출되는 감성의 양상이 기존의 사회구조가 지닌 지배 담론과 구술적 전통을 반영하게 됨을 시사하기도 한다.

> 공론장에 진입한 여성은 청중에 따른 글쓰기의 '차이'를 보여주고 있다. 남성 지식인이나 계몽대중을 향한 글에서는 널리 공인되거나 합의된 사실을 확인하여 공적 소통을 이루려는 태도를 보이는 반면, 여성, 특히 제도나 지배담론에서 배제된 여성 소수자에게는 무언가를 촉구하고 공감을 확산하려는 의도를 격정적으로 노출하고 있다.(박애경 2015, 345)

그러나 감성 공론장이 행위의 지속과 감성의 누적, 여론 형성의 목적성과 인식적 확산의 지향성을 지닌다는 점을 고려할 때 그것은 일종의 감성을 매개로 하는 공론화의 과정이거나 그 결과적 형태에 가까운 것으로 이해된다. 말하자면, 감성공론장에서 감성은 목적적으로 사용되거나 그 효용 정도에 의해 선택의 범위나 활용 기간이 결정될 수 있다. 즉, 감성공론장은 감성을 장 운동성의 주된 동력이라든지 장 형태 구성의 본질로 삼고 있는 것이라기보다, 전파와 소통의 용이함을 지닌 감성을 합리적 도구로 사용하는 공론장의 분화된 개념으로 인식하는 편이 적절할 것으로 보인다.

이에 비해, 공감장은 감성의 생성과 교차의 양상이 장 성립의 출발점이라 할 수 있다. 공감장의 감성 작용에서는 공론화의 이행보다 개체들의 마주침을 통한 '파동, 교섭, 교란 등', 변이와 변주의 양태에 방점이 놓인 것으로 보아야 한다. 이를테면, 공감장에서는 구술되거나 문자화된 언어뿐만 아니라 언어 이외 모든 감성의 표현 매체가 장의 결합에 연결될 수 있다. 공감장의 소통은 하버마스의 공론장 개념에 관여되는 합리적 사고능력과 비판능력, 의사소통행위능력 등 인식적 지반이나 그것의 재구성보다는 그 지반을 형성하는 지층의 이동에 관여된 힘의 분출과정이라 할 수 있다. 즉, 공감장은 공론장을 가능하게 하거나 발생시키는 지평 같은 것으로, 특정 감성들이 결합·변이하면서 운동성의 생성조건이 된다는 점에서 공론장이나 그것의 분화된 개념들과 변별될 수 있겠다.

이 공감장은 상대적으로 독립성을 지닌 사회적 교차 공간이라는 점에서 앞서 말한 부르디외의 문학장(또는 문화장. 이하 문학장)의 투쟁과 영향력에 대비되어 논의될 수도 있다. 변청자는 "문학(기타 문화)장은 그 안에 들어오는 모든 사람들에게 그들이 점유하고 있는 위치에 따라 다르게 작용하는 힘의 장(force-field)이며, 또한 이 힘의 장을 보존하거나 변형시키려는 경쟁적 투쟁의 장(field of competitive struggles)"(변청자 2008, 109)이라는 부르디외의 문학장 개념에 주목하며 문화생산장이 변동하는 원리와 내적 관계를 분석한 바 있다.

그의 설명에 의하면 문화적 생산물의 변화 원칙은 문화생산장 속에서 이루어진 제도와 행위자 간의 인정 투쟁에 달려있다. 즉, 문학장 또는 문화적 생산물의 유지 혹은 변동의 원리가 내적 투쟁과 외적 승인, 그리고 장 내 행위자들의 집단적 공모에 의한 반향적 상응관계로 이해될 수 있다는 것이다(변청자 2008, 146). 문학장은 사회구조의 계급적 질서와 혼재된 아비튀스를 재편하는 투쟁을 핵심적 속성으로 지닌다는 점에서 독립적 사회공간으로 여겨진다. 그러나 그러한 문학장의 투쟁행위와 변모 양상은 곧 상징자본과 상징권력을 재생산하고 특정한 이해관계를 재구축하는 것으로 이어질 수 있다.

> 특정 사회공간 속에서 벌어지는 문화적 생산과 실천들 간의 인정투쟁은 문화장에 외접하는 사회집단과 제도적 권위가 승인하고 수여하는 상징자본(symbolic capital) 및 사회자본(social capital)과 분리되지 않는다. (…) 이러한 상징투쟁은 장과 사회공간의 구조를 상동적으로 재편한다. 그러한 재편 과정에서 문화장의 투쟁세력들은 외부의 이해관계와 자신들의 이해관계를 상호번역함으로써 여러 다른 자본의 형태를 상호변환하고 이를 통해 장 내에서 자신들의 상징권력을 강화시킨다.(김동일·지주형·김경만 2015, 110)

이 같은 '사회공간과 장의 상동적 재편 관계'를 고려할 때, 문학장의 독립성은 사회의 지배적 구조로부터의 독립성이나 사회구조의 재편 혹은 전환을 위한 압도적 동력으로 작동한다고 볼 수 없다. 그것은 문학장 내부의 특성을 규정하는 상징적인 권력을 둘러싸고 장의 내부에서 투쟁을 재생산하기도 한다. 그 투쟁은 즉, '크게 기득권을 가지고 있는 대량생산의 하위장과 이를 변화시키고 전복하려는 제한생산의 하위장 사이의 대립과 갈등의 지속'(라영균 2004, 177) 양상인 것이다. 그렇기 때문에 문학장은 장 외 사회구조로부터라기보다 각 장들의 내부 요인들로부터 상대적으로 독립적인 것이라 할 수 있다. 그것이 지닌 변모양상 또한 사회의 지층구조와 별개로, 장이 특질적으로 지닌 절대적 양상으로부터 탈피하곤 하는 한시적 변화의 속성을 지닌다고 보아야 한다.

부르디외의 장 이론을 빌려 볼 때 문학장은 '사회적인 권력의 장이자 문학 작품 속에 구성되어 있는 사회를 가리키며 동시에 문학이 문학으로서 규정되게 하는 장'(채호석 2007, 313)을 일컫는다. 그것은 또한 "특정한 권력의 공간이 아니라 다중적인 권력의 공간으로 규정"(채호석 2007, 313)되어야 할 지향성을 지닌 투쟁의 공간이기도 하다. 하지만 문학이 상징과 의미화의 작동을 이행하며 문학으로 존재하기 위한 장의 영역은 다분히 한정적일 뿐만 아니라, 장 안의 운동 성질이 패턴화되는 등 폐쇄적인 기질을 띤다. '등단과 검열 등으로 작동하는 선택과 배제의 원리'(채호석 2007, 313-4)와 같은 질서화의 도구로부터 자유로울 수 없다는 것이 한 예다.

그러한 관점에서 볼 때 부르디외가 개념화한 장 안에서는 행위자들이 처한 위치와 긴장 관계, 그리고 전략을 결정하는 체화된 무의식으로서의 아비튀스 등의 역할이 주목된다. 그것이 사회의 집합적 투쟁과 힘들의 운동을 설명할 수 있을 것이라고 여겨지기 때문이다. 이에 더하여, 집합적 힘들의 운동에 대한 이해를 그것의 바탕이 되는 인간의 감성적 층위에 확장하고자 시도한 개념이 공감장인 것으로 볼 수 있다. 공감장 이론에서 공감이란 '의식 또는 무의식의 층위에서 일어나는 신체들의 마주침과 변용'을 이른다. 그리고 그러한 '공감이 이루어지는 발생적 바탕이나 조건'을 공감장인 것으로 규정하고 있다.[105] 문학장의 경우에 장 성립의 조건과 장 안의 투쟁이 앞의 이해관계와 같이 합당하고 대립 가능한 가치들을 전제로 하고 있다면, 공감장론에서는 인간의 역동적이고 공통적인 결집의 기제를 장의 속성으로 이해한다는 점에서 이들이 상호 구별되는 것으로 볼 수 있다.

즉, 문학장과 공감장의 가장 큰 차이는 장 안의 마주침이 이루어지는 관계가 재구성되거나 그 관계 속 인자(因子)가 교체되는 것만이 아니라 장 안의 상징자본으로 기능하는 가치의 장악력 자체가 달라진다는 데 있는 것으로 이해된다. 이러한 차이를 절충한 것으로, 문학장의 영역을 사회적 장들의 하나로 바라보며 공감이 작동하는 간-개체적 운동의 장으로 이끌어내는 과정이 나타날 때, 그것을 '문학+공감장'의 작용이라 할 수 있다. 즉, 문학-공감장에서는 장 안의 중심인자 간 관계뿐만 아니라 상징자본의 가치나 용도 자체가 달라질 수 있고, 그 변화의 양상이 장 내부를 포함하여 간-개체적 장들이 개입하는 맥락에서도 나타날 수 있는 것이다.

말하자면, 문학-공감장에서는 변용을 일으키는 힘들의 마주침과 상호작용의 과정이 문학 텍스트, 작가, 화자, 독자 등 내부 인자들을 확보하거나 재-위치(reposition)시키는 데 그치지 않는다. 그것은 문학장 내 탈중심화나 탈영토화 이후, 사회·정치적 맥락과 접속하여 재현과 재구성의 과정으로 이어질 수 있는 전환적 동력을 확보하기까지에 이른다. 즉, 문학-공감장은 상징자본의 가치에 대한 인식적 동의나 공감적 지지가 변환되는 과정에서, 문학 텍스트의 의미구조가 그 변환의 계기나 바탕으로 기능하는 양태를 구별하여 가리킨다. 혹은 그러한 변환의 과정이 문학 텍스트 안에 구현되고 있는 양태를 포함하는 것으로도 말할 수 있겠다.

‖ 공명(共鳴)과 누비(Quilting)

다시 명명해보지만, 오늘날은 각종 전회의 논의가 분기하며 공고한 기준이 무력해지거나 변화하는 '흩어진 세계'라 할 수 있다. 이러한 세계는 쉽게 분절되고 분산하는 특성으로 인해, 전통적이고 안정적인 관계와 질서의 상실이라는 문제를 지닌다. 하지만 그것은 양가적으로, 변화된 인식에 적합하지 않은 삶의 구조 개편을 제안하고 그것에 동의하거나 참여하는 강력한 변용 에너지를 지니기도 한다. 이 글에서는 우리의 근대를 변별하는 그 변용적 힘으로 집단의 혼종적 감성에 주목했다. 그리고 합리적·도구적 이성에서 사회를 재편·재구성하는 감성으로의 구심점 변화를 들어, 이 시대를 감성적 근대로 명명하는 데 입장을 두었다.

이 글은 먼저 문병란의 시론을 중심으로 한 그의 발화 분석을 통해 비근한 시공간 속에 용해된 벽파의 대상과 희망하는 세상의 상(image), 그리고 그것의 구현을 위한 태도와 방식 등을 검토해 보았다. 또한 궁극적으로 문학의 사회 구성적 기능을 개념과 시적 실현의 층위에서 확인하기 위해 공간의 함의나 질서, 체계 등의 재구성적 논의와 연관하여 문학장의 변용적 특성과 한계를 검토해보았다. 더불어, 문학장과 문학-공감장의 개념적 변별을 시도하였다.

결국 이 글은, 전회로 표명되는 패러다임의 전환 시 사용되는 실천적 힘들이 어디에서 어떻게 생성되는지, 그 근원과 생성의 원리를 인식적 층위에서 탐색해보고자 하는 시도였다. 앞서, 개체 각각의 힘들이 마주치고 변용되어 흐르는 창구로서 '공감장'과 '문학-공감장'의 개념을 검토해보았다. 이러한 장의 구성이라는 것은 역사의 시간적 흐름 속에서 불현듯 발견되는 우연한 사건이거나 자가당착에 이른 사회구조의 모순에 의해 도출되는 것일 수 있다. 하지만 이 글에서는 그 장을 구조화된 시공간이 배출하는 결과만이 아니라, 구성하고 변용하며 생성하고 뒤바꾸는 인간의 삶과 힘 자체로 보고자 했다.

즉, 이 글에서는 현실 감응을 거친 인간의 변혁적 의지가 정동 작용을 실현시킬 힘들을 결집하면서 장의 형태를 구성하고, 그 속에서 개체들의 재귀적 변화의 힘이 파동과 공명을 발생시키며 인간의 집단적 정신활동을 가시화하는 것이라 본다. 특히, 문학 텍스트를 매개로 구성되는 문학-공감장은 서론에서 비유한 바, 마술사의 변신 상자처럼 사회적 감성과 인식적 체계가 전회하는 과정에 사용되는 도구이거나 그 과정 속에 거치게 되는 단계로 기능할 수 있을 것이다. 마치 신체와 감성을 지닌 한 개인의 삶이 다른 개인이나 사회에 작용하는 방식처럼, 문학 텍스트 역시 사회문화를 반영하고 시대정신을 함의하며 언어 표상(表象)이라는 미학적 재현기술을 통해 삶의 구조를 재구성하기 때문이다.

요컨대, 문학-공감장에서는 문학 텍스트의 의미구조 안에서, 또는 텍스트 의미를 계기로 하여 서로 다른 인식과 감성이 마주치게 된다. 그 난립하는 마주침의 인력과 척력이 바로 그 자장 안에서 지금까지 도구로 사용되어 온 상징자본의 기능을 변용하고 구조의 탈중심화와 가치의 재평가를 이루는 사회구성력이라 할 수 있다. 특히, 문학 텍스트는 일상적 체험을 근거로 개인이 구성하게 된 사유와 감성을 공통된 자장 안으로 끌어당기는 힘을 지니고 있다는 점에서 사회적 실용성을 지닌다.

문학 텍스트 안에서든 텍스트를 매개로 한 다성적 목소리의 집합 자장에서든, 그렇게 모여든 힘은 기존에 배치된 사회구조의 일부를 편집하거나 재배치하여 새로이 구상한 이미지를 제안하는 방향으로 흐른다. 문학-공감장에서 실체들의 마주침을 이루어지는 방식은, 따로 오려진 천 조각들이 같은 자질을 유지하되 본디의 장소성과 다른 새로운 어울림을 만들어내는 누비조각보(Quilt)와 같다. 이것은 신화적 영웅이 아닌 보편적 인간을 서로에게 불가결한 존재로 인식하게끔 하고, 이데올로기가 아니라 자율적 생(生)-의지에 의해 서로를 잠정적 통일체로 연결하도록 만드는 집합적 공명의 과정이기도 하다.

최근 감성인문학의 연구를 살펴보면 공감장의 개념 정초를 시도하고

(전남대학교 감성인문학연구단 2017) 그것의 양태를 노래, 전쟁, 민족, 민주, 서사, 이주, 혼인, 감각, 종교, 애도, 거대성 등의 측면에서 다각적으로 분석하거나[106] 이 연구들에 대한 메타분석을 제시하는 등[107], 그 스펙트럼이 넓고 다양해지는 양상을 보인다. 결집 및 소통의 계기와 바탕이 된 수많은 공감장은 우리의 사회가 중심 가치를 지탱하는 구조를 낯설게 바라보고 의문을 제기하는 변용의 자질을 추켜 드러낼 때 비로소 사회의 모순적 구조가 재구축될 수 있음을 보여준다. 어쩌면 인간의 사회는 쇼펜하우어가 말하듯 '무의식적 부분에서 연결되고 하나의 생명 과정으로 통일된 합성 동물(animal compositum)'(이규성 2016, 549-50), 그리하여 공감과 공명을 숙명으로 지닌 집단적 의식체일지 모를 일이다.

■ 주석

제1부/ 사회적 감성, 그 역동하는 장場의 추이

미래주의적 감성의 파국과 공감장의 발생

1 문학치료학에서는 작품과 마찬가지로 인간의 대화나 관계도 서사를 기반으로 하고 있다는 점을 전제로 두고, 자기서사를 작품서사와 상호작용 관계 속에 놓여 변화하는 것으로 본다. 정운채, 「자기서사의 변화 과정과 공감 및 감동의 원리로서의 서사의 공명」, 『문학치료연구』 제25권, 한국문학치료학회, 2012, 368쪽. 참고.

2 에바 일루즈는 감정자본주의에 대해 "감정생활이 경제적 관계 및 경제적 교환의 논리를 따라가는 문화"라고 정의하고 있다. 그는 감정을 자본으로 활용하는 시장과 사회 구조에 대한 분석을 시도하면서, 감정 자본주의가 여러 감정 문화를 재배치하는 동시에 경제적 자아를 감정적인 것으로 만들고 감정들을 도구적 행위에 종속되게 만들었음을 지적한다.(Eva Illouz, 『감정 자본주의』, 김정아 역, 돌베개, 2010, 19~55쪽.) 오늘날 인문학을 매개로 한 감성의 향유는 자연발생적 소통의 양상이라기보다 교환가치에 의한 타율적 양상이라는 점에서 감정 자본주의의 조류 위에 발생하고 그것의 범주에 속해 있는 것으로 보아야 한다.

3 이러한 공조 관계는 이데올로기가 내재화된 감성경제의 권력 관계에 대응하는 것으로도 볼 수 있다. 조흡은 그의 연구에서 그로스버그의 레이먼드 윌리엄스의 감정구조 개념과 감성경제 이론을 빌려 대중문화 텍스트에 드러난 정치적 관계를 분석한 바 있다. 그의 설명에 의하면, 감성경제의 사회구성체 속에서 감성은 개인들 간의 권력 관계를 움직이게 하는 에너지의 한 형태이며 의존, 책임, 관계, 파열, 의무, 책무 등의 개념을 생산하면서 사회생활의 원활한 순환 과정을 작동시킨다. 그러나 이 작동의 힘은 사회 구성적 측면보다는 구조를 동기화하는 측면에 속한 것으로, 이데올로기에 따라 다른 효용성을 지닌다. 즉, 이데올로기를 비롯한 구조적 위치에 따라 개인의 소외와 빈약성을 야기할 수 있다는 데에서 이 공조 관계의 문제점이 드러난다. 조 흡, 「포스트헤게모니 문화이론을 위한 '감정구조'와 '감성경제'의 비판적 분석」, 『영상예술연구』 제14권, 영상예술학회, 2009, 109~111쪽. 참고.

4 여기서 "감성은 동기를 부여하는 힘이나 그 강도를 나타내는 것이지 해석의 체제가 아니라"는 조흡의 언술을 환기할 필요가 있다. 즉, 감성경제 속에서 감성은

"구조화된 효과의 결정체로서 인간 행동을 통제하는 권력관계의 일부"인 것이다. 위의 책, 109쪽.

감성 시장의 구조 안에서 감성은 구조화된 구조의 재구조화가 시도되기 전까지 그것을 매개로 이루어지는 관계의 이해관계를 공고히 하는 것에만 효율성을 발휘한다. 이것이 감성 시장이 개인의 감성적 취약성을 야기하는 하나의 원인이라 할 수 있다.

5 Franco Berardi 'Bifo', 『미래 이후』, 강서진 역, 난장, 2013.

6 미래주의 운동은 20세기를 아울러 역동성과 혁명성을 강조하였던 예술운동이다. 1909년 2월 20일 프랑스 파리의 신문 『르 피가로』에 마리네티(Filippo Tommaso Marinetti가 기고문 「미래주의(Le Futurisme)」을 프랑스어로 게재하고, 이탈리아어로는 『포에지아(Poesia)』 2월, 3월호에 「미래주의의 기초와 미래주의 선언」이 소개되면서 미래주의 선언이 발표되었다. 김효신, 「마리네티의 미래주의 시 소고」, 『이탈리아어문학』 제31권, 한국이탈리아어문학회, 2010, 58쪽.

7 Franco Berardi 'Bifo', 앞의 책, 19~20쪽.

8 위의 책, 43쪽.

9 위의 책, 68~69쪽.

10 위의 책, 84~85쪽.

11 한국사회의 자살률은 1997년 외환위기 이후 급격하게 증가한 후 1998년 이후 다소 감소하는 듯 하다가 2000년 이후 다시 급격한 증가세를 보인다. 인구 십만 명당 자살률은 2000년 14.6, 2004년 24.2, 2008년 24.7, 2011년 31.7을 기록하였고 OECD 국가 중 자살률 1위를 벗어나지 못하고 있다. 이민아, 강정한, 「한국사회 자살률의 변동과 원인 -지역단위 지표를 이용한 패널 분석」, 『한국인구학』 제37권 2호, 한국인구학회, 2014, 1~2쪽.

가장 최근으로 2017년 10월 30일에 갱신된 통계청의 자료에 의하면 인구 십만 명당 자살률은 2016년 25.6명으로 집계되고 있다.

http://kosis.kr/statHtml/statHtml.do?orgId=101&tblId=DT_1YL21121&vw_cd=&list_id=101_12&seqNo=&lang_mode=ko&language=kor&obj_var_id=&itm_id=&conn_path=MT_GTITLE01 (통계청 KOSIS, 2017. 12. 13. 검색.)

12 Franco Berardi 'Bifo', 앞의 책, 93쪽.

13 위의 책, 94쪽.

14 같은 책, 94쪽.

15 위의 책, 89~92쪽.

16 '과브하가 야기한 병리'는 일종의 불안 장애로, 정보 자극들에 노출되면서 신경 자극이 심화되고 병적 흥분과 과부하가 지속될 때 공황, 주의력 결핍 장애, 난독증 등의 병리를 야기하게 되는 것을 말한다. 반면에 '투여 회수가 야기한 병리'는 우울증의 양상으로 이해할 수 있다. 행동하고 경쟁하려는 시도가 좌절될 때 주체는 자신의 리비도 에너지를 사회적 무대에서 회수하면서 좌절된 나르시시즘에 의해 스스로를 차단하게 되는데 이러한 경우 우울증이나 자폐증 등의 병리를 야기하기 되는 것을 뜻한다. 위의 책, 102~103쪽.

17 위의 책, 16쪽.

18 위의 책, 57~58쪽.

19 위의 책, 205~208쪽.

20 같은 책, 212쪽.

21 위의 책, 213쪽.

22 위의 책, 216~217쪽.

23 위의 책, 228쪽.

24 이 같은 저항 방식에 대해 비포는 "참여의 거부"(위의 책, 271쪽.)라는 표현을 사용하기도 한다. 참여의 거부는 비폭력적이면서 자율적인 표현 행위이자 아이러니컬한 참여의 방식이다.

25 위의 책, 210쪽.

26 같은 책, 230쪽.

27 전남대학교 감성인문학 연구단의 '공감장(共感場, sympathetic field)' 연구에 따르면, 이것은 감성이 갖는 동시성, 상호성, 횡단성을 설명하기 위한 개념이자 사회 및 역사의 동역학을 추동하는 인간 행위의 내적 동인을 감성론의 차원에서 포착하기 위한 분석적 또는 비판적 개념이다. 이들의 저서, 『공감장이란 무엇인가』에서는 공감장을 "공감의 발생적 조건이자 상이한 공감들이 마주치고 투쟁하는 관계의 망"으로 정의하고 있다. 전남대학교 감성인문학연구단, 『공감장이란 무엇인가』, 길, 2017, 11쪽.

28 박경섭, 「항쟁의 에토스와 공동체-1980년 5월 마음을 찾아서」, 『한국언론정보학보』 제71권, 한국언론정보학회, 2015, 46쪽.

29 위의 논문, 41쪽.

30 Giorgio Agamben, 『도래하는 공동체』, 이경진 역, 꾸리에, 2014.

31 박경섭, 앞의 논문, 46쪽.

32 Eva Illouz, 앞의 책, 126쪽.

33 위의 책, 126쪽.

34 위의 책, 143쪽.

35 김두식, 「광주항쟁, 5월운동, 다중적 집단정체성」, 『민주주의와 인권』 제3권 1호, 전남대학교 5·18연구소, 2003, 126~129쪽.

36 신진욱, 「한국사회에서 저항의 고조기의 정체성 정치의 특성-1970~1980년대 저항정체성 담론과 광주항쟁」, 『경제와 사회』 제90호, 비판사회학회, 2011, 231쪽.

37 위의 논문, 231쪽. ; Jane Ward, "Diversity Discourse and Multi-Identity Work in Lesbian and Gay Organization", Jo Reger, Daniel J. Myers, and Rachel L. Einwohner ed., Identity Work in Social Movement, Minneapolis: University of Minnesota Press, 2008, pp.233-256. 재인용.

38 뒤르켐은 의례의 속성 중 하나로 공현전 현상을, 이를테면 의례 속에서 상호작용의 강도와 밀도가 높아지면서 참여자들 사이에서 기(氣)가 분출하고 유동하며 증폭된다는 사실을 주목한다. 박선웅, 「의례와 사회운동」, 『한국사회학』 제41권 1호, 한국사회학회, 2007, 32쪽.

39 위의 논문, 같은 쪽.

40 리토르넬로는 원래 바로크 시대의 합주협주곡에서 사용되던 '반복악구' 형식을 지칭하는 음악 용어이다. Franco Berardi 'Bifo', 앞의 책, 198쪽. 비포는 가타리가 리토르넬로라 부른, 기호를 생성하는 기계이자 창조적 형태의 발생이 무지(無知), 즉 자기의식이 없는 지성에 의해 가능하다고 여긴다. 같은 책, 246~248쪽.

감성의 초국적 접속과 그 양면적 작용

41 개인이 직접 정보를 만들어 대중과 소통하고 공유하는 1인 미디어는 인터넷에 자신의 일상을 일기처럼 기록했던 블로그에서 사용자가 직접 만드는 동영상인 UCC의 모습을 거쳐 이제 1인 방송(블로거, 유튜버, BJ(Broadcasting Jockey), 팟캐스터 등)의 형태로 진화하고 있다. 국내에서는 2012년 4월 DIA TV를 시작으로, 1인 미디어들을 연결하고 콘텐츠 제작을 지원 및 관리해주는 MCN(Multi-Channel Network) 사업자가 등장한 바 있다. 김기윤, 「1인 미디어의 산업적 특성과 이용 현황에 대한 탐색적 연구: 기술 활용 진화의 관점에서 MCN 사업자에 대한 심층인터뷰를 중심으로」, 『한국소통학보』 제16권 1호, 한국소통학회, 2017, 214쪽.

42 케이블 채널 tvN의 '응답하라 시리즈'는 체험을 통해 90년대 추억을 지니고 있지 않은 세대를 아울러 드라마, 관광상품, 음악산업 등의 영역에서 신드롬을 일으켰고 케이팝(K-pop)과 한류 드라마는 국가와 인종의 경계를 넘어서는 감성의 운동적 속성을 드러낸다. 흔히 온라인 게시판을 이용하는 웹 커뮤니티 이용자들이나 그 속에서 담론을 구성하는 과정을 볼 때, 역시 어느 단일한 사회적 기준으로 포획하기 어려운 사회적 혼종성이 나타남을 발견할 수 있다.

43 이후, 이 글에서는 단일한 발신지와 인위적이고 일방향적인 전파성을 속성으로 지니면서 정치·문화적 영향력을 지향하는 감성을 '중심 감성'으로 부르고, 이와 상대적인 의미의 감성을 '주변 감성 또는 지역 감성'으로 부를 것이다. 후자는 단지 지정학적 측면에서 주변/지역을 가리키는 것이 아니라, 다종다축의 발신지와 쌍방향으로 상호 간섭하는 전파성을 속성으로 지니면서 신체적 이해관계를 바탕으로 자연발생적으로 교섭하는 감성을 말한다.

44 브라운 운동(Brownian motion)은 1837년 영국의 식물학자 로버트 브라운(Robert Brown)에 의해 발견되고 1905년 알베르트 아인슈타인에 의해 '확정론적 운동방정식'으로 이론화된 미소 미립자의 운동 현상이다. 이것은 처음 꽃가루의 입자가 무질서하게 움직이고 있는 양상의 관측 후 생명현상의 증거로 생각되었다. 그러나 아인슈타인에 의해 미립자가 작아질수록 충돌하는 분자에 의한 힘의 균형이 무너지기 쉬워 불규칙하게 운동하게 되는 것으로 설명되었다. 최준섭, 「브라운 운동」, 『기계저널』 제41권 4호, 2001, 72~73쪽.

이 글에서 감성과 브라운 운동의 관계를 언급하는 이유는 감성의 불규칙성 또는 예측불가능하고 비합리적인 특성을 근대의 새로운 특성으로 보기 때문이 아니라 그러한 감성적 특질이 구조 변화의 운동 에너지를 지니면서 사회 현상에 반영되고 있음을 강조하려는 데 있다.

45 글로컬라이제이션(glocaliaztion; 세역화, 셋방화)는 우선 어의적으로 글로벌라이제이션과 로칼리제이션(localization; 지역화, 지방화)의 합성어이다. 이것은 한편, 국가의 경계를 넘어 하나의 사회로 형성되고 있는 세계화와 이에 대한 반동으로 민족이나 지역에 대한 정체성을 찾고자 하는 욕구의 병존 현상을 지칭하는 것으로 볼 수 있다. 동시에, 지역의 자립과 지역간 네트워크를 통한 수평적 관계의 새로운 공동체간 관계의 형성이라는 이념적 지향을 담고 있다. 홍순권, 「글로컬리즘과 지역문화연구」, 『석당논총』 제46권, 동아대학교 석당학술원, 2010, 3~5쪽.

46 팬덤(fandom)의 어원은 '광신자'를 뜻하는 영어의 'fanatic'의 'fan'과 '영지'를 뜻하

는 접미사 'dom'의 합성어로, 사전적으로는 하나의 무리를 지어 하는 조직적인 집단행동을 가리킨다. 능동적 수용자론의 관점에서는 특정 스타와 특정 문화생산물을 열정적으로 좋아하는 집단, 지리적으로 흩어져 있지만 공통의 정체성을 가지고 새로운 정보·콘텐츠를 적극적으로 창출, 수용, 소통하는 이들을 말한다. 주경희, 이소영, 김향미, 서정치, 「사회 자본으로서의 온라인 팬덤 문화」, 『문화산업연구』 제13권 4호, 한국문화산업학회, 2013, 116~117쪽.

이 글에서는 팬덤에 대해 이 능동적 수용자론의 관점을 취하고 있지만 단지 특정 스타나 문화 생산물을 선호하는 집단을 대상으로 한정하지 않는다. 이 글에서는 국가, 민족, 인종을 비롯한 각종의 전통적 사회조직의 개념과 기준으로 포획할 수 없는 새롭고 변화무쌍한 집단의 형태를 가리키기 위해 팬덤의 개념을 빌리고 있다.

47 이정주, 「사회심리학적 측면에서의 유행」, 『論文集』 제9권, 혜전대학, 1991, 4쪽.

48 이 간접인용 부분을 비롯하여 이 문단에서 온라인 공간을 매개로 하는 팬들의 활동에 관한 이상의 설명은 손승혜, 「디지털 네트워크 시대의 초국가적 온라인 팬덤」, 『미디어, 젠더 & 문화』 제25호, 한국여성커뮤니케이션학회, 2013, 74~75쪽. 참조.

49 천정환, 「촛불항쟁 이후의 시민정치와 공론장의 변화」, 『역사비평』 제120호, 역사비평사, 2017, 390쪽.

50 Zygmunt Bauman, 윤태준 역, 『유행의 시대: 유동하는 현대사회의 문화』, 오월의봄, 2013, 38쪽.

51 위의 책, 41쪽.

52 같은 책, 44쪽.

53 같은 책, 같은 쪽.

54 손승혜, 74쪽.

55 위의 글, 75쪽.

56 같은 글, 78쪽.

57 손수아, 「소셜 웹 시대 팬덤 문화의 변화」, 『사이버커뮤니케이션학보』 제31권 1호, 사이버커뮤니케이션학회, 2014, 50쪽.

58 Franco Berardi 'Bifo', 『미래 이후』, 난장, 2013, 25쪽.

59 서동진, 「정동의 경제, 경제의 정동」, 최기숙 외, 『감성사회』, 글항아리, 2014, 34~35쪽.; John L. Casti, 『대중의 직관』, 이현주 역, 반비, 2012, 17~42쪽. 재인용.

60 위의 책, 36쪽.

61 Arjun Appadurai, 『고삐 풀린 현대성』, 차원현 외 역, 현실문화연구, 2004, 10~12쪽.

62 위의 책, 12~13쪽.

63 상징적 경계는 사회적 행위자들에 의해 만들어진 개념적 구분이다. 문화적, 기호적 분류방식으로서 상징적 경계는 개인과 집단이 실재의 규정을 두고 싸우며 합의에 이르는 도구들이며, 사회관계의 역동적인 차원들, 즉 집단이 생산, 전파, 그리고 대안적인 시스템과 분류원칙의 제도화를 두고 경합하는 과정을 보여준다. 즉, 상징적 경계는 사회적 상호작용을 유형화하는 중요한 차원으로, 사회적 배제나 계급분류, 인종 차별같은 사회적 경계를 확인 가능한 어떤 형태로 만드는 것이다. 윤명희, 「네트워크시대 하위문화의 '애매한' 경계, 그리고 흐름」, 『사이버커뮤니케이션학보』 제27권 4호, 사이버커뮤니케이션학회, 2010, 129~130쪽.

64 Arjun Appadurai, 앞의 책, 54쪽.; Meyrowitz, J., No Sense of Place: The Impact of Eletronic Media on Social Behavior, New York: Oxford University Press, 1985. 재인용.

65 아파두라이는 상상력에 대해 "단순한 환상이나 도피, 엘리트의 소일거리, 단순한 관조가 아니라 조직화된 사회적 실천의 장과 일의 형식이며 행위자들이 서있는 지점과 전 지구적으로 규정된 가능성의 현장들 사이를 관계 짓는 협상의 형식"이라 설명한다. 즉, 그는 상상력 그 자체가 사회적 실천이자 사회적인 사실인 것으로 보고 있다. 같은 책, 58~59쪽.

66 앞서 언급한 정동의 경제학과 관련하여 서동진은 정동적 전환이 자리한 양 간극, 즉 "절망과 희망의 정동 사이"에서 "주체 없는 역사적 과정으로서의 계급투쟁이 마침내 주체화된 계급투쟁으로 발발하는 무대를 상상하지 않을 수 없다"라고 말한다. 서동진, 앞의 글, 42쪽.

그 무대의 필요성은 정동과 경제 사이에 정치와 사회의 매개 항이 더해질 수밖에 없다는 것, 즉 개인의 요구와 욕구를 결정하고 표현하는 신체들의 합이 개입되는 정동의 공적 영역, 즉 '공감장(共感場);의 필연적 발생을 시사한다. 공감장의 개념과 관련 논의에 관하여는 전남대학교 감성인문학연구단, 『공감장이란 무엇인가: 감성 인문학 서론』, 길, 2017. 참고.

67 감성의 시장상품화는 팬덤을 주된 경제주체로 삼는 팬덤의 내부 경제와 밀접한 연관성이 있을 것으로 여겨진다. 김수정, 김수아는 팬덤의 산업 관계와 팬덤 경제에 대하여, 팬들의 문화적 생산으로서 실천이 실제적으로 팬덤 내부에서 경제

행위를 발생시키면서 팬덤 공동체에 새로운 위계질서(판매자와 소비자의 구도)를 구성함을 지적한 바 있다. 김수정, 김수아, 「해독 패러다이을 넘어 수행 패러다임으로-팬덤 연구의 현황과 쟁점」, 『한국방송학보』 제29권 4호, 한국방송학회, 2015, 67쪽.

68 이밖에도, '맛집'으로 불리는 매장에서 합리적인 메뉴 선택을 보증해주는 '시그니처(signature) 메뉴'가 소비자의 필수 구입 목록이 되고, 기다리는 시간(waiting)이 길고 줄 선 대기자가 많은 가게일수록 더욱 많은 사람들을 끌어 모으며 '대박집'이라는 인증을 받으며, 여행지의 '가볼만한 곳'이나 '필수 또는 추천 코스' 정보에 의해 특정지로 인파가 집중되는 양상을 예로 들 수 있다. 이들 경우는 감성 소비자들에게 다채로운 경험과 정서를 제공하고 있는 것처럼 보이지만, 실상은 개성적이고 자율적인 감성에 의해 향유될 수 있는 세계를 파편화하면서 이루어진다. 다시 말해, 정보의 수집 범위를 축소하고 수집 과정을 경제적 측면에서 기획된 방향으로 한정시키는 면이 있다.

69 이밖에도 여성 혐오를 나타내는 '김치녀, 된장녀, 김여사, 맘충', 남성 혐오를 나타내는 '된장남, 한남충, 개저씨', 노인 혐오를 나타내는 '꼰대, 틀딱충', 특정한 성향을 빗댄 '설명충, 진지충, 정치충', 청(소)년에 대한 '급식충, 학식충,' 등의 비하적 표현과 함께 '메갈리아, 워마드, 여성시대, 일베' 등 폐쇄적 혐오 사이트를 근간으로 하는 위화감과 증오 범죄, '동물 혐오, 어린이 혐오(노키즈존), 자기혐오, 자국혐오, 동족혐오, 조선족 혐오, 외국인 혐오, 일본혐오' 등 혐오의 유행을 발견할 수 있는 사례는 다분하다. 혐오가 당면한 문제에 기인하여 불가피하게 만들어진 정서적 결과가 아니라 정서적 문제 해결을 위해 용이한 수단으로 사용되는 것은 지역/주변 감성의 시대에 더욱 빈번하면서 치명적으로 나타나는 현상이 될 것이다. 그룹화의 용이성, 정보 움직임의 기동성, 신체를 매개로 접속되는 삶의 맥락과 인간성에 대한 무관심 등 미디어가 지닌 특성이 혐오 대상 설정의 패턴화를 더욱 다양한 방면에서 분열하며 증식할 수 있도록 기능하기 때문이다.

매체시대와 매체인간: 가치의 조작에서 구성까지

70 농업중심사회에서는 두레굿, 당산제, 농무 등의 문화적 풍습이 자연을 공유한 생활공동체의 보편적 가치 기준에 의해 식량생산의 주기에 따라 관례화되었다. 하지만 산업기술, 시장경제, 정보기호 등을 중심으로 탈각화해 온 이후 근대사회에서는 이전 농경사회의 보편적 가치나 그것을 이행하기 위한 기준 역시 함께

변화되어 온 것이 사실이다. 그것은 지역에 따라 구성원 내 보편적 가치로 유지되거나, 지역개발 및 이주에 따라 용도 폐기되어 무가치화 되거나, 혹은 전통·예술적 측면에서 상대적으로 가치화되어 존속하기도 하였다. 즉, 보편적 가치가 변화불가하거나 변용되어서는 안 될 절대적 가치를 지닌 것이라 말할 수는 없다. 하지만 이 글에서 보편적 가치의 영역 변화에 관하여 제기하는 문제는 그것이 변화하는 계기나 방법의 측면에 존재하는 피동성과 편향성이다. 또 다른 문제는 기존의 보편적 가치에 관여된 이들이 시공간의 흐름과 변화를 자연스러운 것으로 감수하지 않으면서, 변화에 대한 이질감에도 불구하고 합리적 판단에 의한 자발적 준거 설정이나 자율적 변형 시도를 할 수 없는 사회구조의 요인에 관한 것이다. 본고에서는, 필요에 의해 선택하거나 변화하는 것이 아니라 새롭게 선언되는 방식으로 나타나 우리의 삶을 견인하는 새로운 가치들의 발생 구조가 오늘날 불가결하게 매체를 경유하고 있는 것으로 감지한다. 그리고 그 과정에서 은닉이나 조작 등 가치 변용의 도구로 사용되는 인쇄·통신·언론매체의 특성을 분별하여 이에 대처하기 위한 방법적 탐색을 시도하고자 한다.

71 탈근대산업에서는 정보, 기술, 기호, 지성 등 생산의 새로운 혁신을 가져오거나 새로운 자본으로 거래될 수 있는 자원으로 비물질 영역을 주목해왔다. 소통 및 정보 테크놀로지들을 통해 군사적 통제를 행사하거나, 다양한 기술적 법적 문화적 정치적 능력들을 통해 이동성과 유연성에 기초를 두고 삶권력을 장악하는 양태가 그러한 예이다(안토니오 네그리, 마이클 하트, 2008, 70; 81).

이 글에서는 산업경제시장에서 감지한 비물질 영역의 힘을 인정하는 것에는 동의하지만, 그 힘을 조직하고 운용하는 구상과 사용의 목적지가 삶권력과 결부되어 통제를 가하는 조직이 아닌 각기 신체를 지니고 보편적 생명가치를 지닌 인간 개체들에 의해 설정되어야 한다고 본다. 때문에, 이 글에서 말하는 비물질 영역의 자원이란 일상을 살아가며 현상을 감지하고 평가할 수 있는 신체, 그 신체로 감수된 정보를 해석할 수 있는 감성, 그리고 그 실제적 감성에 근거한 지성, 이 요건들을 통합한 개인의 정신적 영역에서의 의지를 가리킨다고 말할 수 있다.

72 귄터 안더스(독일 철학자, 매체이론가)는 「유령과 매트릭스로서의 세계: 라디오와 텔레비전에 대한 철학적 고찰」(1956)이라는 그의 글에서 일견 모순적으로 보이는 이 용어를 사용하여, '다른 사람들로부터 격리된 채, 그럼에도 다 똑같은 사람이 되어 대중적 생산물을 가정에서 혼자 소비하는 인간 유형'을 비유하고 있다. 대중적 은자가 은둔형 외톨이 등과 구별되는 지점은 '세계를 등지기 위해

서가 아니라 대중적 인간이 되기 위해 대량으로 생산된 것을 소비한다는 것'이다. 이들은 수신기를 매개로 세상과 연결되지만 역시 그로 인해 세상으로부터 격리된다. 이상 각주의 설명 중 인용한 부분은 (클라우드 피아스 외, 2018, 338).

73 실제로 우리는 운전 중 길을 찾을 때 해결을 위한 시각적 정보를 상당부분, 눈앞의 거리보다 네비게이션 화면에서 얻는다. 집안에서 각각 다른 방에 있는 가족 또는 카페에서 담소를 나누기 위해 모인 친구들 사이에서 신체 대신 메신저를 매개로 의사소통하는 것은 이제 생경하지 않은 모습이다.

74 오늘까지 효용성이 이어지는 인간 매체의 대표적인 예는 가수, 설교자 정도일 것이다. 베르너 파울슈티히는 근대 초기 매체 문화에 대한 그의 논의에서 '신문의 시사성은 본질적으로 인간 매체인 가인에, 주기성은 인간 매체인 설교자에 빚지고 있'음(베르너 파울슈티히, 2007, 461)을 언급한 바 있다.

75 안더스는 이러한 인간 유형에 대해, "봉지에 들어있는 인스턴트 식품으로는 배를 채우고 텔레비전이 인스턴트 식품처럼 만들어 제공하는 것으로는 뇌를 채운다는 의미의 개념"으로 "수동적 시청자(couch-potato)"(≠능동적 시청자, couch-commander)라는 표현을 사용한다(클라우드 피아스 외, 2018, 318; 321).

76 현대 자본주의 사회에서 소비자는 생산의 기획 단계부터 생산 과정, 생산량의 조절, 생산물의 분배 등에 밀접하게 관여하며 시장경제의 중심적인 한 축을 담당한다. 여기서 '은자'로서의 소비자란 오늘날 경제주체가 수행하는 역할의 측면에서 수동적 위치를 함의하는 것이 아니라, 그 소비자가 시장경제체제 속에서 행동하기 위한 판단의 전거를 수집하는 과정에서 한정된 선택의 범주 속에 이미 포획되어 있음을 의미한다. 이를테면, 소비자가 정보 선택에 있어 자율성과 능동성을 발휘하는 범주는 이미 1차적 구안과 선별과정을 거쳐 언론매체의 진열대 위에 오른 기사문과 같이, '차선택의 층위'에 해당하는 스펙트럼에 속함을 말한다.

77 방탈출 게임(Room Escape Game 또는 Live Escape Game)은 특정 테마로 꾸며진 방에 갇혀 있는 소규모의 인원이, 주어진 시간 안에 수수께끼, 퍼즐, 표식 등을 이용해 빠져나오는 게임이다. 방 안에 위협적 요소가 있지 않더라도, 참여자들은 낯설거나 긴박한 분위기 속에서 두뇌를 집중적으로 활용해 문제를 해결해야 하는 이 프로젝트를 즐기게 된다. 이 게임에서 참여자에게는 방안에 갇힌 이유나 방이 꾸며진 테마의 의미, 탈출 후의 목적과 세부 수행 과제 등은 중요하지 않으며, 맹목적으로 방 탈출만이 달성해야 하는 목표가 된다. 이러한 점에서 게임의 설계자는 참여자의 시선을 방안에 머물러있게 할 수 있으며, 참여자는

여전히 게임판의 말처럼 피동적으로 움직이는 존재로 머물게 된다. 언뜻, 게임의 참여자는 주동적으로 현실의 문제를 타개해가는 주체로 보일 수 있지만, 실상 그 움직임으로부터 발생하는 힘(정보, 재미, 구경거리 등)을 자율적 선택의지와 관계없이 생산해내며 비본성적 노동에 의한 생산물을 끊임없이 제공하는 수인(囚人)에 불과하다.

78 파울슈티히는 매체 경쟁으로 인해 인간 매체, 조형 매체, 수기 매체 사이에 질적인 차이가 생겨났음을 지적한다. 그는 이 시대 가장 중요한 매체로 보편성을 담보하던 서신, 문화·정치 분야에서의 전단지, 종교 분야에서의 소책자, 사회 분야에서의 달력, 사회전반에 걸쳐 중요했던 신문을 꼽는다. 그리고 매체 간 결합형식으로 나타나는 이후 매체들은 이전 매체에 불리한 형식을 지녀 앞서의 매체와 경쟁했음을 지적한다(베르나 파울슈티히, 2007, 464).

이것은 매체들 사이에 가치의 위계성이 내재했고, 이것이 경쟁을 통해 변화해왔음을 발견할 수 있는 전거이다. 즉, 매체들이 대변해 온 가치들-이를테면 보편성, 사회성, 공공성, 시사성과 같은-사이에도 우선 또는 후행할 수 있는 평가지표 설정이 가능하다는 것이고, 그 가치들 간의 경쟁 양태는 게임 설계자에 의해 은닉되거나 공고화된 형태(가치의 성역화 또는 상대화)로 호도되어왔을 것이다.

79 한겨레신문 기사(2015.9.3.일자) 중
(http://www.hani.co.kr/arti/international/europe/707241.html(검색일: 2019.9.26.)).

80 뉴스핌 기사(2016.8.19.일자) 중
(http://www.newspim.com/news/view/20160819000244(검색일: 2019.9.26.)).

81 구글 이미지 중
(https://www.google.com/search?hl=ko&biw=1230&bih=1294&tbm=isch&sa=1&ei=0le1Xc_PMsmRr7wPnMC12AM&q=choices+for+syrian+children&oq=choices+for+syrian+children&gs_l=img.3...25546.38167..38413...0.0..0.211.2943.7j19j1......0....1..gws-wiz-img.......0j0i30j0i19.hvt0shmX5i0&ved=0ahUKEwjPgNOahbzlAhXJyIsBHRxgDTsQ4dUDCAY&uact=5#imgrc=lE9n4pqwdGEcfM:&spf=1572165626330(검색일: 2019.9.26.)).

82 나카무라 유지로는 데카르트, 베르그송, 화이트헤드, 한나 아렌트, 고바야시 히데오 등의 관점과 언술을 빌려 이성적 양식으로서의 상식이나 사회적 통념, 그리고 감각인상과 신체적 작용에 관여하는 공통감각(common sense)의 변별적 의미를 추적한 바 있다. 본고에서는 양식과 통념이 이성적 추론과정과 언어적 수

사를 통해 재정립될 수 있는 층위에 놓인다면, 공통감각은 두뇌의 송과체에 관여된 영역이든 형이상학적인 마음의 작용이든 인간에게 본원적으로 부여되어 이성적 논의나 사회적 협의만으로 재정립될 수 없는 층위에 놓인다고 본다. 즉, 인간의 감성이 간 개체적 연결의 힘이자 소통의 우선적 도구라고 보는 것이다. 공통감각과 언어에 관한 논의를 마무리하는 나카무라 유지로의 다음 언술은 공통감각에 대해 본고가 지니는 위의 관점을 지지할 수 있을 것으로 보인다. "...여기에서 크게 문제로 떠오르는 것은 이성 혹은 양식(bon sens)보다도 구체적이고 근본적인 공통감각(sinsus communis)이며, 인간의 언어 활동을 공통감각이라는 관점에서 다시 파악하는 것이다."(나카무라 유지로, 2003, 192) 이 문제의식에 이르기까지 합리적 이성과 감각 사이의 '상식'을 개념적으로 추적하는 과정은 같은 책의 145~204쪽 참고.

83 하버마스는 '자발적 토대 위에 이루어진 비국가적이고 비경제적 결사 조직이 시민사회의 제도적 핵심을 이룬다'(위르겐 하버마스, 2001, 58) 하며, 공론장(公論場)으로 불릴 수 있는 다양한 방식과 규모의 인적 네트워크를 통해 '대-공중(公衆)'의 형태가 구성될 수 있어야 한다고 보았다.

84 감성인문학 연구에서는 공감장 이론에 관해 "모든 감성은 곧 공감(共感, sympathy)이다"(전남대학교 감성인문학연구단, 2017, 11)라는 전제를 둔다. 이것은 감성을 간-개체적 연결과 작용의 조건으로 보고 있다는 것이며, 이때 공감장은 개체가 비일상적이고 일시적일 수 있는 인적 네트워크로 연결된 양상을 설명할 수 있는 개념적 도구가 된다. 언술을 빌리자면, 공감장은 "공감의 발생적 조건이자, 상이한 공감들이 마주치고 투쟁하는 관계의 망"(전남대학교 감성인문학연구단, 2017, 11)으로 정의되고 있다.

85 미국의 아나키스트 피터 램본 윌슨은 1991년 일시적으로 공식적 통제구조를 벗어난 저항과 자유의 공간을 일컬어 '일시적 자율지대(Temporary Autonomous Zone)'라 불렀다. 윌슨에 따르면 일시적 자율지대는 비록 권력의 억압으로 오랫동안 존속될 수 없지만 그 안에 거주하는 모든 사람이 각자의 삶을 변화시켜주는 강렬한 경험을 하는 공간이다(프랑코 베라르디 '비포', 2013, 231).

86 인공지능과 계산법을 연구하는 최근 연구자들은, 분산된 네트워크가 중앙집중적 통제나 보편적 모델의 제공 없이 문제를 해결하는 집합적이고 분산된 기술들을 가리킬 때 '떼 지성(swarm intelligence)'이라는 용어를 사용한다. 이것은 자생성(spontaneity)이나 무질서(anarchy) 이상의 조직적이고 합리적이며 창의적인 해결의 행태를 도출하는 지능 체계를 의미한다(안토니오 네그리, 마이클 하트, 2008,

127).

87 비유기체적(non-organic) 신체는 자연과 인간의 연속성에 관한 맑스의 관점을 나타내는 말이다. 이 글에서는 합리적 이성의 영역을 뛰어넘어 군체로 결집하는 다중 역시 비유기체적 신체로서, 타자의 세계에 대한 인간의 감각과 연결의 속성이 나타난다고 본다.

88 공감장 연구에서는 감성을 "역사적이면서 사회문화적으로, 또한 정치경제적으로 구조화되면서 동시에 구조화하는 감정을 지칭"(전남대학교 감성인문학연구단, 2017, 12)하는 것이라 말한다. 이것은 감성의 간 개체적 작용에 있어 변화를 일으키는 힘의 양방향성을 지적한다. 즉, 공감장은 어떠한 분기점에서 발현되는 동시에, 발현해낼 수 있는 성질의 것일 수 있다.

89 이탈리아 미디어이론가 비포는, 월슨의 일시적 자율지대가 지닌 일회성을 뛰어넘어 지속성을 지닌 비-일시적 자율지대들(Non-Temporary Autonomous Zones)이 필요함을 언급했다. 이에 대해 월슨 역시, 일시적 자율지대와 상호 공존 및 상호 작용할 수 있는 영구적 자율지대들(Permanent Autonomous Zones)에 대해 언급한 바 있다(프랑코 베라르디 '비포', 2013, 231).

90 공적 회합의 체계를 갱신하거나 장을 새로이 구축하는 데 고려해야 할 것은, 우리의 커뮤니티 공간과 체계가 "사람들이 돌아다니고 싶은 장소"(파커 파머, 2012, 184)가 되지 않고 있으며, 창의성의 상실로 인해 타인에 의해 지정된 방식으로 공간을 단지 추체험하는 데 있다는 것이다. 물론 소수 독점자본에 의해 점유된 대중 공간(설립 정신과 창의성을 잃은 채 산재한 이러한 공간의 아류들 역시 소비자로 하여금 결국 대형 자본의 상업 공간으로 회귀하게 만든다)이 아니라 회합을 위한 공적 용도로 설립된 체계, 공적 소통이 이루어지고 있음을 발견할 수 있는 현장의 아이디어, 회합의 이점과 즐거움을 일깨우는 공간 구축과 같은 체계 보완의 과정도 필요하다. 하지만 오늘날 공적 회합을 보장하고 횡단적 소통을 진화시키기 위한 한국 사회의 대안은 공공성과 관계되는 제도와 공간보다 개인성과 관계되는 의식을 재구성하는 데 있을 것이다.

공간의 문학적 변용

91 테사 모리스-스즈키(Tessa Morris-Suzuki)는 프레더릭 터너(Frederic J. Turner)의 프론티어 사관, 즉 선(線)으로서 국경(boundary)을 넘어 영역(region)으로서 변경(frontier)을 주안점으로 삼는 관점에 동의하면서 변화하는 경계의 중첩된 정체성과 혼종성의 연유 과정에 착안하고 있다. 경계 변화에 대한 그의 인식과 더불

어 식민주의 비판과 관계된 상세한 서술 내용은 (Tessa Morris-Suzuki 2006)을, 각주의 설명은 (Tessa Morris-Suzuki 2006, 23-4)을 참조.

92 슈뢰르는 기든스의 변증법적 사유를 빌려, '사회적 관계들이 서로 엮여 파묻혀 있는 전근대의 첫 단계에 해체의 근대가 뒤따르고 이 해체의 결과가 다시 재결속의 후기 근대를 통해 제거된다'고 말한다.(Markus Schroer 2010, 142) 이 같은 그의 언술은 해체와 재구성의 연쇄가 곧 사회적 관계나 구조로서 역사의 연대기를 만들어왔다는 생각으로 풀이될 수 있는데, 탈영토화와 재영토화는 이러한 생각과 부합하는 또 다른 명명 사례라 할 수 있다.

93 공간적 전회는 수행적 전회, 도상적 전회, 회화적 전회, 기억술적 전회, 번역학적 전회 등 문화학의 여러 전회 목록 속에 표명되고 있다.(Jörg Döring. Tristan Thielmann. 2008, 15)

94 '공간적 전회'라는 용어와 관련한 이 문장의 설명은 (Jörg Döring. Tristan Thielmann. 2008, 7~11) 참고.

95 이 문장에서 직접 인용한 부분들은 문병란의 시론, 「참다운 시를 찾아서」(문병란 1993, 221~2)의 일부이다.

96 문병란은 조선대학교 재학 당시, 스승인 김현승 시인의 추천으로 『현대문학』 10월호(1959)에 처녀작인 「街路樹」를 게재한 후, 1963년부터 본격적인 문단활동을 시작하였다. 여기서 그의 초기 시집들이라 함은 민주화와 통일을 지향하는 저항운동으로 문학 활동에 몰두한 청·장년기 중에서도, 판금조치를 받았던 『죽순 밭에서』(1977), 『땅의 연가』(1981)나 계엄사로부터 압수 조치되었던 『벼들의 속삭임』(1980) 등 주로 1970~80년대에 집필한 작품들을 아울러 이른 것이다.

97 민중의 고난과 대결하여 싸우는 의지 생성의 미학과 관련한 그의 입장에 대해서는 (문병란, 1993, 273~4) 참고.

98 그는 같은 글에서 '시가 민중의 생활 속으로 들어가 정신적 양식이나 에네르기가 되어야 변화되어 가는 사회구조에 필요한 예술문학이 될 것'임을 일설한 바 있다.(문병란 1993, 277)

99 그는 4편의 재간시집(1979. 『죽순밭에서: 문병란 시집』. 한마당.; 1995. 『땅의 연가』. 창작과비평.; 1997. 『직녀에게』. 시와사회사.; 『동소산의 머슴새』. 세종. 2004.)과 5편의 시선집(1984. 『새벽의 서(書)』. 일월서각.; 1994. 『새벽이 오기까지는』. 일월서각.; 2009. 『내게 길을 묻는 사랑이여: 문병란 시인 대표시 선집』. 모던.; 2011. 『시인의 간: 문병란 영역 시선집』. 코리아기획.; 2015. 『장난감이 없는 아이들: 문병란 시선집』. 인간과문학사.)을 포함하여, '1971. 『문병란

시집』. 삼광출판사.(처녀시집); 1973. 『정당성』. 세운문화사.; 1978. 『죽순(竹筍) 밭에서』. 인학사. 1977.(판금시집); 『호롱불의 역사(歷史)』. 일월서각.(시문집); 1980. 『벼들의 속삭임』. 양서조합.(계엄사 압수 시집); 1981. 『땅의 연가』. 창작과비평사.(판금시집); 1983. 『뻘밭』. 한마당.; 1984. 『동소산의 머슴새: 문병란 민족서사시』. 일월서각.(서사시집); 1985. 『아직은 슬퍼할 때가 아니다』. 풀빛.; 1986. 『무등산: 문병란 시집』. 청사.(판화시집); 1986. 『5월의 연가: 문병란 신작시집』. 전예원.; 1987. 『문병란 저항시: 못 다 핀 그날의 꽃들이여』. 동아.; 1988. 『양키여 양키여』. 일월서각.; 1989. 『화염병 파편 뒹구는 거리에서 나는 운다』. 실천문학사.; 1990. 『지상에 바치는 나의 노래』. 도서출판 눈.; 1991. 『견우와 직녀』. 한길사.; 1992. 『직녀에게』. 일월서각.; 1994. 『겨울 숲에서』. 시와사회사.; 1994. 『불면의 연대』. 일월서각.; 1997. 『새벽의 차이코프스키』. 계몽사.; 1999. 『인연서설』. 시와사회사.; 2001. 『꽃에서 푸대접 하거든 잎에서나 자고 가자』. 시와사람사.; 2002. 『아무리 쩨쩨해도 사랑은 사랑이다』. 인디넷.; 2008. 『매화연풍: 문병란 제26시집』. 코리아기획.; 2010. 『금요일의 노래: 「늙어가기」 연작』. 일월서각.(연작시집); 2012. 『법성포 여자: 문병란 육필시집』. 지식을만드는지식.(육필시집)' 등 30권이 넘는 시집을 출간한 바 있다.

그밖에도 '1979. 『저 미치게 푸른 하늘』. 일월서각.(산문집); 1983. 『명시감상노트』(영미편). 일월서각.(감상집); 1983. 『현장문학론』. 거고출판부.(문학론); 1987. 『윤동주 시 감상노트』. 일월서각.(감상집); 1987. 『새벽을 부르는 목소리』. 동아.(강연집); 1987. 『어둠 속에 던진 돌멩이 하나』. 동아.(수상록); 1988. 『영원한 인간상』. 동아.(해설서); 1988. 『유치환 시 감상노트』. 일월서각.(감상집); 1991. 『민족문학 강좌』. 남풍.(문학론); 1992. 『연애하는 사람은 강하다』. 나라출판사.(연애론); 1993. 『삶의 고뇌 삶의 노래』. 하락도서.(시론집); 1994. 『무등산에 올라 부르는 백두산 노래』. 시와사회사. (기록모음집); 2011. 문병란. 김성훈. 『빛고을 아리랑: 광주 5·18 30주년 기념 광주 5·18을 위한 창작 오라토리오』. 디자인CDR.(악보집-작사); 2007. 『빛고을 진혼곡: full score』. 디자인CDR.(악보집-작사)' 등, 다양한 분야에서 다수의 저술을 남긴 바 있다.

100 문병란은 시를 흔히, '15회전을 다 치루며 마지막 라운드에 상대방을 KO시키는 권투 시합'에 비유하곤 했다.(문병란, 1993, 428)

101 이것은 궁정 문화정책에 대립하며 커피하우스, 살롱, 만찬회와 같은 사적 부문의 사교 공간으로 제도화되는데, 부르주아 지식인들의 공적 비판과 토론 마당의 체계와 같은 공론의 요소들을 아우르면서 본디 지니고 있었던 비정치적·사

적 부분의 특성을 정치적 비판 영역에 전용하게 된다. 이와 관련한 자세한 설명과 논의는 (Jürgen Habermas 2013, 110-1; 같은 책, 144-150) 참조.

102 프랑코 베라르디 '비포'는 1909년, 마리네티의 「미래주의 선언」(『르피가로』(프랑스어판), 『포에지아』(이탈리아어판))을 '20세기, 미래를 신봉한 세기의 문화적·이데올로기적 개시'인 것으로 본다. 미래주의에 대한 그의 이해는 매우 비판적인 것으로, 근대 자본주의와 기술 산업을 기반으로 경제, 지식, 가치, 에너지 등의 확대와 유토피아적 진보를 신봉했던 사관이 관통한 20세기를 미래주의의 시대로 일컬어 그에 대한 문제의식을 제기한다. 미래주의에 대한 자세한 설명과 주석 중 인용 부분은 (Franco Berardi 'Bifo' 2013, 33-62) 참조.

103 베이비붐세대(baby boomer)는 전후(戰後) 1955년에서 1964년 사이에 출생하여 한국의 고도 경제성장과 1997년 IMF외환위기 및 글로벌 금융위기를 이어 겪은 세대를, 386세대는 1960년대에 태어나 1980년대에 학생운동과 민주화 투쟁에 앞장섰던 세대를, X세대는 베이비붐 세대 이후 1960년대 후반을 전후로 해서 태어나 관습에서 자유롭고 대중문화에 열광하며 자기주장이 강한 세대를, N(Net)세대는 1970년대 중반 이후에 태어나 경제·문화적 혜택을 누린 X세대 중에서도 특히 컴퓨터에 익숙한 세대를, M(Mobile)세대는 1980년대 초반 이후에 태어나 휴대전화와 인터넷을 사용하며 이동성을 삶의 본질로 삼는 세대를, 밀레니얼 세대(Millenials)는 1980년대 초부터 2000년대 초까지 출생하여 IT기술의 급격한 변화와 함께 성장하고 높은 대학진학률과 멀티태스킹을 특징으로 갖는 세대를 각각 통칭하는 용어로 사용된다.

104 공감장 이론의 제1명제는 "모든 감성은 곧 공감(共感, sympathy)이다"라는 것이다. 이 이론의 서설에 의하면, 공감장은 그러한 "공감의 발생적 조건이자, 상이한 공감들이 마주치고 투쟁하는 관계의 망", "일차적으로 사회적 감성이 갖는 동시성, 상호성, 횡단성을 설명하기 위한 개념", "한 사회 및 역사의 동역학을 추동하는 인간 행위의 내적 동인을 감성론의 차원에서 포착하기 위한 분석적 또는 비판적 개념"으로 고안되었다.(전남대학교 감성인문학연구단 2017, 11)

105 공감장에 관한 이외의 상세한 설명과 이 문단에서 공감 및 공감장에 대한 인용은 (전남대학교 감성인문학연구단 2017, 11~5) 참조.

106 참고문헌에서 (김경호 2018), (김기성 2017), (김봉국 2018), (김창규 2018), (이희경 2017), (조태성 2017), (최유준 2017), (최혜경 2017)의 연구를 참고.

107 (김동일 2017), (정명중 2018), (한순미 2018)의 연구를 참고.

제2부

/

사회적 감성의 새로운 도정, 몇 가지 구상들

광장의 권력과 기억 공동체

‖ 기억을 둘러싼 전쟁

특정한 기억을 공유하는 공동체의 집단적 정체성은 정보나 감정과 같은 추상적 질료에 의해서뿐만 아니라 기억을 담는 물적 배경의 공간 운용 방식에 따라 달라질 수 있다. 일상의 패턴, 의식과 감성 등 실제적 삶의 요소가 장소성의 변화 양상과 긴밀한 영향 관계에 있는 이들을 공간 운용의 주체들이라 할 때, 이들이 공간을 쓰는 방식은 다음 두 가지 방식으로 나눌 수 있다. 그 구분의 기준은 공간 변형에 있어 자율적 의지의 행사 여부이다. 공간 이용자의 신체적합성을 염두에 두고 운용 주체들의 상대적 가치평가에 따라 변형 과정을 설계하는 경우를 자율적 재구조화라고 한다면, 반면의 경우는 공간의 도구적 가치나 공간 점유의 권력 관계에 주목하여 이루어지는 타율적 재영토화[1]라고 할 수 있다.

이 글에서는 시민의 공적 담론 공간이 기억 투쟁의 과정에서 타율적으로 변형되었을 때 탈영토화의 범주를 넘어 그 기억공간이 정치적으로 재협상되고 재영토화된 것으로 본다.[2] 기억은 개인의 표상 공간으로부터 매순간 재구성되며 인출된다. 기억의 인출 과정에서는 신체적, 감성적, 인지적, 사회문화적 제반 요건들이 기억의 맥락 구성에 개입되기 때문에 동일한 사건에 대한 상이한 기억들이 만들어질 수 있다. 이러한 특성 때문에 기억을 매개로 하는 다양한 정치적 담론 역시 가능해진다. 즉, 개인의 기억과 정체성은 그것이 지닌 유동적 특성에 의해 정치사회적 헤게모니의 층위 속에서 논의되곤 하는 것이다.

일정한 형태를 지닌 기록과는 달리, 기억은 내용 확증과 전달력의 측면에서 결과가 유동적이며 구성과 인출 과정에서도 맥락의 영향을 받기 때문에 끊임없이 입증과 변별의 긴장 속에 놓인다. 이것을, 확정된 기억의 역사적 당위성을 강화하거나 그것의 쟁취를 위해 기억의 서사를 재구성하는 입장들 사이의 견제와 경쟁, 소위 '기억 투쟁'이라 명명하기도 한다. 기억 투쟁은 "국가와 민족, 개인과 집단 사이에서 활발하게 벌어지는 다양한 기억 담론", "기억과 대항 기억의 대립"을 가리킨다.[3] 이와 관련하여, 이 글은 공적 담론 공간을 매개로 한 기억 투쟁의 과정에서 공간의 장소성이 변이되는 양상을 살펴보고, 타율적 재영토화를 통해 이루어진 기억공간의 재구성이 공간의 경험적 인식에 미치는 영향을 탐색해보고자 한다.

그 과정에서 착안하는 점은 장소성 변형의 주도권이 공간 이용자와 공간 소유자 중 어느 쪽에 위치하는가 하는 것이다. 즉 공간이 변형되는 과정에서 일상의 삶이 관여된 이들의 자율적 의지와 상대적 평가가 변형의 기준으로 적용되느냐, 혹은 공간 운용의 피동적 주체로 토지나 건물의 지정학적 가치를 둘러싸고 당면한 변화를 수용하게 되느냐에 따라 어떠한 차이점이 발생하는가 하는 점이다. 이것은 공간을 변형하는 데 사용될 수 있는 권리의 유무에 따라 공간에 대한 기억과 공간에 결부된 감성의 변화가 어떻게 나타나는지 살펴보는 과정이라 할 수 있다.

공간 이용자의 주도적 권리 행사에 의한 공간 변형의 경우는 실제 삶의 일상적 데이터를 바탕으로 얻어진 평가 인식을 근거로 삼는다. 이것은 공간 이용자의 추상적이고 상징적인 공간 인식을 다루는 일이기 때문에 섬세하게 얽힌 소통과 협의의 과정이 수반된다. 공간 활용의 효용성이 당사자적 가치에 따라 언제든지, 얼마든지 달라질 수 있기 때문이다. 또한, 이 경우에는 이용자 자신이 삶의 질적 가치를 적극적이고 신중하게 고려할 수밖에 없기 때문에 공간 변형 전후의 생활경제, 지역문화, 정치역사, 기억, 감성 등 삶의 실제적이고 다각적인 측면을 고려하여 삶의 터전에 합리적으로 이바지할 개선안을 강구하게 된다. 때문에 공간 변형의 결과가 그들의 자생적 구조와 정체성을 강화하게 되는 측면이 있다.

반면에 공간 소유자의 주도권에 의한 공간 변형의 경우, 투입과 산출의 이익가치를 우선적으로 고려할 수밖에 없다. 이 경우에는 물적 공간성, 즉 토지와 건축물이 가지는 물질적이고 경제적인 가치를 평가의 주된 영역으로 하며 장소의 점유 및 사용 권리의 체계화와 공간의 상징성에 관여되는 코드의 재정립을 목적으로 삼는 이해 활동이 되기 쉬운 것이다. 후자의 경우가 문제적인 이유는, 그 현상이 공간의 용도와 가치를 그 위상으로 만들어온 삶의 주체를 물리적으로 소외시킬 뿐만 아니라 지배자와 피지배자의 대립적 층위에 대한 인식을 사용 공간-삶터에 결부된 감성의 영역에까지 각인시키게 되기 때문이다.

타율적 공간 변이의 과정에서는 무수히 많은 '공간 권력'[4]의 결합이 이루어진다. 가령, 공간을 스토리텔링 하는 데 이용되는 기호로서 기념물 혹은 증거물, 공간의 상징성을 재연출하도록 주관할 수 있는 제도적 결정권, 그리고 이를 물리적으로 작동시킬 수 있는 자본력이 결합된다면 그 공간의 추상적 장소성은 물적 장소성에 의해 포섭되고 점유되기 마련이다. 특히, 건물이나 도로와 같이 장기적으로 존속할 수 있는 물적 대상이 설립될 때 그것은 공간 권력 체계를 지속적으로 가시화하는 지표로 사용되어 미시적 공간 인식을 소진시키고 공간에 얽힌 소소한 서사들을 소멸에 이르게 한다.

광주의 구 도청 일원은 1980년 5월 광주의 고립과 저항을 당사자적 관점에 의해 이해할 수 있는 유형(有形) 증거물이다. 또한, 한 장소의 경험을 인간의 정치적 딜레마의 층위까지 끌어올려 상기시킬 수 있는 테제를 담지하며, 그와 관련된 수많은 담론을 역사적 자산으로 환원할 수 있는 가능성을 지닌 공간이다. 동시에, 공간의 점유가 완성되고 국가나 지방의 정치권력 지배체계 혹은 분파적 이해관계 등에 의해 그 장소성이 타율적으로 변이되는 경우에, 정치적 재영토화에 편입되는 한편 공간기억의 대항대립이 이루어지는 기억투쟁의 장소가 되는 과정을 보여주는 사례이기도 하다. 따라서 이 글에서는 집단적 정체성이 물적 공간의 변형에 따라 새로운 추상적 정보를 수용하면서 감성과 의식의 재구성을 경험하게 되는 과정을 5·18 담론 공간, 즉 구 전남도청 일원의 변화 사례를 통해 살펴보기로 한다.

‖ 광장을 얻으려는 자, 앗으려는 자

공적인 담론의 공간에서 수사(修辭), 즉 웅변의 기술은 사회적인 힘을 지닌 기술로 인식되어왔다. 정치적으로 직접민주주의가 실현되던 고대 그리스 아테네에서는 소피스트들에 의해 이 말하는 기술이 상업적으로 전수되기도 했다. 아고라라는 범시민적 총회의 공간(民會)에서는 법안을 채택하거나 관료를 선출하고 소송에서 주도권을 지니기 위해 무엇보다 시민의 연설 기술이 중요했다. 아테네의 법정은 '시민 개인(소송)-

증인들(지지, sunégoroi) – 행정관(조정) – 판관(판결) – 재판부(감시) – 대중(투표)'으로 구성되었는데, 안건 채택이나 형벌 적용 등의 결과는 판관이 아닌 시민의 투표에 의해 결정되었기 때문이다. 거부(巨富)나 계승 지원자들을 비롯한 많은 아테네 시민들이 이 같은 웅변의 공간에서 자신의 권리를 지키기 위해 외국인이자 전문직업 수사학자인 소피스트들에게 보수를 제공하고 설득의 기술을 훈련받았다.[5]

이러한 사실은 광장이 일상적 생활의 경험을 담는 동시에 주요한 공적 담론을 구성하는 기능적 공간으로 사용되고 또 그렇게 인식되어 왔음을 보여준다. 소피스트의 웅변술과 함께 전파된 기억술[6] 역시 공적 담론의 공간을 매개로 지적 데이터가 유통되는 시원(始原)을 보여주는 예이다. 추론과 평가의 과정을 거쳐 얻어진 합리적 명제들은 고대 그리스에서 실천을 지칭했던 '테크네(tékhne)'[7]의 기반이 되었으며 행위의 동의를 구하는 데 사용되었다. 이 유용한 기술들이 전수되는 과정에서 스승과 제자라는 계파의 형성, 즉 지적 권력이 승계되고 지적 데이터의 물적 자본화가 이루어지는 관계가 성립될 수 있었다. 소크라테스는 '대가로 돈을 요구하는 지식은 개인의 자유를 멀어지게 하는, 이른바 지적인 매춘 행위에 해당하는 것'[8]이라 비판하기도 하였다.

하지만 지식과 기억의 대량 유통지로서 광장, 그 담론의 공간을 잇는 거리의 발달은 획일적 규격에 따른 생산물의 거래를 위해 발달해온 오늘날의 물적 자본시장의 경우와 유통의 방식과 목적에서 차이를 지니고 있다. 우선, 광장에서는 생산부터 수용에 이르는 과정이 질서정연하게 획일화되지 않는다. 인간의 표상 능력에 의해 도출되는 지적 정의가 먼저 나타나고, 물질의 생산이나 물적 변화가 그것에 후행한다. 뿐만 아니라, 지적 생산물은 인간의 신체와 감성적 여건에 따라 다층적으로 나타나고 개인의 지적 요구 또한 다양한 양상으로 나타난다. 반면, 생산물의 거래 시장에서는 생산과 소비의 관계가 명확하고 수량이 정확히 예측될 때 이윤이 생성되고 거래가 시작될 수 있는 동기가 마련된다.

그러므로 광장의 본질적 기능을 자본화된 지식을 거래하는 이윤 창출의 공간으로 볼 수는 없다. 이것은 예측 불가능한 지적 요구-충족의 관계를 탐색하기 위해 자발적으로 구성해 온 사회적 대화의 공간으로 보아야 한다. 사유를 통한 지적 생산 활동은 무에서 유를 창조하는 과정에 가까우며 물적 자원이나 생산 수단의 소유가 권력으로 작용하는 시장 질서로부터 자유로울 수 있다. 인간의 표상 능력이 집단적으로 모일 때, 구조화된 것들의 신체 적합성이 평가되며 새로운 구조화가 시도되는 경우가 발생한다. 이때 광장이 가시화되거나 의식적으로 감지될 수 있다. 즉, 광장은 추상적인 것을 표상하고 새로운 것을 상상하며 합리성을 평가할 수 있는 인간의 이성이 서로 공감할 수 있는 감성을 통해 행동의 의지를 발생시키는 공간인 것이다.

그런데 이렇듯, 투입한 재화의 경제적 가치보다 재화를 사용하는 다수의 다양한 수용 가치를 형성의 원리로 삼는 속성 때문에 광장의 공적(公的) 사용은 자본 시장의 이윤 추구 원리에 배치된다고 할 수 있다. 시장 구조에서는 일정한 체계가 지속적으로 유지되는 과정 속에서 재화 투입과 산출의 격차가 시간의 경과에 의해 축적되면서 이윤이 발생한다. 이때 생산과 소비에 관여되는 다수의 요구는 고려되지 않거나 심지어 이윤 산출을 위한 평가 끝에 역으로 그 요구가 설계되기도 한다.[9] 이것은 자본시장에서 수혜균등의 원리가 적용되지 않는다는 사실을 보여준다.

요컨대, 자본시장에서 최대 이윤의 수혜는 특정한 계급계층의 범주에서 발생한다. 반면, 광장은 특정한 이윤공급구조를 지지하지 않으며 소수를 위해 구조화된 구조를 벗어나려는 탈주의 감성을 집결한다. 이것이 자본시장 체제에서 광장과 거리를 정치·사회적 담론 공간보다 역사·문화적 정보를 공표하는 전시 공간으로 이용하기를 선호하는 이유이며, 심지어 역사적 상실을 문화적 변용으로 호도하면서까지 표상에 의한 창조성을 경계하는 이유라 할 수 있다.

‖ 광주의 담론 공간과 기억 공동체

광주의 구 전남도청 일원은 광주민주화운동을 기억하고 기념하는 공간이자 그것에 대한 시대별 담론을 직조할 수 있는 역사적 기반이라 할 수 있다. 분수대 광장 일원은 광주민중항쟁 당시 시민의 집결과 소통, 저항의 매개적 장소였고 그러한 경험을 공유한 이들에게 오늘날까지도 강렬한 의식을 재현하는 시각적 텍스트가 되기 때문이다.

1910년 목조 단층으로 최초 건립된 전남도청은 1970년대 중반까지 준공과 증축, 도색, 별관 신축 등의 과정을 이어왔다. 그런데 이곳은 1980년대 이후, 건축물로서의 용도 변경이라기보다 역사적 기억물로서 장소성을 변형시키는 과정을 겪게 되었다. 1990년대에 들어 전남도청 일원에는 전남경찰청 신관과 구 전남도의회가 신축되었으며, 1999년에는 전남도청 이전 조례가 공포되고 2005년 11월 도청 이전과 함께 12월에 국립아시아문화전당(Asia Culture Center, 이하 ACC) 건립이 착공되었다.[10] 국가에 의한 민중 학살과 진상규명, 인권 회복을 위한 35년의 연대기가 2015년 11월에 개관한 ACC의 장소성에 의해 타율적으로 변형된 것이다.

그림 2-1. 1980년 광주5·18민주화운동 당시 구 전남도청 앞 분수대

구 도청 일원의 장소성 변형은 광장의 사회적 권력을 정치적으로 재편한 예로 볼 수 있다. 제프리 올릭은 "공동체가 스스로 상상의 공동체를 형성하는 데 필요한 추상적 준거틀"이자 "한 집단이 시간 속에서 스스로 연속적인 실체로 인식하는 것 또는 연속성 인식을 강화하려는 노력"을 가리켜 집단 기억이라 말했다.[11] 구 전남도청은 역사적 사건과 지난 담론들의 추상적 준거틀로서 5·18광주민주화운동의 집단 기억을 담은 상징적 공간이었다. 그리고 그것은 분수대 앞 광장을 그 일원에 포함하고 있으면서 오월 광주의 담론을 전 시민적 공론의 영역으로 확대하는 '기억의 결합태'로 작동해왔다. 하지만 80년 광주에 대한 연속적 기억의 공동체는 영속 집단이 지녀야 할 조건들, 즉 일상과 괴리되는 무상함의 극복과 개인을 감동시키는 심리적 통일성을 충족시키지 못하면서

분열되었다.

> 집단의 본질은 구성원들 간의 무의식적 결합이 보증하는 영속성의 특성을 갖는데, 이런 사실은 집단의 본질에 속하는 것이다. 진정한 집단은 영속 집단이며, 그 영속성을 통해 집단은 역사적 특성을 갖게 된다. … 대중 현상에서 원소화 된 각 개인을 감동시키는 것은, 결코 집단을 형성하지 않는, 말하자면 영속적인 특징이 없는 심리적 과정이다. 대중 속의 개인이 집단으로 잘못 인식하고 통일성을 경험한다고 하더라도 대중은 집단의 모든 긍정적 특징이 부족하다. 그것의 가공적 특성은 언제나 무상함으로 드러나게 된다. … 따라서 집단은 그것이 자연적이든 설립된 것이든 상관없이 연속의 특성을 갖는 심리적 통일체이다.[12]

ACC는 5월을 기억하는 시민과 정신 계승 주체들의 통일적 담론을 구성하지 못한 채 착공되었고, 건립 과정의 논의를 정치적으로 제한시켰다.[13] 이 분열된 심리적 통일체 앞에 가시화된 ACC의 형상에서 주목해야 할 점은 물질과 재화의 변형이라기보다 그 이전에 변이되어 변형을 이끌어낸 표상 의미와 지적 정의이다. ACC의 형상은 생명, 자유, 존엄성과 같은 인간의 최우선적 가치들이 인식과 실천의 간극을 좁히며 가시화되던 투쟁의 현장을 핍진하게 환기하지 않는다. 그것은 시민들에게 녹지·문화·소통 공간으로서 자연 부지를 환원하고 지하건축물로 설계된 구조의 함의가 5·18의 민주정신을 상징하는 것으로 기존의 공간 가치를 변형했다.[14]

광장과 광장을 둘러싼 동선의 형태를 바꾼 공간의 재배치는 오월 광주로 표상되는 기억의 정체를 기념의 대상으로 사화(死化)시켰고 기억

공동체의 의식 속에 시간적, 공간적 거리감을 극대화하였다. 지하로 들어가게끔 설계된 이 건축물이 명소의 랜드마크 역할을 할 수 없어 문화산업의 측면에서 이점이 축소된다는 점을 들어 동구 주민들과 그 밖의 지역민, 생태적 환경단체들을 비롯한 시민단체 등이 나뉘었고, 보존 건물의 존치와 변경 등에 대한 추진단과 시·중앙부처, 시민단체 등의 이견이 장기적으로 지속되었다.

물론 이 과정의 비판적 지점은 민주정신의 담론 공간에 대한 합의된 지향점을 도출하지 못하고 기억과 재생의 과정에서 비민주성을 견인하고 만 공간 주체의 태도에서 먼저 발견된다. 하지만 이 파괴된 심리적 통일체를 포괄하는 구조적 모순은, 정작 공간 속에 보고 듣고 생각하고 느끼며 인식과 감성의 변화를 경험하는 실제 이용자의 이해와 요구 수렴에 앞서, 선별된 문화적 은유와 예술적 추상성을 출발점으로 삼아 이를 공간에 이식하는 관제적(官製的) 방식의 추진 과정에 있었다.

문화체육관광부의 산하기관인 이곳의 주 용도는 문화 및 집회시설이며 기관설립의 취지는 '5·18 민주화운동(May 18 Democratic Movement)의 인권과 평화의 의미를 예술적으로 승화한다는 배경에서 출발'하고 있다. 하지만 ACC 설계의 가장 큰 성과는 오히려, 사용 방식과 상징의미에 관한 기존 공간 이용자들의 기억을 파격적으로 해체하고 더 이상 익숙하지 않은 타자의 낯선 공간으로 그곳을 감지하게끔 만들었다는 데 있을 것이다. 예를 들어, 구 전남도청의 용도별 공간 구획과 공간 진입을 위한 경로가 비교적 명징했던 것에 비해 현재 ACC의 공간적 특징은 다분히 모호하고 폐쇄적으로 변모한 측면이 있다.

이곳의 공간은 대지면적 110,243m^2, 건축면적 22,324m^{2}로 현재 민주평화교류원, 어린이문화원, 문화정보원, 문화창조원, 예술극장, 아시아

문화광장으로 나뉘어 사용되고 있다. 건물용도 및 기관설립의 취지에 있어서 예전 도청 광장이 지녔던 공론과 공감의 장소성보다 예술적 승화와 변이의 성격이 더 강하게 드러남을 알 수 있다. 또한 ACC는 전문 해설사의 스토리텔링을 바탕으로 공간 내부를 둘러보는 몇 가지 투어 코스를 안내하고 있다. 그 중 방문자에게 전당 건축물의 전체적 이해를 돕기 위해 제공하는 기본코스 투어에만 약 60분이 소요된다.[15]

물론 이곳 투어의 목적이 단지 진입과 이용이 아니라 이해나 향유를 포함한다는 점에서 그 시간을 상대적으로 이해할 수도 있을 것이다. 하지만 이곳의 공간 구획이 낯설게 세분화되면서 건물의 실제 용도가 사전 신청 및 매표 절차를 통해 선별된 이용자나 공간 배치와 내부 동선에 익숙한 이용자에게 전용(專用)되는 경향이 있다. ACC 내부에서 이용

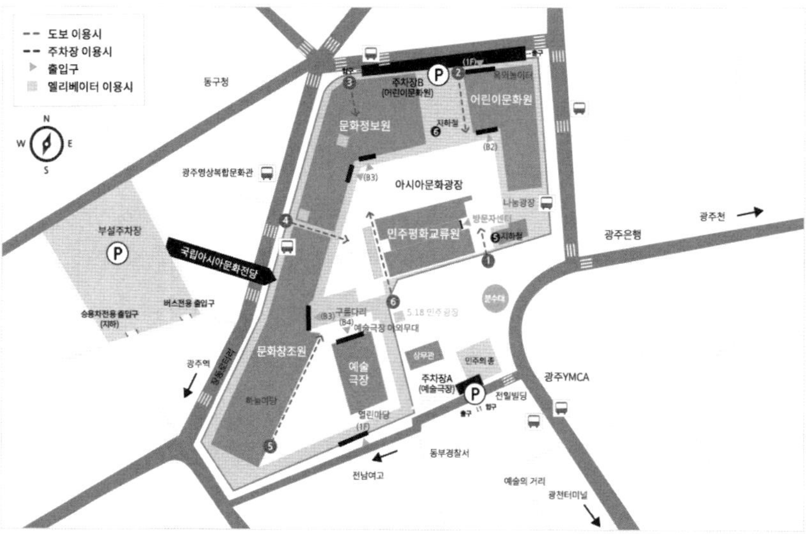

그림 2-2. 국립아시아문화전당(ACC) 홈페이지의 '오시는 길' 안내

하려는 공간을 〈그림 2-2〉에서 제시된 경로 안내를 따라 단번에 찾아가기란 쉽지 않다. 내부에서 이동 역시 몇 번에 걸쳐 층간을 이동하거나 눈에 잘 띄지 않는 방향 표시와 공간 이름을 찾아내야 하는 번거로움을 수반한다. 첫 방문자가 지하 주차장에 주차를 한 뒤 목적지를 찾아가려 할 때 주차요원의 안내 없이 최단거리 동선을 향한 출구를 찾기도 어렵다.

따라서 방문자에게 이곳은 미로와 같은 인상을 주며, 정확한 목적 없이 이 공간에 접근하는 것은 불편한 일이 된다. 방문자센터를 지나 건물 내부의 아시아문화광장으로 들어서면 그 광장에서는 바깥의 분수대 광장이 보이지 않는 구조로 되어 있다. 구 도청 일원은 금남로와 분수대 앞 광장, 상무대 등을 아우르며 공감과 공론의 결합 공간으로 기능해왔고 그러한 기억과 감성을 장소성으로 지녀왔다. 하지만 이 공간은 이제 장소가 만들어내는 현재진행형의 담론이 아닌, 과거로 분절된 사건의 기념과 답사를 위한 공간으로 재구성되었다. ACC의 건물들은 예술극장, 어린이 놀이 공간, 문화생태공원, 회화나무 작은숲공원, 광주읍성터 등으로 둘러싸여 민주주의 수호와 저항의 기억을 문화와 예술의 표상으로 탈바꿈시켰다.

물론, 기관의 제도적 공간이 시민의 생활공간으로 환원된 그 상징성을 환영하는 견해도 있다. 그러나 여기서 간과해서는 안 될 지점은 공간이 타율적 구조화를 거쳐 변형되는 경우에 그 공간 이용자는 지속적으로 공간 이용에 있어 타자가 될 수밖에 없다는 점이다. 사건이 발생한 공간을 재배치한 후 낯선 동선과 새로운 경험들이 생성되기 시작하면 기존의 공간 구조에 담긴 정보와 기억들이 과거 완료된 것으로 전환되고 현재와 과거의 사건 사이에 거리감이 생성된다. 이것은 바로 사태를 바라보는 관점을 전환적으로 연출하고 특정한 기억을 망각에 이르게 하는 원리라고도 할 수 있다. ACC는 분수대와 그 옆의 5·18민주광장을 공간 분리하는 동시에 최소화하고, 이곳의 장소성을 문화와 예술의 표상으로 탈바꿈하면서 그러한 공간의 경계를 최대화했다. 그 과정에 적용된 방법은 바로 '낯설게 하는 것'과 '보이지 않게 하는 것'이다.

물론 분수대 광장과 구 도청 일원이 완전히 멸실된 것은 아니다. 하지만 실상, 구 도청 일원은 ACC 건립으로 인해 아름답게 치장한 요새(要塞)가 된 것이라고 할 수 있다. 다른 한편, 이것은 어떠한 공간을 매개로 하여 기억을 공유하는 집단의 정체성이 그 공간의 용도와 분위기를 결정하는 데 주도권을 지닌 층에 의해 타율적으로 변화할 수 있음을 나타내기도 한다. 삶의 환경이 변화되어 일상적이었던 자신의 생활 방식을 유지하기 어렵고 유의미했던 경험적 정보들이 무가치해졌다고 여겨질 때, 새로운 적응을 위한 에너지의 소진 뒤에는 사회적 괴리감과 내적 허무감이 발생하게 된다. 즉, 타율적으로 이루어지는 장소성의 연출이 문제적인 이유는 그것이 그 공간을 삶의 터전으로 삼는 주체로서 자아를 소외시키고 그 공간을 허무하거나 두려운 곳으로 인식시켜 자아의 안정성을 위협하기 때문일 것이다.

‖ 아고라포비아를 넘어: 광장의 복권

제프리 올릭은 그의 저서에서 '장기적 관점에서 볼 때 기억이 정신 외부로 이동해왔기 때문에, 기억행위와 연관된 물질적 수단을 강조하지 않고 기억의 역사를 이야기하기란 사실상 불가능'[16]하다고 주장한다. 비록 집단 기억을 도구적 개념에 한정시킬 수는 없을 것이다. 하지만 기억

행위와 물질적 수단의 긴밀한 관계를 염두에 두고 볼 때, 도청 분수대 광장은 시민에 의해 광장으로 드러났으나 국가에 의한 설계와 공간 조작에 의해 기억의 역사를 이야기하는 도구적 기능이 훼손된 예라고 볼 수 있다.

밀런은 시민들의 감정구조와 근대 도시 공간의 관계에 관한 연구를 통해 광장 공포증(agoraphobia)이라는 병리적 현상을 부각시켰다. 서도식은 밀런의 관점에 따라 아고라포비아를 바라보면서 그것을 "근대적 개인이 도시 공간을 경험함에 있어 상호신체성을 기반으로 한 도시 공간의 사회성을 망각"[17]할 때 나타난다고 말한다. 그리고 그것이 병리적인 것으로 이해되는 이유는 근대적 도시의 공적 공간에 공적 자아가 비어있고 사회성이 공동화되어 있기 때문이라고 말한다. 바로, 아고라포비아는 '합리성이 감성을 억압하고 지배하는 근대성의 특징에서 비롯하는 것'이며 '합리적으로 무장된 근대적 자아가 자신의 몸적 주체성이 상실되었을 때 빠져들게 되는 병리적 현상'이라는 것이다.[18]

광장이라는 공간 속에 일상적 경험과 함께 사회적, 역사적, 문화적인 기억과 감성이 담겨 있을 때 광장은 그것을 만들어낸 이들의 것이 된다. 신체에 깃든 기억이 없다면 도청 분수대는 단지 도시경관을 꾸미는 조형물이나 교통의 순환을 위한 거리에 불과하며 도청 일원은 광장의 형태로 지각되지 않을 것이다. 물적 공간이 광장의 형태를 지니고 있어서가 아니라, 그곳을 광장으로 인식하는 시민들의 기억과 그 공간에 담긴 감성이 있기 때문에 광장의 형상이 재현될 수 있는 것이다.

혁명이 아닌 문화를 키워드로 내세운 구 전남도청 일원의 장소성 변이는 근대적 합리성을 내세운 시장과 정치의 이해관계가 타협을 이루어낸 결과라 말할 수 있다. 여기서 광장의 주체였던 시민은 빠져있는 것이다. 조절과 통제를 시스템으로 지니는 물적 공간들이 거대한 양상으로 존재하고 그 시스템의 설계와 운영 과정에 인격체이자 삶의 주체로서 시민이 소외되어 있을 때 그 도시는 아고라포비아를 내포한 공간이 된다. 분수대와 5·18민주광장은 공간 구획과 경관 재생 과정을 통해 역사적 기념 공간으로 전시화(展示化)되고, 시민의 결집이 아니라 시와 국가의 일상적 관리 영역 속에서 가시화되고 있다. 이러한 점에서 ACC의 건립은 구 도청 일원을 오월 광주로부터 탈감성화된 공간으로 변이시키는 데 영향을 미친 사건이라 말할 수 있다.

아고라포비아는 단지 근대적 도시 공간과 결부된 특수한 심리적 반응으로 이해되어서는 안 된다. 아고라포비아의 심각성은 도시 공간을 구성하고 도시를 구조화한 주체로서 시민이 자신의 주체성을 인식하거나 발현하지 못하고 협소한 개인의 영역에 스스로를 유폐시키게 된다는 데 있다. 반면, 도시가 개인으로서 시민의 자유의지를 문화적 지원을 통해 고취시킨다고 보는 시각도 있을 수 있다. 하지만 사적 공간의 확보나 자율적 생활양식의 보장 등, 다채로운 개인의 정체성을 지지하기 위한 정책은 그것을 결정하고 실현하기 위한 과정에 시민과의 소통을 위한 공적 담론의 공간을 반드시 전제하여야 한다. 그리고 그 공간은 관리와 통제의 시스템에 의한 것이 아닌, 시민의 자율적 결집과 해산, 몸에 깃든 기억과 감성이 공론과 공감을 통해 공유될 수 있는 일상 속 현장이어야 한다.

그렇지 않고는 광장 즉, 집단적 소통의 공간은 차츰 이질적이고 텅 비어버린 무기력한 공간이 될 것이다. 밀런이 말한 “공적 자아(public self)를 상실한 근대적 자아(the self in modernity)”[19]는 바로 이러한 공간 속에서 아고라포비아를 불특정한 타인의 병리적 증후로 여기면서 자신의 사회적 고립을 인지하지 못하는 개인을 가리키는 것이라 할 수 있다. 젠트리피케이션의 개념과 세세한 배경을 언급하지 않더라도, 우리는 거리에 문화공간이 이식되는 현상이 거리의 일상을 만들어가던 이들을 긴장시키면서 문화적 밀물 속에 그들을 고립시키는 일이라는 사실을 알고 있다. 문화공간은 자본의 투입을 견인하며 공간 구성의 정치에서 주도성은 자본량의 기준에 의해 나뉜 권력계층의 것이 되기 때문이다.

공간 구성의 정치에서의 주도권은 곧, 일상적 영역으로 공간을 이용해왔던 이들의 배타적 소외 내지는 패배적 탈출을 견인하곤 한다. 본디 자연적으로 발생했던 거리나 골목을 도시 계획에 의해 대로로 정비하는 과정은 단지 물적 유통이나 경관 개선에 관여되는 것이 아니다. 이것은 기존의 삶을 구성하고 사회를 구조화하는 힘을 지녔던 다양한 계층의 감성과 표상 기억 등을 통제와 일원적 인식이 가능한 정보로 바꾸는 재구조화의 과정이 될 수 있다. 즉, 공간의 권력은 그 장소를 구성하고 향유하는 과정에서 생활 적합성, 즉 자신의 삶에 유리한 방향을 논의하고 반영할 수 있도록 소통의 창구를 확보한 이들 앞에 놓인다고 볼 수 있다.

따라서 아고라포비아 혹은 그것과 유사한 광장 기피 인식들은 극복되어야 한다. 예를 들면 집단적 결집 자체를 혐오하거나 일상을 위협하는 이질적 대상으로 받아들이는 인식이 그러하다. 사회정치적이고 집단적인 발화가 특정한 이념성을 지닌 것으로 매도되거나 공론의 논의 가치와 무관하게 정치적 입지의 우선성을 다투는 사건들의 누적은 아고라와 담론에 대한 무가치성과 담론 과정의 피로감을 느끼게 하기 때문이다. 대신, 공간의 구성과 사회의 구조가 신체의 생활 적합성에 어긋날 때 다양한 개인들이 자유로이 결집하고 다양체의 사회문화를 기획할 수 있는 공통의 공간 인식이 필요하다. 달리 말하면, 기억에 의한 연대, 공감에 의한 결집으로 다양한 공동체가 가시화되고 그들이 스스로에게 필요한 사회를 자율적으로 변이시킬 수 있는 공동 작업의 공간으로 광장을 인식하는 관점이 제고되어야 한다.

‖ 땅 위 일상을 짓는 자들의 권리의무

이 글은 공적 담론의 공간으로서 광장이 지녀온 도구적 가치에 착안하며 출발하였다. 도시의 광장은 행정적·문화적·경제적 측면에서 실체의 확인과 교류, 의식과 의견의 소통이 이루어지는 일종의 마당이었다. 그리고 거리와 골목은 크고 작은 각각의 마당들과 삶의 일상 공간이 연결되는 동선으로 공간 이용자의 필요와 욕구에 관한 정보를 제공해왔다. 2003년, 참여정부의 국가균형발전의 일환(광주 문화수도만들기 정책)으로 광주 5·18 담론 공간으로서 구 도청 일원은 문화, 예술, 경제의 키워드가 점철된 도시의 성장 담론 공간으로 변모되어 왔다. 그리고 그러한 변모 과정에서는 투자자로서 국가와 권한대행자로서 단체 및 지역주민, 교섭과 보증의 간 개체적 역할을 수행한 도시정부라는 이해관계의 다축이 존재했다.

이 글은 도시의 담론 공간으로서 광장이 물질적 구조와 추상적 인식의 측면에서 변화하게 될 때, 공간 이용자의 필요와 욕구에 근거한 자율적 탈영토화와 합리적 이해나 정책적 당위 등에 의해 타율적으로 이루어지는 공간의 재영토화 사이의 비판적 경계에 주목하였다. 그리고 공간 변형에 있어, 그 공간을 실제 일상 속에서 이용하며 그곳이 지닌 역사·문화적 장소성을 현재에 이르기까지 구성해 온 공간 주체의 자발적 동인과 자율적 구상이 반영되지 못하는 경우의 폐해와 대안점을 논구하고자 했다. 아시아문화전당을 중심으로 한 구 전남도청 일원의 재구성 사례를 볼 때, 공간 권력을 둘러싼 기억 투쟁의 과정에서 주체성의 상실이 가져오는 도시적 병폐란 '변형된 공간의 사화(死化)' 또는 '인식의 기계적 사물화(事物化)'를 경험하는 일이라 말할 수 있다.

물론, 기억 투쟁의 공간으로서 구 도청 일원의 재구성 과정을 단지 권력 재구조화의 원천으로서 관제적 혹은 관 주도적 이식 행정에 의해서 배타적으로 유인된 것으로만 볼 수는 없다. 일상과 인식을 선순환적으로 발전시키기 위해 지향점을 도출하거나 합의하지 못한 분파적 쟁론, 공간을 파편적 점유 대상으로 바라보고 각기의 삶이 근저에 공유된 것이라는 사실을 인식하지 못한 지역주민의 협안, 새로운 동선과 구조적 디자인에 담길 공간 인식과 삶의 서사가 공간 주체의 과거와 미래를 포괄하며 성숙한 가치를 제공하는지 고려하지 않은 도시 시민의 병폐적 무관심이 상호작용하여 소통을 파괴하다시피 했다. 그리고 이로써 광장의 변화는 인식과 용도 가치의 양 측면에서 하락과 단절을 가리켰다.

이는 공간의 장소성 변형이 단지 공간 이용자의 인식 변화를 요구하거나 강제하는 것만으로 이루어지지 않음을 보여준다. ACC를 비롯한 문화도시공간의 경우, 이곳이 도시의 재생과 범사회적 소통을 이루는 거점으로 기능하기 위해서는, 삶 공간에 이식되다시피 한 낯선 지형과 지물 위에 공간 이용자의 일상적 동선을 끌어오는 과정이 이어져야 한다. 말하자면, 광주의 5·18 담론 공간은 그곳을 매개로 역사 속에 새겨진 인권의 테제들—가령, 국가폭력과 저항 과정의 트라우마, 그것의 해법 등—을 논의하기 위한 상시적이고도 강렬한 발제의 역할을 할 수 있어야 하고, 상흔으로 남은 경험적 인식을 일상적이고 민주적인 담론의 층위까지 끌어올리는 성찰적 소통을 경험하여 시민 스스로 공간을 향유하고 장소성을 변형시킬 수 있도록 해야 한다.

이승권·양희주는 "과거의 상처를 치유하고 새로운 아시아의 미래를 위"[20]한 동아시아 문화도시의 비전 아래, 광주가 진정한 문화중심도시로 발전하기 위해 필요한 타당한 전략들을 제안한 바 있다. 그 연구에서는 진정한 문화중심도시란 "역사와 문화의 흔적이 남아 있는 공간을 확보한 도시"[21]이며 이를 위해 광주에서는 역사문화유산 발굴이나 문화생태지도 구축, 시민들의 적극적 참여 등이 필요함을 역설한다. 하지만 그 발전 방안과 전략들이 충분히 수용할 법한 구체성과 예견된 효용성을 지니고 있음에도 불구하고 우리는 그 실천적 진입에 앞서 다음과 같은 전제들을 반드시 검토해야만 한다.

그것은 예를 들어, "민주인권도시의 열정을 문화 제일주의로 승화시켜 역사문화도시로 전환"[22]하는 탈바꿈의 과정이 궁극적으로 "인간의 얼굴을 한 도시"[23]로의 전환을 이루는 실제적 과정인가. 도시가 지닌 역사적 상흔이란 것이 물질 재구성에 의한 1차적 변화와, 그것에 담기는 비물질의 전환적 양태에 의해 역시 '실제적'으로 치유될 수 있는가. 예향, 혹은 문화중심을 향한 광주의 전환이 실패했거나 혹은 지연되고 있는 이유는 도시의 구조나 이미지의 변화 과정이 시작되어야 할 자발적 동인, 즉 이 도시의 발생적 근원이라 할 수 있는 광주시민의 필요와 욕구를 이해하지 못했거나 편의적으로 외면했기 때문은 아닌가 하는 성찰적 지점들이다.

한은숙은 도시경관 재구성의 과정에서 문화와 경제를 아우르는 정치적 갈등 관계에 주목한 한 그의 연구에서 '구 도청 부지의 재개발을 둘러싼 담론과 갈등은 곧, 도시에 대해 행위주체들이 어떤 인식의 틀을 가지고 있느냐에 따라 공간적 실천이 달라짐을 보여준다'고 말한다.[24] 앞서 말했듯이, "공간의 변화를 통해 도시이미지를 바꾸고 새로운 문화도시 브랜드를 개발"[25]하는 과정, 즉 문화도시 건설을 위한 전략에 있어 앞서야 할 것은 자발적 변화의 동인을 시민 스스로 체감하도록 하는 것이다. 그래서 실제 그 공간을 이용한 공간 담론을 추상적 층위에 누적하고, 그것이 집계하는 인식의 틀에 근거하여 물질과 제도의 층위에 공간적 실천을 적용해야 하는 것이다.

결국 광주의 5·18 담론 공간은 그것을 다시 혹은 다른 형태로 기억하고 기념하며 그 기억의 연대를 발판으로 또 다른 교류의 가치를 창출할 수 있도록, 그 공간을 경험하고 기억해 온 자들에게 환원되어야 한다. 특히, 이 같은 공간의 재구성 논의가 단기적 행정편의를 위해 공간 이용자를 표본화하고 그 속에서도 단편적으로 의견을 추출하는 과정이 되는 것은 경계해야 할 점이다. 말하자면, 구 전남도청 일원이 문화와 예술의 표상으로 새롭게 지표화되는 것의 여부는 사안의 발제 후 조직적 동원과 동의로 결부될 수 없는 의식적 측면의 문제다.

즉 공간이 표상하는 장소적 의미나 그것의 형상화 방식이 재구성되는 것은 공간 이용자의 인식적 체험이나 발화의 교류에 후행하는 동의와 공감의 결과로 나타나야 한다. 가치가 보증된 의미가 지표에 선(先)지정 후(後)공표되는 방식이나, 그 의미가 문화예술적 식견과 재능을 소유한 이들에게 제한적으로 분석·향유되는 것이라면 그 공간은 이미 공적 자아를 상실한 채 소외된 이용자를 예정하고 있다고 볼 수 있다. 또한 그러한 지표화의 행위가 기존의 장소성을 지닌 공간의 탈구(dislocation)를 시도하는 정치적 억압의 새로운 형태로 비칠 가능성도 없지 않다.

따라서, 공간의 장소성 변형 과정은 공간에 관한 다양한 층위의 담론을 구성하고 그것이 일상적 생계 구조와 결합된 네트워크나 개인미디어 등을 통해 폭넓고 장기적으로 공유되는 논의를 선행해야 할 것이다. 그 논의의 지향은 상상력에 기반을 둔 변화의 그림을 공간 이용자들이 자율적으로 구상하고 스스로 그 안(案)을 선택할 기회를 제공하는 것, 공간 이용과 변화의 이해에 각 시민의 일상이 개입되도록 하는 것에 놓여야 한다. 그러한 나아감은 곧, 이 도시의 시민이나 방문객이 “상상력과 인문적 사유를 바탕으로 도시라고 하는 텍스트를 읽고 해독”하는 ‘플라뇌르’가 되는 과정이며[26], 역사 속 실패나 상처를 반추하고 조정하여 비약과 훼손 없이 문화적 재생에 이르는 과정이라 할 수 있을 것이다.

한국 봉기蜂起 매체의 도구적 특성

‖ 집결체, 생존의 변곡점에서 태동하는 무기

근대 유럽사회의 매체 역사에서 '근대 초기(1400~1700년)의 매체들은 무엇보다도 투쟁 매체였던 것'[27]으로 거론된다. 파울슈티히에 의하면 "근대 초기의 새로운 매체 문화는 당시 유럽 사회의 새로운 수요와 필요의 상황에 따라 예전의 낡은 매체들의 핵심적인 기능이 통합되고 예전 매체의 기능이 다른 방식으로 전환(매체의 재기능화)됨으로써 이룩된 것"[28]이었다. 그리고 그 새로운 방식의 특징으로 지적되는 것은 '그 다양한 매체들이 지닌 선동적이고 투쟁적인 성격'[29]이었다. '선동적일 뿐만 아니라 정보와 가르침을 전달하는 기능을 지닌 전단지, 이데올로기적 단일화와 집단을 안정시키는 기능을 지녔던 소책자, 무제한적 정보 기억 장치이자 문맹률을 줄이는 장치로서 서적'[30] 등은 종교 개혁기에 상호 결합하며 소위 투쟁의 무기로 도구화된 인쇄 매체의 예이다.

근대 한국사회에서 역시 문자 매체와 그것의 결합 또는 변이 양태는 봉기의 무기이자 도구로 사용되어 왔다. 오늘날 개체를 집단적으로 연결하는 데 사용되는 매체는 고대의 인간 매체나 중세 수기 매체, 공간 또는 조형 매체, 인쇄 매체를 지나 코드화된 정보 매체에 이르렀다고 볼 수 있다.[31] 더군다나 그 코드는 전(全)지구적인 범위에서 광범위하고도 동시성에 가까운 속도감을 지니며, 시공간의 제약적 궤도로부터 일탈하도록 인간을 지원한다. 이러한 봉기의 매체를 통한 공감 또는 공론의 장은 사회의 구성원들로 하여금 신체를 마주하게끔 서로를 끌어당기고 당대의 사회구조를 점검하는 적극적 회합을 수행하는 한편, 부차적으로 문화의 접합과 변이의 양태를 창출해내기도 한다.

가령, 10개의 팽이가 회전 운동을 하고 있는 판 위에서 하나의 팽이가 세차 운동[32]에 의해 다른 하나의 팽이에 부딪혔을 때, 팽이의 전체는 상호 충돌과 연쇄적 작용에 의해 이전과 다른 새로운 동선을 보이게 된다. 이것은 역사적 순환 과정에서 생존 용이성에 따라 만들어지는 자연적 리듬에 어긋남을 유도한 어떤 요인 또는 힘에 의해 문화의 접경이 만들어지게 되는 양상과 유사하다. 또한 선과 악의 입장이 뒤바뀌거나 상호 포섭되고 인간의 삶에 도덕적 딜레마가 연쇄되는 것처럼, 합리적 이성으로부터 끊임없이 일탈하며 삶의 새로운 국면을 끌어오는 자연의 특성을 간취할 수 있는 지점이기도 하다.

예컨대 전쟁은 공멸, 소멸, 파괴, 혼란의 속성을 지님과 동시에, 역설적으로 문화 간섭, 전환, 변이, 교섭, 진화, 창조, 재생의 속성으로 귀결되기도 했던 것이다.[33] 하지만 이 모순적 양상이 본디 전쟁이 지닌 양가성(兩價性)을 뒷받침하는 것으로 이해되어서는 곤란하다. 귀결된 그 측면은 생존 이후의 과정에서 자연의 재생 리듬에 따라 발휘되는 조작적 결과이지, 전쟁의 과정에서 본디 의도되었거나 재생성을 목적으로 실행된 행위의 효과인 것으로 볼 수는 없기 때문이다. 단, 이 귀결 양상이 전쟁의 어떠한 특성에서 비롯되는 것인지 살펴보는 일은 파괴적 측면을 창조와 재생의 국면으로 전환하기 위한 원리를 발견하는 측면에서 유의미할 수 있을 것이라 여긴다. 그리하여 이 글에서는, 전쟁과 같이 생존을 위협하는 상황이 집단적 경직과 위기를 벗어나기 위해 광범위한 사회결집체 구성의 계기를 마련하기도 한다는 점을 수렴하면서 논지를 이어가려 한다.

곧 이 글에서는 생존이라는 인류 보편적이고 최우선적인 가치에 집중하게 될 때 관념과 실체를 아우른 신체적 참여와 광범위한 네트워크 형성이 이루어지고, 그때 앞서 말한 전쟁의 부차적인 영향력을 도출해 낼 수 있는 것으로 가정한다. 특히 이 가정의 주안점은 그 광범위한 네트워크 형성의 발생 맥락에 있다. 그것은 이 글이 한국 근·현대 시기의 민중봉기(2017년 국정농단 관련 촛불 집회에 이르기까지)에 나타난 그 폭발적 에너지, 자신의 일상과 사회를 혁신적으로 뒤바꾸거나 현존의 상태 존속에 의문을 제기하며 광범위하게 연결되기를 거듭한 그 개인들의 군집이 도대체 왜 발생하며, 그것을 가능하게 하는 이 군집의 시스템 또는 도구가 어떠한 것인가에 대한 의문에서 시작하고 있기 때문이다.

생존 가치에 집중한 집결체로서 시민 봉기는 전시에 준하는 폭발적 사회 변동의 힘을 야기하면서도, 그 힘을 행사하는 목적과 주체의 측면에서 국가 간 전쟁이나 무력 정권 쟁탈전((coup d'Etat)과는 구별된다. 이 글은 한국사회의 근현대 삶 속에 발현된 변혁적 에너지, '파괴 후/또는 재생'이라는 전환적 원리를 바로 이 시민 봉기의 결집 과정을 관찰하는 가운데 발견할 수 있을 것이라는 전제에서 출발한다. 하지만 봉기에 대한 역사적 판단이 상대성을 지닌다는 점과, 분석 대상으로서 봉기의 사례를 물리적 대상물처럼 관찰 가능하도록 분절하기 어렵다는 점을 고려해야만 할 것이다.

사전적 의미의 봉기는 많은 사람들이 떼를 지어 세차게 들고 일어난 행위 양태를 말한다. 이는 곧, 봉기가 사람들의 시대적 공분(公憤)에 의해 발현되는 양상임을 의미한다. 그렇기 때문에 격변하는 감성적 범위를 이분하거나 확정할 수 없고, 일상 속에 반복된 패턴을 지니며 나타나는 자연 현상이나 일정한 형태를 지닌 물리적 대상물을 관찰하는 경우와 다른 관점으로 이에 접근해야 할 것이다.

뿐만 아니라 봉기의 발생 기간과 참여 주체가 확정되는 것에도 역시 다양한 이견을 나타날 수 있다. 이러한 점에서 봉기에 대한 이해는 그것의 개념이나 현상의 측면을 조명할 때 학술적 전거로 사용되기보다 정치적 입장을 뒷받침하는 자원으로 이용될 가능성이 높을 것이다. 봉기라는 형태를 명징한 개념으로 정리해내는 것이 과연 사회적 생명체로서 집결체의 운동성을 의미화는 데 유익할 것인가 하는 의문도 없지 않다. 그러므로 봉기의 형태로 포착되는 집결체 발생의 이유와 유의미성 등을 고찰하기 위해서는 그것의 생성과 운용 원리의 측면을 조명하는 것, 이를테면 참여자를 연결하는 매체의 사용 과정을 탐구하는 것이 더 적절할 것으로 본다.

하지만 적어도 이 글에서 견지하는 봉기에 대한 관점은 서두에 제시해둘 필요가 있겠는데, 그것은 다음과 같이 정리해볼 수 있다. 본고에서는 봉기라는 것이 어떤 실체적 현상이라기보다는 생존의식과 같은 모종의 강렬한 목적의식이 개체들을 연결시키는 행위 과정을 사후적으로 호명한 결과인 것으로 본다. 덧붙여 말하면, 그 생존이라는 목적의식이 각 개체를 봉기라는 관념적 형태 안에서 함께 생각하고 함께 행하는 주체, 그리하여 '각각 분리되어 있지만 서로 하나인 것처럼 함께 존재하는 자들(結集體)'의 형태로 만드는 것이다. 이처럼 의식과 감정을 공유한 개체들이 결집에 결집을 거쳐 어떤 거대한 형태로 일체화된 모습을 관념적 공간에서 표상하게 될 때, 이것은 독립되어 새로 형성된 생명체처럼 인식되면서 거시적 차원의 사회구조에 대한 변혁적 힘을 발휘한다.

개체의 환경이 목적을 설정하고 의식과 신체를 불러일으키게 된다는 이 같은 관점에서 볼 때, 봉기는 그것을 경험한 주체일지라도 역순으로 목적을 설정하여 환경을 변화시키기 위해 인위적으로 구성되거나 도구적으로 사용될 수 없다. 같은 이유로, 공론장의 투쟁과 공감장의 투쟁이 변별될 수 있으며 봉기는 그 두 양태의 투쟁이 교차하며 역사를 이끄는 과정 속에서 마치 우연인 것처럼 근대의 균열을 비집고 발현된다. 말하자면 봉기는 독립된 개념이라기보다 하나의 현상인 것이다. 이를테면, 봉기란 생존위기 앞에 불가항력적으로 결집된 인간들의 양태를 관념적인 측면에서 포착한 결과라고 할 수 있다.

단, 변혁의 힘이 발휘되어 사회구조를 봉기 주체의 목적의식에 부합하도록 변형하는 데 작용했을 때, 즉 힘의 사회적 작용력이 가시적으로 구현되었을 때 봉기는 비로소 봉기라고 호명할 수 있는 관념적 대상이 될 수 있을 것이다. 그렇지 않은 경우, 그것은 각 개체들 또는 크고 작은 모둠의 장에서 발생한 동시다발적 사건이나 흩어진 이야기로 파편화되고 말기 때문이다. 이러한 점에서 봉기는 인식적 측면뿐만 아니라 행위의 측면에서도 사후적으로 성립 가능한 관념이라 할 수 있다. 제의적 장치를 소유한 정치 권력에 의해서든 기억과 구술을 통해 그것을 포착하고자 하는 의지적 염원에 의해서든, 관념적으로 포착되지 않은 봉기는 흩어져 떠도는 잡담, 즉 그 행위 자체가 실재했었는지조차 의문시되는 허구로 전락할 수 있기 때문이다. 이러한 관점에서 보자면, 봉기는 관념적 차원에서 서로 연결된 개체들의 의식이 신체와 자연이라는 현실적 중개물을 통해 사회 구성 인자와 구조를 변용하는 데 작용한 총체적 투쟁의 양상인 것이라 할 수 있겠다.

이 글에서는 바로 그 봉기에 참여하는 이들을 연결하는 방법적 측면에서 매체라는 도구와, 그것이 전투의 무기이자 연대의 방편으로 사용되면서 발휘되는 속성을 사후적이고 관념적인 측면에서 간취해보고자 한다. 이를 위해 먼저, 한국 근현대 사회에서 봉기의 매체로 사용된 도구들에 관한 연구 자료를 메타 분석하여 봉기의 매체 기능을 수행한 것으로 판단할 수 있는 문화적 실행 사례들을 선별하였다.[34] 이어지는 장들에서는 그 검토와 분석 결과로 간취할 수 있는 한국 봉기 매체의 작용적 특성에 대한 두 가지 논점과 현재적 진화 양상을 정리해보기로 한다. 최종적으로는, 향후 한국사회에서 지역 횡단적 소통을 위해 매체가 수행해야 할 남은 과제를 제안하며 글을 마무리하기로 하겠다.

‖ 봉기 매체의 다중작업(Multitasking): 매체들의 연쇄적 결합과 기능의 확대

기미년(己未年) 3.1운동은 일제 식민통치 아래 국내와 해외를 아우른 전(全) 민족적 주권 회복 투쟁이었으며, 2019년 현재 100주년을 맞이하기까지 계급·계층을 막론하여 거국적(擧國的)이고도 공조적(共助的)인 네트워크를 조직한 사례로 공인(共認)되고 있다. 이 글에서 봉기의 매체가 지닌 속성을 들여다보는 일은 바로 이 3.1운동에서 시작한다. 특히 3.1운동은 간(間) 개체적 소통과 작용을 이루는 매체의 기능이 통합적으로 나타나고, 봉기의 발생 범위 등에 대한 역사적 판단이 상당부분 이루어져 있다는 점에서 봉기 매체의 특성을 관찰하기 위해 적절하고 중요한 텍스트이다. 말하자면 3.1운동은 '소문(所聞)이나 방문(訪問)'[35]처럼 비물질적 측면에서 정동작용과 의식적 연쇄를 이행하는 구술 행위부터 태극기나 격문과 같이 가시적이고 물질적인 도구를 아울러 사용하면서 신체 집결과 통일된 행위, 즉 집체적 형상을 민족 단위로 구현한 대표적 사례이다.

태극기를 비롯한 깃발을 국가적 상징만이 아닌 미디어의 일종으르 바라본 다음 연구에서는 3.1운동 과정 초기에 서울에서 태극기가 거의 사용되지 않았던 상황에 주목하며 봉기 과정에서 깃발이 지니는 미디어적 역할에 대해 논의한다. 이 논의는 봉기 과정에 있어서 독립선언문을 작성하고 그 선언서를 전국에서 낭독되도록 시위의 의식적 중심을 구축하는 측면의 네트워크와, 그 전국적 조직망을 지역 단위의 세부 조직망에 연결하면서 의식을 동시다발적 행동의 측면으로 발현시킨 세부 또는 하위 네트워크가 양립함을 전제로 두고 있다. 이때 깃발은 이 양 네트워크를 연결하는 매체인 동시에 각 네트워크를 활성화하고 세부 연결망을 확산시키는 조직 동력 생성의 도구가 된다.

> 3·1 운동의 현장에서 태극기를 비롯한 깃발들은 '만세'의 현장을 준비하고 구성하는 미디어로서, 운동의 역사적 현실을 반영하고 있었다. (…)[36] 독립선언서의 제작·배포를 담당한 사람들과, 태극기를 비롯한 깃발이나 격문을 제작·배포한 사람들의 네트워크는 상당히 겹치면서도 다른 반경을 가지며 작동한다.[37] (…) 이 시위(1919년 3월 4일 황해도 곡산시위)는 '독립선언서'를 전달하며 서울과 지방의 시위를 연결하는 네트워크, 지역 단위에서 깃발을 제작하고 선언서를 게시하는 네트워크, 그리고 자신의 경험을 직접 전달하고자 했던 개인의 활동이 결합하며 이루어진 것이었다. 이 각각의 준비과정과 여기에서 작동하는 사회적 네트워크는 밀접히 관련되어 있지만, 다른 연결망이다.[38]

기계적으로 양분될 수 있는 성질은 아니지만 네트워크 연결망의 중심부에는 독립선언서의 언설과 내용적 의미가, 네트워크 연결망이 확산된 하위 세부 조직에는 독립선언 의식이 상징화되어 행위에 담기는 양상이 더욱 두드러지게 나타난다. 아래에 인용한 언술에서는 독립운동의 의식이라는 중심에서 방사형으로 확대되는 지역 독립운동 네트워크가 어떻게 독립선언의 이념을 확대하며 의식적 차원에서 서로 연결된 개체들을 확보하는지를 보여준다.[39] 즉, 독립선언서의 의미가 깃발 자체, 또는 깃발과 격문을 제작·배포하는 행위, 깃발을 들고 흔드는 행위 등으로 압축되는 과정에서 다양한 네트워크 환경과 전달자 자질 등과 간섭하며 변이되는 것이다.

> 대부분의 지역에서 실제 시위 운동을 준비하기 위해서는 새로운 네트워크가 작동해야 한다. 깃발과 격문은 이 과정에서 핵심적으로 등장하는 매체들이다. 이 과정에서 깃발들은 지역의 구체적인 상황과 민중의 현실을 반영하며 차이를 드러낸다. 특히 선언서 네트워크에서 시공간적으로 주변부에 있는 현장일수록 더 다양한 변이가 등장할 가능성이 높다. 선언서의 네트워크에서 독립선언서를 배포하는 사람은 단순한 전달자가 아니다. 독립선언서의 이념을 전달하는 역할도 같이 수행한다.
>
> (…)인식이 확산되면서, 깃발과 격문의 네트워크 수준에서 '독립선언서'의 중요성은 점점 감소한다. '독립'의 이념은 선언서의 언설을 다 이해하는 것이 아니다. '태극기'가 대표적이지만, '독립'이라는 문자가 포함된 깃발들은 민중의 차원에서 선언서가 표방하는 이념들을 압축적으로 환기하고 제시하는 미디어의 역할을 수행한다. 따라서 만세가 지역으로 확산될수록 선언서에서 깃발과 격문으로 중심이 이동하게 된다.[40]

3.1운동 초기에 '선언문, 협박문, 경고문, 결의문, 질의서, 격문, 연설문 등'[41]을 낭독하거나 인쇄 매체를 통해 배포하는 등 주로 문자 매체 중심으로 이루어졌던 시위의 형태가 이 같은 깃발, 노래, 행위(performance) 등의 비(非)문자 매체를 가미하고 운동의 전환적 에너지를 강화하며 전국적 봉기로 확대된 것으로 보인다. 이를테면 독립가, 찬송가, 창가가사 등의 노래와 작은 태극기를 손에 들고 흔드는 집체적 행위가 가미되면서 시위 양상의 중심축이 선언문의 의미에서 선언식 또는 그것의 준비과정을 통한 연대와 실천적 발현의 측면으로 이양되었던 것이다.

한편, 3.1운동을 기억하는 방법적 측면에서 1920년대 초반의 시가를 분석한 한 연구에서는 가장 많은 3.1기념시를 수록하며 기억을 도모한 매체로 상해판 『독립신문』[42]을 지목한다. 그 글에서는 『독립신문』을 비롯하여 당시 한인 매체들의 사례를 분석하는데, 다음 서술은 시가 '기념' 등의 목적성을 표명하며 생성될 때 연쇄적으로 다른 행위나 매체들을 끌어당기는 힘을 어떻게 발휘하게 되는지를 보여주는 부분이다.

> 1919년 8월 『獨立』이라는 제호로 창간된 이 신문은 같은 해 10월 『독립신문』으로 변경하여 1925년까지 발간되었다. 상해 임시정부의 기관지 역할을 했던 『독립신문』은 3월 1일을 '大韓'의 '기념일'로 공표한 임시정부의 지침에 따라 3.1운동 1주기에 맞추어 기념호를 발간한다. 3.1운동 1주년 『독립신문』은 이 기념일을 매체를 통해 공식화하고 3.1의 표상 체계를 갖추어 나가기 시작했다는 점에서 중요한 의미를 갖는다.

위의 언술에 비추어볼 때, 『독립신문』이라는 지면 매체는 독립을 위한 전(全) 국민적 동의와 의지를 관념적 의식의 차원에서 실천적 행동의 차원으로 변환시키거나 두 차원을 결합시키는 도구 또는 방편으로 기능했음을 알 수 있다. 앞서 말한 중심-하위 네트워크의 층위를 빌려 말하자면, 독립신문에 실린 여러 3.1운동 표상을 수용하면서 하위 세부 네트워크의 의식적 공감대 구성이 압축적으로 이루어질 수 있었던 것이다. 이처럼 역사적 체험을 통한 비판적 이해와 인식이 전승의 유용성과 윤리적 가치 등 이로움을 지닐 때, 그 인식을 기념 제의라는 일정한 틀 속에 보관하고 그것의 체험적 가치를 다양한 형식 속에 압축적으로 표상하는 시도는 언론이라는 지면 매체 이외에도 다양한 문학·예술적 매체형식을 통해서 유사하게 나타난다.

> (…)시가 가운데 특히 1920년대 초반에 발표된 다수의 작품이 창가, 가사, 시조 등 정형시가에 해당된다. 당시 기사, 논설, 산문 등을 참조할 때, 이들 시가는 3.1 기념식을 비롯한 한인들의 행사와 집회 현장에서 함께 부르는 '노래' 형식으로 수용되었을 것으로 판단된다. 작품의 특성과 수용 방식은 상호 영향을 미친다. 가창이 가능한 시가가 다수 창작되었기에 현장에서 노래로 불릴 수 있었고, 또한 기념식과 모임, 집회와 시위 등이 잦은 당시 한인공동체의 상황이 '노래' 형식을 이끌어냈다고 볼 수 있다. 일정하게 반복되는 리듬과 가사는 시가 형식에 규칙성과 통일성을 부여하며, 노래 부르는 사람들의 행동과 의식에도 영향을 미친다. "삼월초하루", "만세", "만세소리", "태극기" 등 금기와 불온의 언어를 육성으로 노래할 때, '제창', '동창' 등의 함께 노래 부르는 행위는 3.1 운동의 집단 기억을 상기하고 확산하는 계기가 되었을 것이다.[43]

의식 확산의 네트워크 속에서 연대를 위한 호명을 이행하는 도구이자 압축적 표상으로 사용되는 문학예술 매체 형식의 한 예는 '기념시'이다. 위 인용된 글에 나타나듯이, 시는 '집단 기억을 상기하고 확산하는 계기'로 집단이 함께 사용할 수 있는 공동행위의 자원이었다고 볼 수 있다. 또한, 시가 무엇을 기념한다는 목적성을 지니며 기념시라는 것으로 쓰이고 불릴 때 그것이 하나의 매체적 형식으로 지닐 수 있는 효과는 여러 부차적인 것들을 양산해낸다. 은닉된 의미의 기호 해독이 필요한 문학예술 장르로서 시가는 그것에 담긴 의식과 정조를 대중적으로 공유하고 신체들을 일체화된 행동으로 움직이도록 만들 수 있는 노래, 강렬한 기억을 그 노래와 함께 장면 이미지로 저장시키는 몸짓 등의 형식들을 연계하면서 목적 수행의 효율성을 꾀한다.

‖ 봉기 매체라는 융합의 장(Melting Pot): 간(間)-개체적 결합의 공간 창조

역사 속 체험적 가치를 표상 매체 속에 압축하며 사회문화적 공인을 시도하는 과정은 3.1운동 이후 근대에 이르는 봉기의 흐름 속에 유사하게 나타난다. 예를 들어, 다음의 1980년대 목판화 운동을 중심으로 한 미술운동이 그러하다. 판화 운동은 이미지의 대량복제를 통해 문자 매체의 더딘 이해를 보완하고 공공언론매체의 사용권을 상실한 맥락 속에 대중적 호소를 꾀하려는 시도였다. '대중집회의 선전물이나 걸개그림, 벽화, 깃발(그림), 회화, 표지, 삽도 등'[44]은 미술운동의 범주에서 공동창작을 통해 집단적 네트워크를 조직하거나 실천적 표상 행위를 통해 운동의 의식적 층위에 동의함을 표명하는 사례들로 볼 수 있다.

> 1980년 5월의 충격과 좌절을 딛고 목판화운동을 중심으로 미술운동이 주도되었다.(…) 판화운동은 시민에게 쉽게 다가갈 수 있었으며 인쇄매체에 의해 5월의 정황을 알리는 데 파급효과가 컸다. 판화는 1980년 5월 광주의 규명운동 선상에서 시작되었다고 할 수 있다. 또한, 목판과 고무판 등에 칼로 새긴 흑백 대비의 강렬한 오월의 이미지는 살아남은 자들의 저항의지를 뚜렷하게 보여주는 표현 형식으로 각인되었다.[45]

한편, 미술운동범주의 경계에 놓인 한 갈래로 "세로 형태의 천 위에 글씨를 쓴 것으로 열사들의 장례행렬에 등장"[46]하거나 놀이굿 또는 행진굿의 부대 장치로 사용되곤 했던 '만장'을 들 수 있다. 만장은 문자매체이자 깃발에 준하면서 실천적 행위를 연계하는 비문자 매체이기도 한 미술운동범주의 한 갈래로 볼 수 있을 것이다.

> 1980년대 영화운동은 일종의 관객운동으로서 한국영화의 다양성 부재와 정치적 통제로 인한 문화적 욕구 충족에 대한 불만과, 1980년대 사회변혁운동의 이념이었던 민족·민주·민중운동의 도구로서 영화 매체의 가능성에 주목한 대안 미디어운동의 요구가 만나 등장했다고 할 수 있다.[47]
>
> (…)소형필름 매체를 기반으로 1980년대 초반에는 다큐멘터리와 극영화, 실험영화 등 다양한 장르의 단편영화를 제작하다가 1987년 이후 장편 극영화 제작으로 점차 방향을 잡아갔던 '영화운동' 단체들(…), 1987년 이후 비디오를 주요 매체로 삼으며 기획보도영화, 뉴스릴, 다큐멘터리 영화 등을 제작했던 '영상운동' 단체들(…), 이들은 회원들의 토론과 대화에 기초해서 영화의 주제와 내용을 결정하고 역할을 분업하는 집단창작방식을 원칙으로 하면서, 농민이나 노동자를 출연자로 기

용하거나 시나리오 작업에서 자문을 구하는 방식으로 영화의 민중성과 사실성, 현장성을 담보하고자 하였다.[48]

1980년대에 제작과 배급의 측면에서 자본과 정책에 귀속됨을 거부하면서 민중성과 대중성 속에 자율적 영화제작을 꾀한, 이른바 '비제도권 영화 운동'에서도 하위 네트워크의 실천적 행위와 압축적 표상 중심의 활동이 나타난다. 이때 봉기 매체로서 영화는 사진, 문학 등과 같이 기호와 사물을 부차적 매개물로 이용하는 측면에 놓여 탈춤이나 마당극, 민요, 풍물굿 등과 같이 신체를 직접적 매개물로 이용하는 경우와 비교될 수 있다. 즉, 후자의 경우에는 공유하고 전파할 내용을 마련하고 이것을 연행할 실제 참여자들을 담보한다는 점에서 효용성을 지니는데 비해, 영화는 확산과 전파를 위한 형식적 경쟁력과 파급력 확보에 그 용도의 주안점이 놓여있는 것으로 보인다.

한편, 80년대 비제도권 영화 운동의 의도는 주류(제도권) 영화계로부터 상연 공간, 작품 함의, 생산 방법 등의 측면에서 분리되려는 것으로 파악할 수 있다. 기존 주류 영화계에서 상용되던 35mm 필름이 아닌 8mm, 16mm 소형필름을, 상업 영화관이 아닌 이동 영사방식을 활용한 상영을, 연출과 구현의 측면에서도 생활 속 노동자들이 직접 참여하는 방식을 취하면서 자본과 검열의 권력에 포획되지 않는 독립성을 꾀하는 점이 그러하다. 이들[49]은 농민, 노동자, 학생 등의 삶을 영화의 배경으로 삼고 또한 이들을 배우이자 관객으로 삼아 영화의 향유자를 영화 제작의 주체로 전환하고자 하였다.

즉, 이들은 영화의 제작과 향유의 전 과정을 개방하면서 사회적 네트워크의 범주 안에서 그 구성의 맥락을 함께 이해하고 공유할 뿐만 아니라, 그것을 재구성하기 위한 의식적 층위까지로 참여의 질과 폭을 증진하려 한 것이다. 비제도권 영화 운동은 형식적 측면에서 영화 순회 상연 등을 통해 네트워크의 의식적 중심을 전국적이면서도 개별화된 단위로 확대하는 동시에, 내용적으로도 각개의 삶에 근접한 문제의식을 영화 속에 재현하는 방식을 취했다. 추상적 의식의 층위를 일상적인 삶의 범주에서 구체적으로 가시화하며 공감적 연대를 이끌어낸 사례라는 점에서 비제도권 영화 운동의 한 의의를 찾을 수 있을 것이다.

> 마당극은 여럿이 한꺼번에 동일한 메시지를 주고받는 집단적인 전달 매체이다.[50](…) 마당극은 이미 공연 자체가 저항이요, 투쟁인 이 시대의 싸움굿이었다.(…) 80년 '광주'의 체험 이후에 시나 소설에서 거의 끊임없는 주제로 반복되는 '살아남은 자의 부끄러움'조차 마당극에서는 우선 은폐되고 왜곡된 진실을 널리 전하고 알려서 대중의 의식을 깨우치고 저항을 불러일으키는 것을 일차적인 목표로 삼았기 때문이다. 이러한 강렬한 저항의지와 운동적 필요성 때문에 마당극은 당연히 저항매체로서의 성격과 기능을 가지게 되었다.[51](…)
>
> (80년대에 이르러)마당극은 단순한 연희의 차원을 넘어서서 사회 민족민주운동 선상의 문화운동에 참여해야겠다는 뚜렷한 자각을 하게 되고, 이러한 사회운동의 흐름과 맥을 같이 하면서 부분운동으로서의 특수성을 살려나가기 위한 보다 구체적인 운동이론과 실천 경험을 쌓게 된다. 이와 함께 문화운동으로서 대중화에 대한 필요성을 절감하고 마당극은 대학 캠퍼스를 뛰쳐나와 공장과 교회, 마을, 장터 등 민중의 생활 현장으로 파고 들었다.[52]

뜬패, 두레패, 뜬두레패 등으로 불리는 연희패에 의해 연행되는 현장

재담극 형식으로 마당극 역시, 일상생활 속에 당면한 문제를 극화하고 공연에 참여하며 공조적인 하위 네트워크를 구성하는 하나의 방법적 매체로 볼 수 있다. 위의 언술에서는 마당극 운동의 실천 배경이 대학 캠퍼스에서 민중의 생활 현장으로 이동했다는 점을 알 수 있다. 이것은 단순히 경험적 공간의 확산이나 연대적 대상의 증가를 나타낸다기보다 이 이동이 운동의 의식적 의미를 실천적 행위로 구체화하고 현실화하는 전환적 계기임을 함의하는 것으로 볼 수 있다. 80년 광주의 경험을 계기로 문화 운동 저변에는 "'정치성'을 배제한 운동이란 결국 허약한 문화주의에 빠질 수밖에 없다는 자각"[53]이 일었다. 때문에, 단순한 양적 대중화가 아닌 진정한 체험적 인식이 바탕이 된 민중 주체의 표상 매체가 필요하다는 생각이 마당극을 통해 발현되었던 것으로 보인다.

> 문예운동은 변화무쌍한 예술적 형식을 빌려 기존과 다른 새로운 내용을 대중들의 감정에 호소함으로서 기억을 환기시키고, 그들의 정서에 새로운 질서를 부여하는 중요한 지적 활동의 한 측면을 담당하였다.[54](…) 노래는 지극히 개인적인 것이지만, 같이 부를 수 있는 사람들이 모이면 연대가 가능하고, 집단행동이 가능하도록 하는 동력이 된다는 점에서 노래운동을 통해 개인에게 각인된 시각과 공간, 그리고 그 내용은 상상의 공동체를 가능하게 한다. 노래는 그 가사 안에 담론투쟁의 시간과 공간적 요소를 담아낼 수도 있고, 혹은 노래를 수행하는 시점과 공간의 점유를 통해 담론투쟁의 한 방식으로 수행되기도 한다. 의례는 담론투쟁 과정에서 시·공간에 대한 투쟁이 가장 격렬하였지만, 노래운동과 같은 담론 매체들의 시·공간 점유는 의례에 비해 보다 용이하다.[55]

한편, 위의 연구에서는 같은 시각에서 바라본 시야와 공통된 정서적 기억을 한 공간 속에서 만들어내고 공유한다는 점에서 노래운동의 매체적 유용성을 지적하기도 한다. 이것은 노래를 통해 개인과 집단이 교차하는 층위에서 기억과 정서의 향유가 가능하고, 그리하여 개인의 지적 활동과 연대적 상상 활동이 함께 이루어질 수 있다는 것으로 이해할 수 있다.[56] 위의 언술에서는 노래운동의 경우, 여타의 의례에 비해 시공간 점유가 더욱 용이함을 지적하고 있다. 이것은 다른 한편, 노래운동이 감상과 노래 부르기의 행위, 공간의 정서를 공유하는 네트워킹을 통해 의식적 차원을 실천적 층위로 연계하는 비문자적 표상 매체가 될 수 있음을 의미하는 것으로도 볼 수 있을 것이다.

한편, 봉기의 현장에서 물리적으로 단절되어 있지만 의식적으로 연결되어 있는 디아스포라적 하위 네트워크의 활성화 과정도 흥미롭다. 1919년 3.1운동 이후와 1980년 5·18항쟁 이후에 나타나는 해외 매체의 사건 표상은 사건의 직접적인 현장에서 이루어지는 네트워크 조직과는 또 다른 실천적 행위 효과를 거두고 있는 것으로 보인다.

> 해외 매체의 3.1표상은 국내와 차이가 있다. 특히 1920년대 초반 국내 매체에서 3.1은 검열의 대상이자 금기의 부호로서, '그날', '그때' 등의 지시어나 복자 형태 등 간접화된 방식을 통해서만 표기될 수 있었다. 이처럼 은폐와 침묵의 대상으로서 3.1표상이 존재했던 국내 상황과 달리, 해외에서 3.1은 공적·집단적으로 기억/기념하는 의례의 대상이자 증언과 고발의 대상이었다.[57]

광주 항쟁과 이후의 광주관련 담론의 전개는 국가 내외부에서 동시적이고 거시적인 저항 운동을 낳았다. 재일 한인 지식인들이 중심이 되어 동경에서 발간한 종합지 『한양』(1962년 3월 창간-1984년 4월 폐간, 발행 및 편집 김인재)은 1980년 광주 항쟁이 일어나자 즉각 이에 대한 담론적·문학적 대응을 시작한 대표적인 해외 교민 매체 중 하나였다.[58] (…) 『한양』 게재 시인들은 일본 뿐 아니라 미국, 프랑스, 캐나다 등 다양한 국가들에 거주하면서 『한양』에 광주 항쟁 관련 시를 보내오고 있었다. 이는 『한양』이 단순히 재일 한인 지식인·문인들만의 공론장이 아니라 당대 전두환 정권에 비판적인 해외 교민들의 문학적·담론적 거점이기도 했다는 사실을 알려준다.[59]

위의 언술에서처럼, 흩어진 공동체로서 디아스포라적 정체성을 지닌 교민들에게 조국의 봉기는 '증언과 고발의 대상'인 동시에 '공적·집단적으로 기억/기념하는 의례의 대상'이다. 즉, 이들에게 고발과 기억은 한국의 영토 안에서 발현되기 어려운 봉기의 의식을 영토 바깥에서 재현하고 구체화하는 실천적 네트워크의 행위이다. 이 행위의 또 다른 효과는, 이들의 행위가 자신의 민족적 정체성을 재차 가늠하는 계기이자 자신의 실제 삶의 문제를 해결하기 위해 공감과 공론이 가능한 연대적 대상을 호명하는 자구책이 되고 있었다는 점이다.

스노우 등(Snow et al.)은 개인과 운동조직의 해석적 지향을 연결하고, 개인의 이해, 가치, 신념과 조직의 활동, 목표, 이념 등을 일치시키고 조화되도록 하는 것을 "틀정렬"(frame alignment)이라는 개념으로 정의하고, 이에 영향을 미치는 다양한 상호작용적, 의사소통적 과정을 미시적 동원이라고 이름 붙였다. 이것은 사회운동에서 필수적인 과정으로, 지금까지는 일반적으로 조직 내에서의 학습을 통해서 이루어져 왔는데, 인터넷의 등장과 사이버세계의 확장은 이러한 과정을 매우

신속하게 대규모로 이루어지도록 하는데 혁명적인 계기를 제공해주고 있다.[60]

위의 인용에서는 오늘날 하위 네트워크의 조직과 의식의 구체적 발현에 사용되는 진화한 봉기 매체로서 온라인 커뮤니티를 지목한다. 즉, 현대 한국사회에 이르러 새로이 등장한 봉기 매체는 미시적 관계를 교차하며 네트워크를 조직하는 온라인, 그 사이버 세계의 창구에 있다고 볼 수 있다. 촛불 집회에서 촛불은 의식적 표상의 측면과 실천적 참여 행위의 측면을 함께 아우르는데, 말하자면 전(全) 국민적 촛불 집회에서 매체적 효능의 주안점은 촛불 자체보다 촛불이라는 기호를 공유하도록 만드는 온라인 매체에 놓여있다. 태극기와 격문을 준비하는 과정과 같은 실천적 연대와 호명의 행위는, 촛불을 직접 준비하고 초에 불을 붙이며 공간을 공유하는 시점에 앞서 연대할 이들을 호명하는 온라인 속 소통이 이루어지는 시점에서 상당한 영향력을 발휘하기 때문이다.

중앙집중적 매개체에 저항하는 온라인 커뮤니티의 발명이라는 점에서, 하위 세부 네트워크의 실천적 접속을 통해 중심적 네트워크의 의식적 층위를 연쇄적으로 확장하는 시스템을 온라인 공유를 통해 동시적이고 단기적인 형태로 압축시켰다는 점에서, 그리고 역사적 체험에 대한 비판적 견해와 의식의 재구성을 특정한 체계의 중심이 아니라 다층적이고 산발적인 지점에서 발생시키고 자율적 연대의 속성을 강화했다는 점에서 오늘날 온라인을 매개로 한 봉기 매체는 다분히 진화한 양상을 보인다. 감슨(Gamson)은 "공유된 이해와 정체성에 기초하여 형성되며, 참여자들 간에 신뢰와 협동의 기반이 되고, 자신들의 집합행동을 정당화하고 활성화하는 기능을 수행"하는 개인 프레임의 일치된 틀을 "집합행동의 틀"이라고 부른다.[61] 한국사회의 촛불집회는 이제 우리 사회가 사이버 포럼을 통해 이 집합행동의 틀을 공유하고 조정해 가는 데 이르렀음을 나타내는 네트워킹 사례로 볼 수 있다.

‖ 초(超)연결의 시대, 호명과 접속의 동시다발성

가령, 한 편의 시가 어떻게 해석될 수 있을지 그 감상의 스펙트럼을 한정하거나 확정할 수는 없을 것이다. 하나의 시적 자극원은 개인의 스키마와 작용하며 다채로운 감성의 변이를 이어가기 때문에 그 해석의 결과가 매우 협소한 범위에서 획정될 수는 없는 일이다. 하지만, 한 편의 시 텍스트는 무한대의 범주에서 다축적인 비중을 지니기보다 일정한 편향성을 지니며 체감되는 양상을 보이곤 한다. 그것이 시 분석 또는 감성의 과정에서 독자가 텍스트 의미망을 구성하며 주제를 간취하는 데 이를 수 있는 이유이기도 하다. 감성적 변주의 폭을 일정한 범주로 아우르는 데에는 시 해석 과정에 공통감이 작용한다는 전제가 수반된다. 이 공통감은 문학 교육에서 시적 어조에 관해 학습하고 탐구할 수 있게 하거나 시 테라피 활동에서 텍스트의 특정한 정조를 치유적으로 활용하도록 만드는 근거이기도 하다.

이처럼 인간의 신체가 감지하는 자극의 해석이 집단 내에서 크게 유사한 범주로 묶일 수 있을 때, 그것은 인간이 선험적으로 지니고 있는 공통감처럼 인식된다. 이 공통감은 상호 확인이나 특별한 증명의 과정이 필요 없이 유전인자를 통해 공유되곤 한다. 하지만 개인의 감각적 해석 체계는 각기 상이한 요인을 지니므로, 인간의 감성 구조가 당대의 사회구조와 맞물려 생존 적합성의 여부에 달리 영향을 미치면서 그 입장 차가 극대화되는 순간이 발생하기 마련이다. 그것은 집단 내 상이한 감성적 입장들이 사회구조의 정합성 여부에 의문을 제기하는 순간이며, 개별적 감성 구조를 집단의 공통감과 비교하며 입장 차와 상호작용 맥락을 확인하기 위한 신체적 결집 상태로 나타난다. 곧, 이러한 공통감의 점검과 확인 과정이 투쟁, 봉기, 운동 등으로 불리는 대립적 당파성을 도출하는 것으로 볼 수 있다.

한 사회를 구성하는 인간들은 이처럼 공통감에 대한 끊임없는 반문과 조정을 통해 합리적이고 안전한 존속 형태를 사회문화적 구조로 조직해왔다고 볼 수 있다. 그러한 관점에서 볼 때, 봉기의 형태로 나타나는 신체적 결집은 앞서 구조화된 결과로서 사회체계가 당대 생존·생활의 측면에 여전히 이롭게 기여하는지의 여부를 검토하기 위해 발현되는 감성적 소통의 한 형태라 할 수 있다. 그리고 그 기여도가 생존 가능성을 극단적으로 위협하는 정도로 감지되었을 때, 봉기는 그 연결망 안에서 공론보다 공감의 측면이 두드러지게 나타나며 참여에 있어 불가피할 정도의 필연성에 따라 발생할 수 있다.

이렇듯 생존과 진화를 위한 연결의 필요성에서 인간은 집단이 상호 소통할 수 있는 장치를 발명하고 변형을 거듭해온 것으로 보인다. 달리 말하면, 행위 주체와 사회 환경의 생존 적합성을 기준으로 사회의 구조가 생존의 원리에 합당한 것을 향하는 자연의 리듬과 불협화(不協和)를 이룰 때, 그 구조의 조정을 위한 인간의 초인지(meta-cognition)가 작동하면서 전환 과정의 피해를 스스로 최소화할 수 있도록 상호 결합하는 방향으로 진화해왔다는 것이다.

다양한 정보 유형이 하나로 통일되면서 숫자와 문자, 영상, 음향, 더

> 나아가 맛이나 향 같은 감각 데이터들이 디지털 형태로 저장되어 전달될 것이다.(…) 디지털화로 현재의 다양한 정보 형태가 일반 매체로 동질화하면, 사회 시스템은 훨씬 자유롭게 정보를 프로세싱하고 교환할 수 있게 된다. 이는 한 세기 전에 공동 통화와 환율이 도입되어 지역 시장이 단일한 세계경제로 변환된 현상에 비견할 만하다.[62]

현재는 위의 언술에서와 같이 더욱 많은 정보를 더욱 자유롭게 프로세싱하고 교환할 수 있는 매체 진화를 지향하는 시대인 것이다. 오늘날 이처럼 메시지의 대량 배포와 동시적 공유가 가능해졌다는 점에서 매체의 사용 맥락은 다르지만, 봉기의 의식적 연대의 장에서 사용되는 매체의 부차적 효과는 공통적으로 나타난다. 그 효과란 이를테면 '한 인간을 어떤 곳에 자리하게 하는 것(being)', '개체를 모아 함께 있게 하는 것(being together)', '개체를 집단의 일체적 이미지로 구현하는 것(being as one)'을 들어 말할 수 있다. 또한 그 효과의 공통성은 봉기의 매체가 시대를 초월하여 재귀적으로 반복되는 자기유사성(fractal)을 지니고 있음을 보여주기도 한다.

비근한 사례로 2000년대 이후 광화문 일대의 촛불 집회에서 물길처럼 일체화된 이미지로 나타난 개인들의 결합을 도출한 것은 온라인 커뮤니티를 매개로 한 비지정 결합 조직들이었다. 그 일체화된 이미지는 평화적이고 고무적인 감각에 접속하는 코드에서 시작되고 다시 그러한 코드로 변환되어, 인식과 감수라는 개체의 내면적 층위에 환원되었다. 한국의 봉기 매체는 이처럼 관념과 의식을 압축적으로 표상하는 비문자적 매체를 사용하며 하위 네트워크를 하위 네트워크가 아닌 것으로, 즉 정치적 집단이 아닌 일상적 개인 차원으로부터 자율·자발적 조직을 생성해냈다.

이 같은 과정은 네트워킹 행위의 근간이 되는 관념과 의식의 층위를 참여자가 다시금 이해하거나 검증하지 않아도 된다는 점에 동의했기 때문에 이루어진 것이었다. 네트워킹 행위에 있어서 프랙털 구조의 반복적 확대가 이루어지는 것은 3.1만세운동이나 5·18민중항쟁의 경우와 같이 어떤 실행을 위한 당위적 판단이 개인들의 내면을 공통감으로 관통할 때 성립 가능한 것이다. 이러한 점을 고려할 때, 봉기의 과정에서 상·하위 네트워크의 공조가 이루어지는 과정은 다분히 목적 중심으로 체결된 수평적 구조의 결합이 확산되거나 변이되는 것으로 보아야 하며, 그것을 상위 명령의 효율적 수행을 위한 위계적 구조에서 비롯된 것으로 이해하는 것은 온당치 않을 것으로 여겨진다.

봉기 매체의 활용 과정을 분석한 앞서의 내용에서 확인할 수 있듯이, 한국사회에서 봉기의 과정은 중심-주변 구도로 확장되는 운동성을 지니기보다 특수한 환경을 지닌 각각의 거점이 연결되거나 연동하는 운동의 양상을 보였다. 역할 수행이 수직적으로 이루어지는 체계는 그 구조의 단순함에 의해 수행의 속도와 강도를 더한다는 점에서 유리할 수 있지만 변화적 상황과 위협에 대한 대응력이 위험한 수준으로 낮을 수 있음을 고려할 필요도 있다.

특히 오늘날에는 소위, 상위 네트워크 메시지의 발생 또는 발화 위치를 특정하기 어렵다. 그것이 동시다발적으로 나타나거나 의식을 구성하는 중심축이 변화무쌍하게 이동하는 양상을 보이기 때문이다. 따라서 신체의 기능을 확장하는 사물 네트워크, 유비쿼터스, 4차 산업혁명 시대 등으로 불리는 오늘날, 상·하위 네트워크를 지역적 경계에 따라 혹은 위계적 관념에 따라 구분하는 것은 거의 무의미하거나 무용할 것으로 판단된다. 또한 상위 네트워크에서 전달되는 메시지를 하위에서 재현하고 확대하는 등, 네트워크 작동방식을 위계적 구조로 이해하면 한국사회를 수도권과 그 밖의 지방 권역으로 구분하는 것처럼 힘의 수행 차원을 관념적으로 고착시켜 불합리한 권력 체계를 재현하게 될 우려도 있다.

하지만 신체가 정보의 감지와 해석을 거쳐 운동에 이르는 일련의 과정은 여전히 의식과 행위라는 둘 이상의 구분된 층위에서 이루어지며, 마찬가지로 집단적 움직임 역시 그 운동성이 발현되기 이전에 의식적 작동 단계를 경유한다. 말하자면, 소통과 공유의 과정이 반드시 수반되는 봉기의 작동 과정을 이해하기 위해, 오늘날 역시 그것의 네트워크 구조를 분할하고 작용의 단계를 구분하는 작업은 필요할 것이라는 생각이 든다. 비판적 메시지의 발생과 공유, 조직화와 실천이라는 봉기의 흐름에 있어, 네트워크의 분할된 체계는 오히려 자신의 객관화와 상호 공조를 가능하게 만드는 하나의 불가결한 조건으로도 볼 수 있을 것이다.

그러므로 오늘날 한국사회에서 봉기 매체를 통한 운동성을 이해하기 위해서는 그 작동의 주체를 계층별, 범주별로 구분하는 경계를 무화(無化)하기보다는 오히려 그것을 네트워크의 구성의 모듈로 보고 인지적 이해를 밝혀내는 것이 유익할 것으로 보인다. 일례로 상위 네트워크에 대한 관념과 그것의 역할을 실천과 접속의 기능적 측면에서 검증하고 재구성하기 위한 논의나, 특정한 네트워크에 한정되어 유용성을 발휘하는 사회구조가 공존공생의 다양성과 충돌하고 있지는 않은지의 여부를 확인하는 논의에서 그 분할된 네트워크 모듈 정보가 사용될 수 있을 것이다. 다음 맥루언의 매체이론에서 제시된 '내파(implosion)' 개념은 오늘날 봉기 매체의 구조적 속성을 이해하기 위한 그 같은 논의에 유용할 것으로 보인다.

> 내파란 미리 정해지고 규정된 정보가 중심으로부터 수용자에게 전달되는 과정이 아니다. 수용자 자신이 정보의 생산에 직접 개입하며 언제든지 그 정보의 중심이 될 수 있다.(…) 인터넷 에서 정보 사이트는 정보의 일방적인 전달을 목적으로 하지 않는다. 오히려 다양한 정보가 서로 교환되고 유통되는 인터페이스만을 제공할 뿐이다. 말 그대로 그런 인터페이스의 공간 속에서 이용자(유저)들은 언제든지 정보의 생산자가 될 수도 있으며 동시에 그것의 소비자가 될 수도 있는 것이다.[63]

위의 서술에 비추어보면, 오늘날 봉기의 매체는 '미리 정해지고 규정된 정보'가 상위 네트워크에서 하위의 세부 네트워크로 확산·파급되는 방식인 외파(explosion)적 구조로는 사용되기 어렵도록 쌍방향적 네트워크 작용력이 매우 강해진 사회 속에 놓여있다. 뿐만 아니라 한국사회는 이미 내파적 구조의 매체 사용에서 비롯된 봉기의 체험을 도출하고 있는 것으로 보인다. 내파적 구조를 지닌 매체(쿨 미디어[64])는 이용자 네트워크의 각 층위가 상하층이 일정하지 않은 채로 분산되면서 유동적으로 상호작용하는 상태를 만들어낸다. 이러한 내파적 구조에서 매체 접근성과 참여도가 높아질 수 있다는 것은 주목할 만한 점이다.

특히, 내파적 구조의 매체는 칸트가 제시하는 판단 활동의 종류 중, 반성적 판단(das reflektierende Urteil) 혹은 그것에 속할 수 있는 심미적 판단(das ästhetische Urteil)의 과정과 연계될 수 있다. 이러한 판단은 '규칙, 원리, 법칙 등의 보편이 미리 주어져 있어 특수를 주어진 보편에 포섭하기만 하면 되는 규정적 판단(das bestimmende Urteil)'[65]과 구별된다. 반성적 판단은 "주어진 특수 속에서 보편을 발견하는 것"[66]이며 "특수를 어떤 보편 개념에도 포섭하고 있지 않으면서도 이 판단에 대해서 누구나 동의할 수 있을 것이라는 보편적 일치의 가능성을 전제"[67]로 두면서 보편 가능성을 포괄하는 것이다.

맥루언은 쿨 미디어와 미적 판단(칸트)의 세계를 이으며 매체의 성질을 제안하는 가운데, '개념적이지 않은 것, 공통감을 전제한 것, 변화와 비판의 가능성을 열어두는 것'[68]을 강조한 바 있다. 바로 수많은 개성을 아우른 심미적 판단의 보편 가능성은 "인식 능력의 보편적 의사소통 가능성을 미감을 통해서 확인하는 능력"[69]으로서 '공통감(sensus comunis)'을 조건 삼아 성립될 수 있을 것으로 여겨진다. 향후 한국사회 혹은 4차 산업혁명 시대라는 전(全) 지구적 미래사회에서 요구되는 보편적 횡단성이란, 바로 이 공통감을 향유하며 내파적 소통 구조 속에 심미적 판단과 교류를 체험해갈 매체와 밀접한 상관관계 속에 놓여있을 것이다. 이때 그러한 매체는 이를테면 상용화된 문화 장치로서 공감·공론의 장으로 기능할 수 있을 것이다.

‖ 집단적 비판의식의 파생 구조를 향해

지금까지 한국 근대 사회의 봉기 매체가 어떠한 형태와 작동 원리를 지니며 사용되었는지 논구하며, 현대 한국사회의 민주화 투쟁 과정에서 그 속성과 원리가 어떠한 양상으로 변이 또는 진화되었는지의 면면을 살펴보았다. 이와 같은 한국사회의 사적(史的) 흐름을 반추해 볼 때 확인할 수 있는 점은, 거대한 사회 집합 규모에 의한 봉기(蜂起)라는 움직임이 몇 가지 동기에 의해 예상치 못하게 발생한 우연한 사건이 아니라는 것이다. 즉, 봉기는 우연적 현상이 아니라 오히려 사회구조의 자연순환 원리에 따른 필연적 결과인 것으로 보인다.

말하자면, 봉기는 신체에 대한 사회 환경의 생존적합성 여부를 기준으로 하여 그 사회 속에 살아가는 구성원이 내보이는 집단적 생체반응이자, 수명을 다한 사회구조의 전환 시기를 알리는 근대성의 한 신호현상으로 볼 수 있을 것이다. 각종 사회운동이 공론화와 문화적 실천 등 합리적이고 비판적인 이성의 주도로 이루어지는 의식적 층위에서 뒷받침받는 면이 크다 할 때, 이에 비해 사회 봉기는 신체의 안전이나 일상의 영위 등 인간으로서 양보할 수 없는 생존에 관한 감성적 반응을 그 추동력으로 지니고 있기 때문이다.

또한 봉기는 다른 사회운동과 구별되는 특징을 지니고 있어 그 발생 추이를 관찰할 수 있다. 적어도 봉기의 경우, 그 군중의 역동적 힘이 가시화되기 전에 이들이 서로를 의식적으로 연결하는 매체 활용이 광범위한 구성원의 참여에 의해 강렬하게 유행하는 양상을 보인다는 점을 관찰할 수 있다. 봉기의 주체들이 생존의 위기로부터 탈출하거나 환경을 재구축하는 것과 같은 극한적 상황에 놓여있음을 고려해볼 때, 봉기의 매체와 다른 사회운동 또는 일상 공유의 매체가 다음과 같이 구별되는 점을 이해할 수 있다.

먼저 봉기 매체의 유행 양상은 취향에 의해 선택되기보다 개인의 취향을 막론하고 사용방법을 학습하는 등 적극적으로 사용되고, 다른 경우와 상대적으로 단기간에 집약적이면서 목적적으로 사용된다. 또한, 사회 환경이 주체의 생존에 적합한지의 여부에 관한 입장을 제외하고는 그 매체 이용자들의 구성 양상을 유사성에 따라 단순히 분류하거나 예측하기 어렵도록 다분히 혼종적인 양태를 나타내기도 한다.

특히 봉기 과정에서 매체가 지니는 역할과 위상의 측면에서 봉기는 다른 사회운동 또는 다른 매체 활용 활동과 구별된다. 봉기의 주체들에게 매체는 같은 환경을 공유하는 전(全) 사회적 맥락에서 자신이 처한 환경의 생존 적합성 여부를 판단하기 위해 각기의 입장을 관찰하고, 자신과 같은 입장이 차지하는 비중을 확인하면서 현재의 판단 상태를 유지·강화하거나 상황에 따라 재검토·변용하기 위해 그 기준이 되는 의식적 가치, 서로 연결되기 위한 물리적 위치, 일상적 움직임의 패턴 정보 등을 공유하기 위한 소통 도구이다. 바꿔 말하면, 그 매체는 오늘날 사회체계를 새로이 설계하고 그것을 구현하기 위한 경로로서 제도와 규약 등을 조정하려는 사회적 요구의 발신 도구이기도 하다.

한편, 봉기의 단계로 진입하는 과정에서 매체는 현실에서의 전장 자체 또는 전투의 행위를 상징하며 일종의 '표상화(表象化)된 무기'[70]로서 사용된다. 이를테면, 이 관념상의 무기인 매체를 통해 개체들이 장으로 결합했을 때 그 장은 구조전환을 위한 동력을 발생시키는 일종의 발전기(generator)처럼 기계화된다. 또한, 그 장내 결합과 모둠 간 연대가 지속되었을 때 매체는 사회의 내깃물(부르디외)을 차지하기 위한 전투에서 무기와 병력을 고르고 정비하기 위한 임시적 주둔지(camp)처럼 쓰인다.

이처럼 봉기의 매체가 차츰 표상화된 방식으로 진화해간다는 점, 그리고 봉기가 그 주체들의 생존 마지노선에서 발생한다는 점은 유념할 만하다. 그것은 봉기가 내깃물을 쟁취하기 위한 공격이라기보다, 불완전한 환경에서 생존하기 위해 모여든 개체의 자구적 방책임을 시사하기 때문이다. 그렇기 때문에 그 생존의 변곡점에 선 봉기의 주체들에게 전투의 공포는 전투 밖 일상 속의 시선에서 바라보는 경우와 달리, 공포를 넘어서는 감성으로 감지될 수 있는 것이다. 뿐만 아니라 봉기의 장에 들어선 주체들이 상호 교감하는 양태는, 목적에 따라 결합하고 선택적으로 감정을 이입하는 것이 아니라 그들의 처지와 입장이 삶이라는 가치의 측면에서 이미 일체화되어 있기 때문에 불가피하게 공감에 이르게 된다.

이를테면 거리나 광장에서 촛불을 든 시민들이 만들어낸 물길 또는 원형 판의 이미지는 관념화된 측면에서의 무기인 것이다. 가령, 매체 활용을 통한 신체들의 교차가 큰 규모의 공감과 공론의 계기를 발생시키고, 그 파동 속에 각 신체들은 개체 간(間) 상호 인력(引力)과 척력(斥力)의 비중을 가늠한 끝에 모종의 크고 작은 모둠 형태로 분할된 공감·공론의 장(場)들을 만들어낸다. 이때 분할된 각 모둠별 장들이 거대한 장으로 통합되면서 집단적 신체로 움직임을 발생시키는 이른바 봉기의 계기는, 사회문화를 작동시키는 거시(巨視) 체계가 그 개인들의 삶을 포괄하며 각 개인의 삶과 선순환 관계를 지니며 나아갈 수 있겠는가에 대한 판단에서 달리 놓이게 된다. 말하자면 통합된 모둠의 장에 속해 있는 구성원들이 현재까지의 사회와 삶을 지속시켜 가기로 선택하느냐의 여부에 따라 봉기라는 강력한 발화(發話)와 초기화(reset)의 단계로 진입할 수 있는 것이다.

이것이 봉기 과정에서 매체가 지닌 역할과 위상이라면, 봉기의 단계로 진입하기 전 혹은 그 사회 변동의 단계를 예방하는 차원에서 작용하는 이른바 '반(反) 봉기 매체'가 지닌 역할과 위상 역시 자명하다. 봉기는 당면한 시대의 사회구조가 그 사회라는 추상적 체계를 안전한 것으로 보이는 완결체로 성립시키기 위해, 혹은 그 성립에 의해 사회 특수

구성원이 한정적인 생존 조건을 점유하며 각 개인을 미시적 자원으르 소모·소진시키는 구조로 되어 있어 불완전하다는 판단에 놓일 때 발생한다. 하지만 이 불완전한 구조의 사회는 미시적 자원으로 소모될 개인을 선택하기 위한 기준을 설정하는 막대한 권력을 지니면서 총체적인 사회 구성원을 위계적으로 서열화한다.

그리고 그 권력은 결국 소진될 하위 계층을 재생산하기 위해 생존에 부적합한 환경에 대한 불안감을 유지시키고 안정적 지위에 대한 욕구를 강조한다. 이러한 사회에서 매체는 사회구조의 불완전성을 통찰하기 위한 도구로 사용되기보다, 이 불안감과 상승 욕구를 강화하고 범사회적으로 순환시키기 위한 권력계층의 도구로 그 사용의 범위가 한정되곤 한다. 매체 점유와 사용에 있어 생산과 유통의 단위가 거대해지고 생산과 소비의 각 주체가 나뉘어 역할이 지정될수록 매체는 특수계층에 의해 독점된다. 그 점유된 매체는 매체 소비자와 매체 생산자로 이분된 구조를 합당한 것으로 인식하게끔 한다. 이러한 사회에서 구성원은 안전감과 충족감을 보상하기 위한 콘텐츠를 생산하고 보급하는 역할과 그 생산된 정보를 감별하고 수용하는 역할에 스스로를 각각 위치 짓는다.

이러한 구도는 콘텐츠 생산자에게 발화의 권력을 부여하는 반면, 정보 수용자에게는 진실의 검증과 정보의 목적성 비판, 정보 효용성의 취득 또는 부당성의 해체와 같은 수고로움을 부여한다. 즉, 정보를 탐색하고 수집하며 비판하고 사용하는 총체적 매체로서의 인간이 매체 역할의 각 과정을 나눠 갖고 파편화됨으로써 일종의 자본으로서 매체의 권능이 창출되는 것이다. 범 계열·계층적 인간을 위해 사회 환경의 생존 적합성 향상을 목적으로 두기보다, 환경의 사용 가능한 자원을 분배하는 특수한 구조를 설계하고 제한적 분배 과정에 안정적으로 기여하도록 역할을 분할하고 위치를 지정하여 인간을 배치하는 것이 반 봉기 매체가 수행하는 바의 핵심이다.

이 같은 반(反)봉기 매체는 봉기 매체와 경쟁하며 봉기 과정의 흐름을 바꾸는 방안을 끊임없이 구상한다. 통합적 모둠의 장이 사회의 생존 적합성에 대한 의문이 수없이 발화되는 상황에도 불구하고 봉기의 단계로 이어지지 않는 경우, 그 여러 원인 중의 하나는 현재까지의 사회구조가 상층 구조에 한정되었던 내깃물을 매개로 여러 모둠과의 거래 행위를 이끌어내는 데 성공하기 때문이다. 통합적 모둠의 장을 포섭하지 않더라도 이것의 운동성을 다른 성질로 바꿀 수 있는 방법은 사회구조를 유지하면서 상층에 놓인 내깃물의 공유 범위를 확대하거나 점유 기간을 연장하는 이점을 제공하며 일부 모둠의 장과 협상을 이끌어내는 것이다. 그것은 개체가 놓인 환경을 그 환경 바깥을 포함한 총체적 맥락에서 객관적으로 바라보고 재구조화하는 시야를 차단하면서 환경 내부의 질서 유지를 도모할 수 있는 유력한 방안이다.

하지만 이 같은 협상이 생산과 운용의 총체적인 과정에 사회구성원을 대등한 조정권자로 참여시키는 데 이르는 방식이라 할 수는 없다. 내깃물의 공유 범위 확대는 그 내깃물을 둘러싼 불평등한 분배 구조를 존속시키는 토대 위에 이루어지며, 그 분배와 협상의 하위 구조가 또 다른 내깃물과 불평등한 권능에 일부 구성원이 참여하게 되는 모순을 파생시키기 때문이다. 이것은 결과적으로 매체 유용성이 당파성의 측면에서 편파적으로 강탈되고 오용되는 양상을 순환시킨다. 오늘날의 한국 사회는 이러한 매체 오용의 부당성이 생존 적합성의 감각을 위협하는 데 이른 역사적 시점에 놓인 것으로 보인다. 다시 말하면, 오늘날은 매체 오용이 산재하는 동시에 역설적으로 그 어느 때보다 그 매체의 오용 양상을 민감하게 포착할 수 있는 시각을 지니게 된 시기라 할 수 있다.

향후 지역과 사회의 위계적 구조를 각기 대등한 위상을 지닌 인간의 집단적 거점 사이를 횡단하는 연대와 순환구조로 재정립하기 위해서는, 동일한 환경을 공유하는 각 개체로서 인간으로 하여금 그 환경을 통찰하게 하는 데 매체의 효능을 환원해야 한다. 또한 매체에 관한 인문·사회적 연구는 매체가 차츰 코드화되면서 사회 구성원의 생체 정보 역시 비(非) 가시화하는 추세 속에, 다양성의 가치로 위장한 편파적 당파성이 사회 구성원을 파편화하고 불평등한 사회 조정 권력을 양산하고 있지 않은지, 그 은닉된 구조의 파생을 감시할 수 있어야 한다. 즉, 매체의 진화된 효능을 이용해 피드백 조작 생성으로 검증되지 않은 거짓 유용성을 기정사실화하거나, 학살된 인간의 생명 가치나 인간을 학살한 범죄 행위에 대한 보편적 기준이 그 희생된 자의 정치적 신분에 따라 달리 평가되도록 호도하는 경우를 발굴하고 고발해야 할 것이다.

인문학적 매체 연구가 일종의 비판적 매체로 기능할 때, 하위 네트워크는 사회적 행위의 근간에 대해 논의하고 실천의 방법적 측면을 설계하기 위한 봉기 매체의 최종 진화 버전으로 집단적 비판의식을 파생시키고, 이로 인해 봉기 매체의 유용성이 새로이 조명될 수 있을 것이다. 이를테면 한국 사회문화의 구조 조정 장치로서 봉기의 매체가 상위 네트워크의 재정립을 위해 하위 네트워크를 작동시키는 공감·공론장을 생성하고, 두 네트워크 층위 간의 긴밀한 피드백과 선순환 구조의 확립을 통해 새로운 공조적(共助的) 효용을 보일 수 있을 것으로 기대한다.

중독 행위의 반反 중독 서사와 상념의 자구성自救性

‖ '생애 난민(existential drifter)'과 인문학의 거처(去處)

일탈, 혼돈, 혼란, 혼선, 카오스, 무질서, 탈선, 중독, 교차, 비정상 등의 용어를 정서로 환치할 때 나타나는 공통점은 '기준과 질서가 혼미하여 어지럽고 불안정한 심상'이다. 불행히도 이러한 심상은 한국사회의 오늘을 대면하는 인문학적 시선에 조응한다. 오늘날의 인문학은 한국사회 또는 지금 이곳을 살아가는 현세의 인간이 보이는 일탈과 혼돈의 양태를 갖가지 측면에서 진단하는 과정에서 무거운 자괴감에 빠져있는 듯하다. 지금 이곳의 혹심한 문제들을 분류하거나 비판하는 일은 시시포스의 형벌과 같은 노고이자, 인문학이 지나왔거나 지나고 있으며 앞으로 가야 할 거처(去處)의 과업이다. 그러나 동시에, 이것이 인간을 인류로 존재하도록 하는 문화 생성과 존립의 근간이 되어왔음을 부정할 수 없다.

인문학을 비롯한 비판적 시선들은 개인의 삶이 지닌 가치와 존엄성이 동등하게 고려되지 않는 현실에 대해 자각하고 자탄해왔다. 그러나 오늘의 한국사회는 이러한 모순적 현실의 맥락을 재구성하기 위한 '상념'에 잠길 틈이 없는 듯하다.(기존 파일 첫 문장을 수정) 말하거나 생각하고 기획하고 표현하는 것을 직업으로 삼은 사고(思考)의 생산·유통자들과, 듣고 읽고 정보를 이해하고 선택하는 사고의 수용·소비자 사이에 만들어지는 부자연스러움, 각박함이 도처에 가득하다. 사건의 발발과 연발, 도발 사이에 위태로운 경계태세를 갖추고 사는 자들은 위중한 현대에 대해 진단하고 대안을 성찰하기보다 오늘날을 살아가는 생존 기술을 습득하기 위해 뻔뻔할 정도로 영악하고 민첩해졌다. 그러한 양상이 단지 한국사회 구성원의 형세만이 아닐지라도 문제의 발생은 분명하다.

취업, 결혼, 생계, 여가, 사회관계에서, 고유한 자존과 위상의 정립 과정에서 좁은 선택지를 향해 밀려나야만 하는 이들이 사회 구성원의 다수가 될 때, 그 사회는 시민의 삶을 지지하기 위한 정당한 구조를 지닌 것이라고 볼 수 없다. 그러한 사회가 표랑하는—마찬가지로 취업, 결혼, 생계, 여가, 사회관계, 자존과 위상의 정립 등에서—자들의 사태를 능력과 기여의 정도를 기준 삼아 정당한 인과관계를 지닌 것으로 설명한다면, 사회 구성원에 대한 도구적 시선의 혐의는 더욱 짙다. 안타까운 점은, 그러한 사회의 기여 체계와 질서 기반이 특수 지배체제를 향한 것(meritocracy)[71]이라는 주장이 한국사회에서는 더 이상 자극조차 주지 못하는 비판이자 '상식 아닌 상식'이라는 점이다.

이러한 사회는 '직업의 선택과 업무 이행, 주거 공간과 가정의 구성, 주거 또는 생활의 방식을 매개로 이루어지는 인간관계, 취미와 여가를 위한 선택적 활동 등'이 쉽사리 무산되거나 비(非)선택적인 양상으로 이루어짐을, 단지 생존을 위해 감수해야만 하는 자들을 양산한다. 우리는 그들을 '비정규직 근로자, 노숙인, 3·5·7·N포세대' 등의 용어로 지칭하기도 한다. 네그리(A. Negri)의 정리를 빌려 말하자면, 이들은 "아무것도 가진 것이 없는 사람들" 혹은 "가장 낮은 사회계층과 무산자들"로서 빈자(貧者)이거나 '다중(多衆)'을 형성할 '잠재적' 집단이라 할 수 있다.[72] 하지만 이들은 스스로 "지위와 재산에 관계없이 사회적 생산의 메커니즘에 다양하게 편입되며 개방적이고 다수적인 주체성의 생산에 의해 활성화되는 모든 사람들로 이루어진 형성체"[73]로 인식되기 위한 필요요건들을 충분히 수렴하고 있지 않다. 이러한 점에서 다중과 이들의 관계는 아직 '잠재적'이다.(기존 파일의 "이들이 스스로 빈자 다중~아직 '잠재적'이다" 부분을 수정) 이들에게는 "인간의 본질이 존재와 맺는 관계를 인식하는 정신적 관점"[74]으로서 '상념'[75]의 힘이 부재하거나 모호한 상태에 있으며, 이러할 때 그들은 가난과 싸우고 공통의 부를 창출하는 '가난의 힘'을 발휘하지 못한다.

그러나 우선, 이들이 사회를 구성하는 물리적이고 인식적인 체계를 수용하는 과정이 매우 불안정하게 이루어질 수밖에 없음을 고려해야 한다. 이들은 반복적으로 나타나는 원인과 결과의 관계, 형평성에 따라 재화와 경험을 축적하는 과정, 획득 가능한 능력과 처지에 따라 재난과 사고에 대응할 수 있는 안전감 등을 선취하지 못한 상태에 있기 때문이다. 이들은 거처뿐만 아니라 생활 패턴과 사고의 면에서 일정한 원리를 체화하게 되는 순간까지 들쑥날쑥한 삶의 실험과정을 거쳐야 하며, 이 과정은 불안함과 냉소적 태도를 동반한 채 진행되곤 한다. 그래서 이들의 정체는 국가와 사회가 만들어낸 법제 속에서 안정된 생계를 구성하지 못하고 연이은 변화 속에 삶을 진행해야 하는, 한국사회의 정형화되지 않은 시민 다수를 포획하는 것으로 그려진다.[76]

이 글에서는 이들에 대해 '생계를 위하여 삶 속에 표랑(漂浪)하는 자들'의 의미를 두어 '생애 난민(existential drifter)'[77]이라는 용어로 명명하고자 한다. 생애 난민에게 법제 질서의 수행이나 자기 헌신을 통해 이루어지는 창조적 변화 따위는 '상식'이라기보다 생존의 안위가 보장된 이후에 향유 가능한 '욕구'이다. 근대성에 대한 탐구가 지금 이곳에 살아가는 자들 앞에 더 나은 현재를 끌어오기 위한 성찰의 과정이라면, 한국사회의 근대성을 위해서는 생애 난민이 '상념에 잠길 수 있는 시간'과 '자유로운 사고의 공간'에 대해 자문하고 자숙해야 한다. 삶 속에 표랑하는 자가 생존 이외의 것들에 대해 스스로 고려할 만한 가치를 부여하지 않을 때, 이들이 피할 수 없이 선택하게 되거나 만들어내게 될 생애의 흐름은 비극적 근대를 초래할 가능성이 높기 때문이다.

때로는 어떠한 일을 겪게 되었는가 하는 것만큼 신중하게 고려해야 할, 또는 그보다 더욱 주목해야 할 갖가지 조건이 존재한다. 그것은 가치관을 구성하는 인지적 요건들로서, 하나의 사태를 바라보는 시선과 그 시선을 위치 짓는 즉시적 사고, 그것의 형성에 관여하는 기억과 관념의 작동 관계 등이다. 이것은 사유 가능한 상념의 시간 속에서 세련되고 진화한다. 관념과 사상이 행동과 양상을 결정짓고 무형의 질서가 물리적 세계를 지배하는 사실을 고려할 때, 한국사회의 표랑하는 자들이 지닌 시선, 발화, 사유, 그 보이지 않는 감성의 세계를 눈에 보이도록 설명하는 작업은 매우 필요한 것으로 여겨진다.

이러한 문제의식에 비추어, 이 글에서는 '표랑하는 자들-생애 난민'이 접근하는 한계 지점으로 혹은 조작 불가한 설정 경로의 후과로서 자포자기적 의식의 공간에 주목하고자 한다. 특히, 한계적 상황에 직면한 자가 비가시적 의식의 공간에서 이루어지는 개인의 서사를 간과할 때 무기력하게 반복되며 나타날 수 있는 중독 행위의 발현 구조에 착안하고자 한다. 즉, 이 글의 목적은 의식과 감정이 아울러 작용하는 정서적 공간의 측면에서 중독 현상의 발현 과정을 분석하고, 중독의 실제적 욕구 메시지를 매개로 이루어지는 결핍과 충족의 자기서사를 활용하여 중독의 의미망에 접근할 수 있는 방안을 제시하는 것이다.

이를 통해, 중독 현상을 바라보는 기존의 사회적 관점들—비가시적 의식 혹은 감성의 공간을 표피적으로 바라보고 중독 범죄에 대한 사회적 대응 체제를 모색하는 교정적(矯正的) 관점과, 부도덕하고 부적절한 개인의 정서를 사회적 이해관계의 측면에서 한정적으로 논의하는 평가적 관점—의 실효성을 점검하게 될 것이다. 결국 이 과정은 중독 행위 수정을 위한 실효적 대안으로서 분석적인 관점의 적절성을 논구하고, 상념의 시간만으로 차용 가능한 중독의 자율적 대응방안을 모색하는 과정이라 할 수 있다.

‖ 탐색의 끝, 반복의 서사, 중독(addiction)

중독의 과정과 그것에 대한 해결 방안은 정신역동이론, 범죄사회이론, 심리사회이론, 행동이론, 뇌 생리학적 견해 등, 실로 다양한 측면에서 접근되어왔다. 중독(addiction)의 개념적 연구에 따르면, 이 단어의 어원은 라틴어 과거분사 'addictus'로, "어떤 이에게 부여되거나 수여되는 것 혹은 한 사람이나 원인에 부착되는 것"을 의미한다.[78] 중독이라는 용어는 '1)의도나 목적성을 전제로 하지 않고 유해물질이 신체로 유입된 결과를 나타내는 중독(poisoning 또는 intoxication)'과, '2)유해 결과에 대한 예상에도 불구하고 강박적이고 의도적으로 대상을 사용하는 상태의 중독(addiction)'으로 구분된다.[79] 이 글에서 다루는 중독의 성격은 후자에 해당하며, 물질 자체를 포함한 중독의 대상보다는 의도성이나 강박성으로 나타나는 중독의 행위 과정에 초점을 둔다.

한편, 중독 상담 이론에서는 도덕 모형, 심리 모형, 가족 모형, 질병 모형, 생물 모형, 사회문화 모형, 다중원인 모형 등 중독의 원인을 설명하는 다양한 모형을 설정해두고 있다.[80] 중독의 모델에 관한 다른 예시로 '의학적 모델, 심리·사회적 모델, 종교-도덕적 모델'의 분류가 제시되기도 한다.[81] 현대사회와 인간의 내면이 지닌 복잡성을 고려할 때 중독은 어느 한 가지 영향 관계에 의해 설명되기 어려울 것이다. 그래서 학제적 모형 또는 다중원인 모형으로 분류되는 상호작용적 원인들에 의한 증후군 모형, 통합적 모형, 공중건강 모형 이론 등이 실무자들에 의해 다수 채택되기도 한다.

하지만 여러 모형 중에서도 중독에 대해 이 글에서 취택하고 있는 관점은, 행위 실행과 대상 의존의 양상을 정서적 역동에 의해 설명하고자 하는 심리 모형 또는 심리·사회적 모델에 가깝다. 이 모형의 정서적 프리즘은, 인간의 문화와 성정을 반영하여 꾸민 세계 속에서 생애의 진실 또는 그 자체로서의 삶을 탐구하는 시선과 접촉할 수 있다. 중독 상담 이론에서 심리 모형은 '인지행동 모형, 학습 모형, 정신 역동 모형 및 성격이론 모형' 등으로 구분되는데, 각 모형은 '다양성을 경험하려는 인간의 다양한 동기와 강화인(reinforcers), 불편한 심리상태를 감소시켜 주는 정적 강화에 대한 학습, 정서조절 결함이나 불안정한 대상 관계의 문제, 특정 성격 특질'과 연관된다.[82] 또한, 심리·사회적 모델의 관점에서는 '중독을 삶의 다양한 상황들에 대한 복잡한 반응체계로 이해하며, 중독을 질병이라기보다 증후(symptom)로 인식'하는 관점을 지닌다.[83]

중독을 일종의 증후로 보는 관점을 고려할 때, 다음 마이클 쿠하(M. Kuhar)의 언술은 주목할 만하다.

> 보다 최근의 견해에 따르면, 도파민은 현재 우리에게 무엇이 가장 중요한지를 말해주거나 혹은 신호를 전해준다고 할 수 있으며, 이것은 동

기(motivation)와 연관이 있다. (…) 이와 같은 아이디어에 따르면, 도파민에 의해 생겨난 현저성(salience)은 맛보기나 듣기와 같은 일종의 알림 기능을 하는 감각 작용으로 여겨질 수도 있다. 이런 관점에서 볼 때, 약물 사용자들은 단순히 쾌감만을 탐색하지는 않는다고 말할 수 있으며, 중독 환자들이 중독되어 있으면서도 쾌감의 결핍 상태를 보고한 것들이 이해될 수 있다.[84]

위의 관점에 동의하는 입장에서 볼 때, 중독이라는 징후는 삶의 한 특징적 변화 양상이나 삶의 지속 동기를 방해하는 깊은 정서적 불안의 증후이자 미해결된 요구/욕구의 표지인 것으로 읽힐 수 있다. 중독은 무기력함과 광기의 양상을 동시에 지닌다는 면에서 자살 충동과 비슷하지만, 죽음에 대한 의도적 또는 의식적 외면과 차선 선택을 통한 삶의 지속이라는 측면에서는 그와 구별된다. 중독은 기존의 규칙 또는 질서, 즉 정상적으로 운용되던 공식이 파괴되었을 때 안정된 상태로 회복하기 위한 과정에서 발생한다. 다시 말해 중독은 기존의 공식이 유효하지 않음을 인식하게 된 후의 반복적이고 회귀적인 반응으로서, 다른 유효한 규칙을 찾고자 하는 탐색 행위로 보아야 한다.

인간은 생존을 위해 먼저 가장 가까운 곳을 탐색하고 가장 쉽게 실행 가능한 행위를 선택하여 그것을 실현하는 경향이 있다. 이러한 실행이 성취의 면에서 높은 안전도를 보이기 때문이다. 그래서 최초의 중독 행위는 개인의 물리적, 인식적, 경험적, 경제적, 사회적, 문화적 고려의 대상 중에서 가장 근접 거리에서 발견되었거나 가장 사용이 용이할 것으로 판정된 대상을 선택하며 실행된 것으로 보아야 한다. 중독의 최초 행위는 본능적으로 자구책을 선택하는 생존 행위에 해당한다고 볼 수 있다.[85] 즉, 선택 혹은 차용된 중독의 대상 자체는 중독 행위의 최초 목적이 아닌 것이다. 따라서 중독된 개인은 중독 대상에 앞서 해결/해소를 필요로 하는 다른 요구/욕구를 지니고 있었던 것으로 보아야 한다.

그럼에도 불구하고 중독 행위가 연쇄적 사이클을 보이며 반복되는 이유는, 중독 대상이 최초의 요구/욕구의 미해결/불만족으로 인해 불안정한 상태로 정체되어 있는 정서를 차선책에 의해 활성화시키기 때문이다. 이를 중독 이론에서는 '중독성 매개체(addictive agent)에 의한 정서적 고통의 마비'[86]라고 하며, 이때 중독은 "스트레스(stress)→고통(pain)→몰입(preoccupation)→중독성 매개체(addictive agent)→마취/마비(anaesthesia)→결과(consequences)→죄책감(guilt)→수치감(shame)/자기증오(self-hatred)→스트레스(stress)"(중독 사이클)의 구조로 회귀되며 실행된다.[87]

중독의 대상은 요구/욕구의 일차적이고 전반적인 해결/해소 기제가 되지 못한 채 정서 사이클의 국부적 반복을 유도하기 때문에 문제가 된다. 중독 행위의 반복은 그 자체로 사용대상의 남용 행위가 되고 그 행위가 가져오는 쾌락의 내성화를 거쳐 최초의 문제 원인으로 회귀되는 것이다. 때로 원인과 결과가 전혀 관련 없는 것으로 보이는 중독 행위 실행이 나타나기도 하는데, 이것은 각 개인에게 안정된 상태의 값을 위한 실현 방법이 선택 가능한 거리 또는 탐색 가능한 능력의 면에서 각기 다르게 발견되기 때문이다. 예를 들어, 아버지의 알코올 중독이나 가정 폭력에 굉장한 혐오감을 느꼈던 자식이 후일 자신의 극한 스트레스 상황에 다시 그러한 혐오 행위를 반복하는 이유 역시, 그 실행이 자신이 찾을 수 있는 가장 근거리의 안정감 회복을 위한 해결 방법이기 때문이다.

중독 대상을 선택하는, 또는 그것이 선택된 과정은 개인이 지닌 사고의 틀, 인지 또는 인식의 면보다 대상의 체험 또는 체화의 정도와 높은 관련이 있을 것으로 여겨진다. 중독의 과정에서는 인지 또는 가치의 기준과 괴리된 실행이 나타나는 경우가 많다. 중독 행위의 지속에는 중독 행위가 지닌 윤리적 가치나 실제 문제의 해결에 기여하는 실용적 가치보다, 중독 대상이 제공하는 체험적이고 정서적인 변화의 가치가 직접적인 영향을 미친다. 중독 대상의 유해성을 알고 있다거나, 중독 대상 또는 행위에 대한 혐오감/거부감을 체감하더라도 '뇌의 가소성에 의한 금단'[88]과 내성에 의해 중독 행위는 지속될 수 있다. 따라서 중독의 과정에서는 '중독의 대상이 실제 어느 정도로 자신에게 만족감 또는 안정감을 제공하였는가'에 대한 판단이 행위 지속의 주된 기준이 된다고 볼 수 있다. 효용성의 기준이 문제 해결의 측면보다 정서 안정의 측면에 놓여 있는 것이다.

표면적 행위를 도출하는 본능, 욕구, 인지 등의 복합적 체계가 저변에 자리한다는 전거에 비추어볼 때, 다음과 같은 사실을 전적으로 차용하는 것이 중독의 문제 해결에 있어 오류 또는 한계로 이어질 수 있다는 사실을 도출할 수 있다. 그것은 1)중독의 원인을 확인하기 위해 중독 현상이나 중독 대상 자체에 착안하는 것, 2)중독 행위를 지속하는 개인 또는 집단의 가치 기준이나 인식적 태도를 수정하는 것, 3)중독 행위 실행과 관련하여 표면적으로 발견되는 정서와 요구/욕구의 정보이다. 중독의 문제적 원인을 해결하기 위한 적절하고 적확한 해결 방식이 차용되지 않았을 때 삶의 양태는 소모적으로 흐르고 가족을 비롯한 인간관계는 파편화되기 마련이다. 따라서 중독의 문제 해결을 위해서는 중독을 개인의 욕구와 행위가 결합된 완전체로 이해하고, 이 분절된 삶의 사이클을 주목할 때 중독 현상의 이면에 나타나는 정서적 욕동을 분석하는 과정이 필요하다.

‖ 중독된 자의 반(反)중독 행위 서사

모종의 중독 현상을 분석하여 중독 행위를 소거하기 위한 데이터를 얻으려고 할 때 방해가 되는 관점은 그 행위 주체를 비도덕적 책동이 습관화된 유사범죄자로 판단하는 것, 그리고 그가 개인과 사회에 미치는 부정한 영향에 대해 비산(誹訕)하는 정서에 휩싸이는 것이다. 다음과 같은 예는 중독에 대한 우리 사회의 관심이 중독 현상의 본질적 해소를 위한 맥락 데이터 수집보다 피해 확산을 차단하기 위한 표면적 접근에 머물고 있음을 보여준다.

1) A(48)씨는 지난 해 새벽 B(42)씨 등이 도박을 하는 것으로 보고 이전에 도박으로 B씨 등에게 돈을 잃었던 것이 생각나자 화가 나 B씨를 살해한 혐의로 기소되어 징역 8년을 선고받았다.(뉴시스, 2013년 4월 25일자) －도박 중독의 2차 범죄화 사례 중 우발적인 범죄의 예[89](기존 파일 괄호 안 쓰기 내용을 이것으로 수정)

   3년 동안 수도권 일대 대형 고급 아파트의 빈 집에 들어가 6억원이 넘는 금품을 훔친 A(52)씨는 도박빚에 몰려 도박 자금을 마련하기 위해 절도한 혐의로 체포되었다.(MBC뉴스 2012년 3월 28일자) －도박 중독의 2차 범죄화 사례 중 계획적인 범죄의 예[90](기존 파일 괄호 안 쓰기 내용을 이것으로 수정)

2) 도박중독의 개인적 요인으로는 첫째, 한탕주의와 일확천금, 본전주의 등의 편향된 사고방식에서 비롯되는 것과 둘째 스트레스 해소의 탈출구로써 이용되는 것 두 가지의 범주로 나누어볼 수 있다.[91] (…)

(각주 표기와 줄임표 위치 바꿈) 도박중독의 사회적 요인으로는 첫째, 가족과 사회로부터의 소외와 격리에서 비롯된 도박중독과 둘째, 국가와 사회의 도박에 대한 통제기능의 약화로 인한 도박중독의 두 가지의 범주로 나누어볼 수 있다.[92]

도박의 상습성과 중독이 돈에 대한 손실을 생각하지 못하고 도박의 순기능만 생각하는 편향된 사고방식에서 비롯되며, (…) 도박 중독자들은 도박의 승리경험을 바탕으로 승리편향식 사고만 가지고 있기 때문에 도박에 빠져들수록 손실을 겪는다는 사실을 간과하고 있는 것이다.[93]

3) 자기효능감이 낮은 사람은 개인의 결함에 집착하고 잠재적인 어려움을 상상하기 때문에 도박중독에 빠지기 쉬우며, 자기효능감이 높은 사람은 상황적 요구에 적절한 주의와 노력을 기울일 수 있기 때문에 도박중독을 조절할 수 있다고 볼 수 있다.[94]

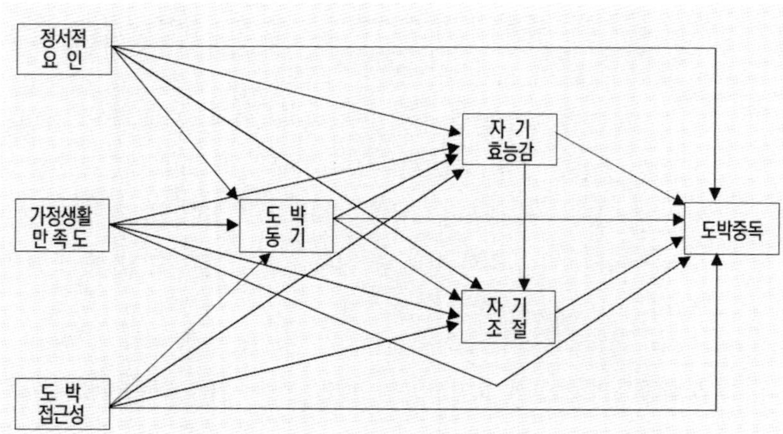

그림 2-3. 임성범의 도박중독 요인 연구모형[95]

'1)'의 보도기사에서 도박 중독의 2차 범죄에 대한 이유로 지목되는 점은 '돈을 잃었던 것이 생각 나 화가 남'이거나 '도박 빚에 몰려 도박 자금을 마련하기 위함'이다. 이러한 기사는 '돈을 잃은 것에 대한 분노'에 휘둘려 사회적이고 도덕적으로 통용 가능한 해결 방법을 선택하지 않은 자 또는 정당한 대가와 절실한 노력 없이 '빚더미에 올라앉은 절박함'을 해소하려 한 자들의 사회적 일탈을 공증하는 역할을 한다. 보도를 통한 비난의 처벌은 한편으로, 관습과 법제의 질서를 흩뜨리는 이들에 대한 일벌백계주의에서 비롯된 것이다.

그런데 중독의 비도덕성과 비효용성을 비판하고 강조하는 과정은 실상 중독 행위의 발현 원인에 근접할 수 있는 정보를 제공하지 않는다. 이러한 언론 보도 방식은 중독 행위의 이미지를 현실에서 제외되어야 할 부정성과 강하게 결합시켜, 중독의 최초 행위를 경험한 이들로 하여금 현실적 체험의 범주 안에 있는 중독의 가능성을 묵과하게 만든다. 결핍 또는 억압의 정서와 함께 중독의 최초 행위를 경험한 이들은 자신의 체험을 문제적 중독의 이미지와 괴리시켜 인지("나는 언제든 담배를 끊을 수 있어."/"나 정도는 알코올 중독자가 아니야."/"이 정도는 재미로 치는 거지 도박이라 할 수 있나.")한다. 이러한 묵과의 과정은 인지되는 양태가 문제적 중독의 상(像)에 근접할 때까지 충족 또는 해소되지 못한 욕구/요구의 발견을 지연시키게 된다.

'2)'의 분석은 중독의 양상을 개인의 인격적인 수양이나 자기 성찰과 진정성이 부재한 상태로 바라보는 관점이 나타난 연구의 사례이다. 이는 중독 행위를 수정을 요하는 전(前) 범죄적 양상으로 보거나, 중독의 양상을 이미 범죄와 동일시하는 관점에서 비롯된다. 범죄 근절을 위한 대책으로 강구되는 각 집합 단위의 긴밀한 통제 시스템 구축은 사회적 대안으로 불가결할 뿐 아니라 어느 정도 실효성을 지니고 있을 것으로 보인다. 그러나 중독 행위의 결과에 대해 사회·도덕적 평가나 정서적 견제를 위시하고 행위 소거를 위한 행위자 내·외부의 통제력을 강화하는 방법으로 중독의 연쇄적 행위가 근절될 가능성은 낮아 보인다.

'3)'의 분석은 중독과 매개한 사회문화적 맥락을 통찰하는 시야를 제한하는 연구의 사례이다. 이러한 관점은 사회 제반 여건에 대한 영향 관계를 고려하는 것에서 출발하지만 착안하는 지점은 중독 행위로 직결되는 개인의 감성적 수행 자질이다. 도박중독에 개연성이 있는 원인으로 '자기효능감'과 그것에 의한 '자기조절' 능력에 주목하고 있다.

이러한 예들의 공통점은 중독 현상이 발현되는 맥락, 즉 욕구와 요구를 동인으로 역동적 삶을 운영하는 행위 주체로서 개인의 욕동 구조를 풀어내려 하지 않는다는 점이다. 중독 행위는 개인의 정서적 또는 인지적 자질에 의해 불현듯이 나타나지 않는다. 중독의 최초 행위부터 강박적 수행에 이르기까지 각 행위의 실현은 삶이 운영되는 맥락을 배경으로 지닌다. 그것이 중독 행위에 대한 결과적 가치 판별에 앞서 행위 주체의 욕동 구조와 행위 맥락을 통찰해야 하는 이유이다.

개인의 삶 속에서 인지와 정서의 가치 기준을 비집고 중독 행위가 발현되는 양태를 〈그림 2-4〉의 구조로 나타내보았다. 이 그림에서 커다란 원으로 결집되는 각각의 화살표는 모종의 가치 기준에 의해 수행되는 체험과 인식들(context of life)을 나타낸다. 삶이 분열되지 않고 한 방향으로 운영될 수 있는 것은 개인이 고유의 '지각, 가치관, 관념'(perspective)을 구성하며 자신의 경험에 대한 인식을 통제하기 때문이다. 삶의 경험은 때로는 문제적으로 나타나며 이를 해결하는 자신만의 대응방식을 구축하도록 만든다. 이 자구책(measures to save oneself)으로

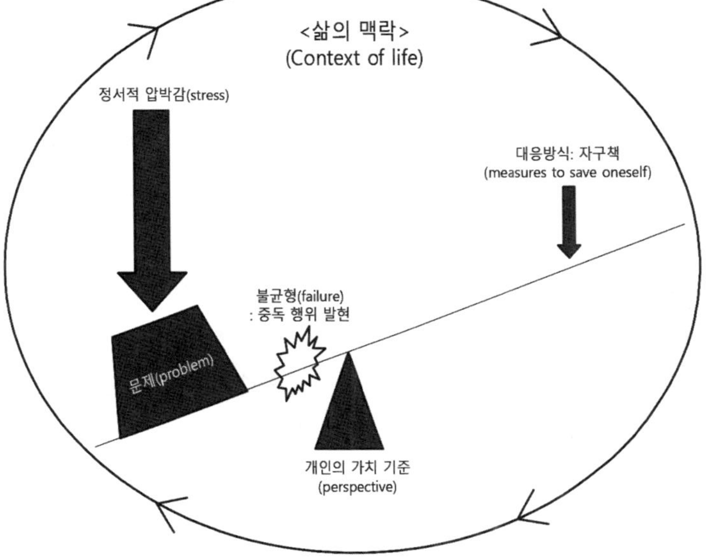

그림 2-4. 중독 행위의 발현 구조

서 이 대응방식은 자신의 삶을 성숙하게 하는 경험적 지혜, 인지적 학습 능력, 자기 통제력, 정서 회복력, 사회적 관계와 역할에 대한 통찰력, 물리적 또는 신체적 수행 능력 등을 포함하는 것이다.

삶의 맥락은 이 '문제-자구책'의 상호작용이 시소(seesaw)처럼 움직이는 과정을 통해 운영된다. '문제-자구책'의 무게감은 고유의 가치 기준에 의해 평형을 유지하는 운동을 지속하며 삶을 운영한다. 모종의 자구책이 개인의 인지 상황에 경고를 나타내는 문제(problem)를 해결할 수 없을 때, 혹은 요구나 욕구에 관련된 문제를 해결하지 못하여 정서적 압박감(stress)이 가중될 때 바로 중독 행위가 발현될 수 있다. 힘의 균형이 맞지 않을 때 시소의 판자는 부러지게 되며(failure), 삶의 고유한 가치 기준에 의한 기존의 수행 환경도 변화하게 된다. 이때 부러지는 판자의 부위는 가장 약한 곳이거나 가장 큰 힘을 받는 곳이며, 중독의 최초 행위가 실현되는 지점이다.

발현되는 중독 행위는 인지적, 경험적, 감각적인 면에서 행위 주체가 찾을 수 있는 가장 근접 거리의 대안이라 할 수 있다. 중독의 최초 행위는 이러한 '부러짐: 자구책 또는 지구력의 상실'에서 실행된다. 이후, 내성의 과정을 거쳐 강박적 중독 행위가 누적되는 것은 문제와 압박감의 무게가 조정되지 않았기 때문이다. 같은 가치 기준과 같은 자구책의 수행 방식—외부의 정서, 도덕적 비판, 사회 통제 방안 등을 포함한—을 통해서는 접합된 판자의 동일한 부위가 부러질 수밖에 없다. 따라서, 중독 현상을 수정하기 위해서는 무엇보다 ①중독 행위의 발현 과정을 분석하여 중독의 근원적 원인인 문제를 정확히 포착하는 것, ②'지렛대 운동: 문제 해결의 수행 과정'의 힘을 강화하기 위해 현상을 해석하는 가치 기준의 위치를 달리하는 것, 그리고 ③자구책의 역량을 높이기 위해 문제의 대응방식을 폭넓게 차용하며 축적하는 과정이 필요하다.

중독 현상의 근원적 조사는 중독 행위를 삶의 문제 해결과 결부된 정서의 불균형을 나타내는 일종의 신호 체계로 보는 관점에서 가능하다. 가령, 위 '1)'의 보도기사에서 도박중독의 2차 범죄에 대한 이유로 지목되었던 '돈을 잃었던 것이 생각 나 화가 남'이나 '도박 빚에 몰려 도박 자금을 마련하기 위함'은 실제 중독 행위를 유발하는 직전 원인이 될 수 있으나 중독의 최초 행위를 발현시킨 문제에 해당하지는 않는다. 보도기사에서 나타내는 이유들은 표면적 조사에 의한 범죄 행위의 사유에 해당한다. 그러므로 '화가 나는 행위'에 대한 분노 조절 방식이나 경제적 회생을 위한 건전한 생계 활동을 강구하는 방식은 문제의 본질적 해결 방법이 되지 못할 것이다. 그러한 방식을 차용하는 경우에, 중독의 행위 주체는 원인을 알지 못하면서 행위의 수정만 지속적으로 시도하고 자신의 욕동 상황을 부정해야 하는 처지에 놓인다. 이때 행위 주체는 자기 파괴적 감정을 느끼게 되므로 중독 행위라는 차선책의 반복적 수행을 통해 자기 자신을 위로하게 될 가능성이 높다. 오히려 이러한 중독 행위의 근원은 도박이나 음주, 흡연, 인터넷, 섭식 등의 행위 이면에 억압되어 있거나 미처 포착되지 않은 결핍 욕구를 확인하는 과정에서 밝혀질 수 있을 것이다.

그 과정은 개인의 행위가 발현되는 삶의 맥락 즉 개인의 행위 서사를 분석하는 과정이자, 실행된 행위를 감정 기호와 결부된 메시지로 해석하는 과정이라 할 수 있다. 중독 행위를 '안정 또는 쾌감 상태의 항상성을 유지하기 위한 물질 의존 또는 행위 지속의 양상'인 것으로 보면, 개인에게는 이러한 실행을 최초로 일으키기 위한 필요 또는 욕구가 발생했어야 한다. 이것이 해결 또는 해소되지 않았을 때 그 개인은 인지적 활동을 통해 필요성에 대한 이해 결과를 무산시키거나, 자신의 욕구를 충족시키지 못하는 고통을 감내하는 과정을 받아들여야만 한다. 이 과정이 원만히 진행되지 않았을 때 정서적 불안정이 이어지거나 이를 해소하기 위한 반복적 시도가 뒤따르는 것이라 할 수 있다. 따라서 중독 행위의 이면에는 특정한 욕구 메시지가 반드시 전제되어 있을 것으로 판단해야 하며, 중독의 해소 역시 표면적 중독 행위의 이면 메시지를 추출하고 양 측면의 상관관계를 도출하는 과정을 거쳐야 한다.

물질 또는 행위의 충족이 일회 또는 다회적인 시도에 의해 이루어졌을 때, 욕구 메시지와 중독적 행위의 가치는 등가를 이루고 있는 것으로 볼 수 있다. 그러나 규칙 또는 불규칙적 다회성을 나타내는 행위 실현에도 불구하고 정서적 안정을 바탕으로 한 삶의 구조가 나타나지 않거나 삶의 파괴적 상실을 수반한 통제 불능의 실행 상태가 나타나는 경우에는 욕구 메시지와 중독적 행위가 등가를 이루지 않는다고 할 수 있다. 이 때 중독 행위는 욕구 충족과 괴리되어 소모적으로 실행되는 것으로 이해할 수 있다. 따라서 강박적으로 반복되는 중독 행위는 필연적으로, 실행하고 있는 행위 목적과 불일치하는 이면 욕구를 지닌 것으로 보아야 한다. 이러한 파괴적 중독 행위의 차단 또는 조정을 위해 자기서사를 활용하는 과정을 〈표 2-1〉과 같이 구성하였다.

표 〈2-1〉의 1)에서 3)으로 진행되는 자기서사 확인과정에서, '1)중독 행위의 충족 서사 확인'은 '이 행위가 나의 어떠한 욕구를 충족시키는가'의 맥락을 확인하는 단계이다. 이때 '자기서사'나 '충족 서사'에서 사용된 용어 '서사'는 '행위의 발현을 유도하는 인식구조나 실행된 행위를 기점으로 한 전후 사유의 맥락'을 가리키고 있다. '3)중독 행위의 이면적 욕구 메시지 발견'은 개인의 수행 능력과 자격에 대한 자아 효능감이나

표 2-1. 중독 행위 조정을 위한 자기서사 확인 3단계(U-V-W)

1) Utility-중독 행위의 충족 서사 확인
:이것은 나에게 ~~한 ~~을 제공한다 :이것은 나를 ~~으로부터 보호한다 :이것은 나에게 ~~한 ~~을 차단한다
2) Value-중독 행위의 거래 가치 확인
:나는 이것이 내 삶을 파괴하는 것이라면 ~~한다 해도 이것을 원하지 않는다/원한다
3) Want-중독 행위의 이면적 욕구 메시지 발견
:나는 ~~한다면(행위)/~할 수 있다면(능력)/~이라면(자격) 이 행위를 하지 않아도 좋다

취득 욕구의 내용과 정도가 어떠한지 확인하는 단계이다. '2)중독 행위의 거래 가치 확인'은 중독 행위가 회귀되며 반복될 것인가를 가늠할 수 있는 욕구 위치 확인의 단계이다. 만일 이때 중독 행위의 거래 가치(중독 행위 대신 다른 욕구를 선택할만한 가치)가 낮거나 '0'에 가깝게 확인된다면, 자기서사 확인은 '3)'으로 이어질 수 없다. 이러한 경우에는 자기서사 확인에 앞서 자기신뢰와 사회적 소통의 정도를 가늠해야 한다.

그 밖의 경우, 자기서사를 확인하는 '1)~3)'의 시도는 한 회기 한 차례에 세 가지 모두가 이루어져야 한다. 이때 '1)'에서 '3)'으로 향하는 자기서사 발견의 과정은 '자존의 욕구 위계'에 해당하는 정서의 상향 과정과 연관되어야 한다. 이것은 자기서사 확인 과정이 반복적 중독 행위와 병행되어 회귀적으로 진행될 때, 초기 회기에 확인된 서사 내용이 회기를 거듭할수록 상향된 자존의 욕구로 채워질 있도록 진행되어야 함을 의미한다. 행동심리학에서는 인간에게 동기를 부여하는 욕구가 일정한 위계적 계층으로 분류될 수 있음을 이론화한 바 있다. 매슬로(Abraham H. Maslow)의 욕구 단계 이론에 의하면 인간의 욕구는 생리적 욕구, 안전 욕구, 소속감과 애정 욕구, 존경 욕구, 자아실현 욕구라는 하위 욕구들이 상위 욕구로 향하는 단계적 충족을 거쳐 자아를 완성해가는 동기로 작용한다. 자기서사의 욕구 메시지가 상위 단계의 자존 욕구를 향해 가는 것으로 나타날 때 삶의 지속 에너지가 회복되는 방향으로 진행되고 있음을 확인할 수 있을 것이다.

한편, 중독 행위의 강박적 반복이나 거래가치의 하락은 '현재 삶'의 지속 에너지와 반비례하며 중독 탈출 에너지와 비례한다고 볼 수 있다. '현재 삶'은 문제 해결이 지연되고 있는 상태이며, 행위 주체는 끊임없이 차선책으로서 중독 행위를 수행하며 문제 해결 지연의 고통을 감내

표 2-2. 중독 행위와 이면적 욕구 메시지의 반의 관계

관계 도식	욕구 대체 행위 : 이면적 욕구 메시지 = anti(중독 행위 : 표면적 욕구 메시지)
풀이 접근	충족 서사 확인(중독 행위가 무엇을 충족시키는가) → 거래 가치 가늠(중독 행위의 가치를 대체할 수 있는 대상 또는 행위는 무엇인가) → 이면적 욕구 도출(대체할 수 있는 대상 또는 행위를 통해 무엇을 충족할 수 있는가) → 중독 행위 이외의 충족 욕구 발견(실제 충족되기를 희망하는 욕구의 내용은 무엇인가)

하고 있는 상태이기 때문이다. 따라서 '3)중독 행위의 이면적 욕구 메시지 발견'의 단계에서는 〈표 2-2〉와 같은 도식이 성립될 가능성이 높다.

가령, '술을 반복적으로 마시는 행위=알코올 중독'의 이면적 욕구 메시지를 도출하기 위해서는 이 행위의 표면적 욕구 메시지의 반의(反義)를 구성해야 한다. 그 내용은 표면적 욕구 메시지(가령, '술을 반복적으로 마시고 싶다/나는 언제나 취하고 싶다' 등)를 부정하는 것으로, 즉 '나는 술을 반복적으로 마시고 싶지 않다→나는 술에 의존 또는 의지하고 싶지 않다→나는 술 이외에 의존 또는 의탁할 수 있는 누군가가 필요하다'의 내용을 구성할 수 있다. 즉, 강박적 행위 반복의 양상이 실제로는 그 행위로부터 탈출하고자 하는 강렬한 이면적 메시지의 표현일 것이라는 생각이다.

욕구 단계설에 비추어 본다면 이러한 경우에 자존감을 회복하는 과정의 경험, 인식, 정서의 충일감을 통해 중독 행위의 거래가치와 '현재 삶'의 지속 에너지를 상승시킬 수 있을 것이다 즉, 앞서 말한 '③ 자구책의 역량을 높이기 위해 문제의 대응방식'을 확대하기 위해 '생리적 욕

구, 안전 욕구, 소속감과 애정 욕구, 존경 욕구, 자아실현 욕구'의 각 단계를 점검하고 이와 관련한 경험과 인식을 제공하는 방안을 차용할 수 있을 것이다. 중독 행위의 심화와 반복은 내성화의 과정을 거쳐 진행된다. 이러한 사실을 고려할 때, 자존 욕구를 향한 위계적 과정의 경험은 내성화를 겪지 않은 새로운 유인 매제로서 중독 행위로부터 주의를 환기시키는 정서적 자극을 제공할 것이기 때문이다.

‖ 상념의 거처(居處), 재-탐색

근원적 욕구가 해결되지 않았을 때 이를 대체하는 또 다른 만족감을 탐구하는 과정은 본질적 문제를 해결하지 못한 데서 오는 부끄러움과 죄의식을 바탕에 둔다. 즉, 끝없는 욕구의 대체 과정은 부끄러움을 기반으로 이루어진다. 또한 이 과정은 사회문화적 체계를 사유 속에 내재화하면서 법제, 질서, 풍속 등의 기준에 의해 생겨난 도덕적 가치관을 지니고 있을 때 존재할 수 있다. 이러한 기준과 가치관이 혼미할 때 끝없는 욕구의 대체 과정은 부끄러울 이유가 없다. 부끄러움은 사회 규준 또는 도덕적 가치관에 상치되거나 이에 부합하지 않은 현존에 대한 감정이다. 현존의 불안정한 정서의 신호로부터 문제 해결을 위한 개인의 시도가 발생한다. 이러한 시도가 실패를 거듭하고 냉소와 무기력으로 이어지고 투사(投射, projection)로 향한다.

투사(投射)가 주체의 자율적 운용 범위를 벗어나는 충동과 욕구를 외부세계로 옮기는 심리적 방어의 기제라는 점을 고려한다면, 중독은 미해결된 욕구의 대체 과정이자 최소한의 자기방어적 실행이다. 이때의 중독은 미해결된 욕구를 대체하기 위한 최초의 실행 행위를 포함한 것이어야 한다. 물론, 최초의 실행 행위는 이후 내성과 강박으로 이어지는 중독의 과정이 있을 때 유의미하다. 그러나 최초의 실행 행위가 잠재적으로 중독으로 이어질 가능성은 어떠한 실행의 경우에라도 존재하며, 이와 동시에 인간의 욕구에 기반을 둔 모든 행위는 중독의 잠재적 가능성을 지닌 것으로 볼 수 있다.

이러한 사실은 중독을 일상과 상식의 궤도로부터 일탈하여 윤리적, 사회적 범례를 준수하지 않는 범죄적 행위로 보는 관점이 실제 중독 행위를 도출하는 사고의 바탕을 수정하는 데 비효율적일 수 있음을 보여준다. 이러한 관점은 중독 행위의 주체로 하여금 비산(誹訕)의 정서를 느끼게 하여 고립감과 무력감을 불러일으킬 수 있다. 중독이 목적성을 상실한 무기력한 반복 행위임을 고려할 때, 이러한 정서적 고립은 중독 현상을 심화시키거나 또 다른 중독과 범죄의 양상으로 이어질 위험성을 내포한다.

뿐만 아니라, 이처럼 중독을 일탈적 행위로 규정하는 관점은 중독의 최초 실행 행위 혹은 초기 내성화 과정에서 잠재적 중독 가능성을 지닌 수많은 비일상적 정서의 신호를 간과하도록 만들 수 있다. 앞서 말한 '중독의 발현 구조'에 비추어볼 때, 중독의 심화 여부는 문제에 대한 대응방식을 창조하는 자의식의 강화와 밀접한 관련이 있다. 정서적 신호의 간과는 현 수행 능력으로 해결 가능한 문제 상태를 불필요하게 복잡화하여 자의식의 강화 과정을 낭비할 가능성이 있다.

따라서 이 글은 중독 현상을 제어하는 데 실효적인 관점을 구축하기 위해 중독 현상이 보여주는 표면적 양태보다 고통의 최초 원인이 자리하는 심층적 욕구의 구조에 주목해야 함을 논구하고자 하였다. 욕구의 대체 과정에서 사용되는 쾌락 대상을 사후적, 법제적으로 차단하기보다

고통의 원인에 대한 인지 구조를 해설하고 행위 주체로 하여금 고통의 원인을 이해하도록 하는 것이 효율적인 이유를 제시하였다. 중독의 행위 조정을 위한 대안으로, 이면적 욕구 메시지 발견을 위한 자기서사 구축의 3단계를 제안하였다. 이것은 중독 대상이 주는 쾌락, 즐거움의 유입을 문장으로 진단하고 그것의 대비적 상태를 다시 문장으로 환원하여 스트레스 원인을 가시적으로 진단하게 하는 목적을 지닌다. 또한 중독 행위에 대한 대응력을 높이는 대안으로 매슬로의 '자존의 욕구 단계'와 연관되는 경험과 인식을 제공하는 것, 그리고 자구책의 역량과 통찰력을 향상시키기 위해 평가와 지각의 기준을 다양하게 제시하여 사고의 유연성을 얻도록 하는 것을 제안하였다.

물론, 이러한 이종의 관점과 개인의 심층적 인지 구조를 탐색하는 방안으로 중독의 심각한 형세가 역동적으로 호전되지는 않을 것이다. 앤 윌슨 섀프(A. W. Schaef)가 정리한 아주 유용한 개념을 빌리면 우리 사회는 '사람들을 중독 과정으로 끌어들이고 중독적으로 사고하도록 유도하는 폐쇄적 중독 시스템'[96]을 지닌 견고한 성이기 때문이다.

> 중독 시스템은 역할과 행동 방식, 심지어 사고방식이나 인지 방식에 있어서도 구성원들에게 선택의 폭을 거의 허용하지 않는다. 중독 시스템은 기본적으로 중독 행위를 요구한다.(…) 중독 시스템은 개인 중독자와 동일하며, 개인 중독자는 중독 시스템과 동일하다. 달리 말해, 중독 시스템은 개인 중독자의 모든 특성을 갖고 있으며, 개인 중독자들은 중독 사회의 모든 특성을 갖추고 있다. 결과적으로 우리가 시스템 전환의 방식을 빌려 적극적으로 회복 과정을 거치지 않는 이상, 이 시스템 안에서 살고 있다는 바로 그 사실 때문에 우리는 중독 시스템과 많은 특성을 공유하게 된다.[97]

한편, 마이클 쿠하는 중독 행위의 접근과 실행, 지속에 유전적 형질의 '취약성(vulnerability)'이 관여된 것으로 보고, 그 취약성은 '생애 초기의 스트레스, 사회적 계급, 사회적 실패, 자극이 풍부한 환경 등'의 원인과 관련된 것으로 분석하기도 한다.[98] 이들의 개념을 빌리면, '중독 시스템'의 사회구조 속에서 개인은 자신의 생존 구조와의 동일성에 의해 불가피하게 '개인 중독자'로 배태되고, '취약성'을 지닌 자는 시스템 전환의 가능성 앞에 무력할 수밖에 없다. 이들은 '중독 사회'를 존속시킬 수밖에 없는 '취약성'을 대물림하게 된다. '취약성'을 지닌 '개인 중독자'는 '중독 사회'에 대해, 그로부터 배태되고 다시 그것을 형성하는 상호불가결의 조건이 되는 것이다.

이러한 순환구조 앞에 '생애 난민'의 자기서사 탐색의 과정은 지난하고 무력한 시도로 여겨질 수 있다. 거대한 중독 시스템의 작동은 사회적·역사적으로 가변적인 중독 양상을 주조하므로 개인의 병인과 정신적 강화 구조를 탐색하는 과정이 미약하게 보이거나 수주대토(守株待兎) 격, 무모한 것이라 비판될 수 있을 것이다. 하지만 스피노자는 삶의 가장 기본적인 수준에 자유와 공통적인 것을 향한 노력이 자리하며, 이것이 욕망과 사랑을 통해 가동되고 제도들을 공고히 한다고 했다.[99] 네그리의 정치적 인간학은 이 '사랑의 힘'이 궁극적으로 공통적인 것을 구성하고 사회를 형성한다고 전한다.[100] 조지 카치아피카스(G. Katsiaficas)는 "새로운 생활 방식과 다른 사회적 현실을 상상할 뿐 아니라 수십만 또는 수백만의 사람들이 변화된 규범, 가치, 믿음에 따라 살아가게" 하는 '의식적 자생성'으로서 '에로스 효과'에 주목한다.[101]

이들의 구상과 설명은 사회변화를 위한 근본적 동력이 자율적 구상과 실천이 가능한 개인의 정신과정 속에 놓여있음을 보여준다. 회복의 과정은 병인을 인식하는 것으로부터 시작한다. 견고한 시스템의 전환은 '중독 사회'를 '중독 사회'로 호명하는 것, 현 사회를 낯선 것으로 인식하는 것, 현 사회 형성의 근원을 궁금해하는 것, 범접하지 못하는 고유한 신화를 인간의 서사로 환원하는 것, 이러한 사유가 가능한 상념의 시간을 갖추는 것에서 출발할 수 있다. 개인이 자신의 고유한 욕구를 환기하고 그러한 동기로부터 삶을 상대적인 기준에 의해 실행할 수 있을 때 '중독 시스템'에 의해 편취된 삶의 에너지가 환수될 수 있을 것이다.

감성적 주체되기: 네트워킹 전략과 청년 공조共助

‖ 전쟁의식, 그 불가피한 사회적 감성

이데올로기적 대립이 세계의 정치적 역학 관계와 자본시장의 권력 구조에 긴요한 토대가 되었던 국제적 정황 속에서 한국사회는 1950년, 전쟁의 자원으로 소비되었다. 한국전쟁은 미·소 냉전대립의 첨예화 끝에 격전으로 현실화된 힘겨루기의 대리 실험이었고, 한반도는 이에 유린된 영토였다. 여느 전쟁이 그러한 것처럼, 한국전쟁 역시 남북의 영토와 기반시설을 초토화하고 막대한 재건비용을 부채화하였다. 또한, 그것은 동족 학살의 참상에 대한 집단적 트라우마와 비극적인 동족 증오, 그리고 공포와 죄책감 등으로 얼룩진 생존자 증후군을 남겼다.

그로부터 70여 년이 흐른 지금, 한국사회에는 전쟁을 체험한 세대 이후 두 번의 세대교체가 이어졌다. 지금 이곳에는 전쟁을 겪었거나 전쟁 시기에 출생한 베이비부머세대, 유신을 앞세운 70년대부터 80년대 후반 냉전체제 종식에 이르기까지 공안체제 아래 살아온 민주화세대, 90년대 초 탈냉전체제 도래 후 신자유주의의 전환적 흐름 속에서 자본과 정보의 초국적 권력 구조에 새로이 적응해야만 했던 밀레니얼세대가 공존한다. 즉 오늘날은 전쟁 이후, 생존에 대해 서로 다른 체험적 인식을 지닌 이들 세대 간에 해결해야 할 교감과 소통의 문제가 추가로 제기되고 있는 시대인 것이다.

한편, 오늘날의 전쟁은 다분히 변종적(變種的) 형태로 이루어진다. 그것은 총이나 칼과 같은 무력을 앞세워 충돌하는 인간들의 신체적 교전(2차 세계 대전 또는 베트남전과 같은 전쟁들)과는 판이하게 다르고, 고도로 발달된 무기와 기술을 사용하여 대량의 원거리 살상이 가능해진 현대의 기술전쟁(걸프전 이후의 여러 국지분쟁들)과도 다르다. 바로 오늘날의 전쟁은 디지털 부호(code)나 정보(contents) 등 비물질적 형태의 무기를 통해 우리가 살아가는 사회의 이념과 여론, 감성, 제도의 정립 과정에 보이지 않는 위협을 가하며 생존의 위기감을 만연시킨다. 전쟁의 종류를 사실상의 전쟁과 관념상의 전쟁으로 나눈다면, 오늘날의 전쟁은 후자의 측면에 집중되어 있으며 혼란과 위협에 대한 지속적 투쟁 상태로 나타나곤 한다.[102]

이처럼, 신체적 안위나 일상의 영위, 사회적 적응과 경제·정치·문화적 재생산 등 자신의 삶을 존속시키는 요인들에 위협을 가하는 가시적·비가시적 대상, 또는 그것과의 대립 구도, 그리고 생존의 위기감 속에 불가피하게 대응하며 저항할 수밖에 없는 경계태세가 아울러 내재화된 상태를 가리켜 이 글에서는 '전쟁의식(戰爭-意識)'[103]이라 말하고자 한다. 그리고 이 글의 문제의식은 오늘날 청년 세대의 위기감이 이 같은 전쟁의식에 준할 만큼이나 매우 고조된 상태로 보인다는 점에 놓여있다. 이 위기감은 "불안정한 고용 상태, 낮은 소득 수준, 사회보험 배제, 소비지출의 불안정성"[104] 등의 경제적 측면이나, "세대갈등을 조장하고 청년들에 대한 기성세대의 약탈을 허용"[105]하는 정책적·정치적 측면, '젠더 갈등, 노동 단위로서 핵가족의 재생산 위기'[106]를 포함한 사회적 측면을 아우르며 삶의 총체적 영역에 산재해 있다.

한국에서 1960년대의 청년은 '혁명의 주체'로, 1970·80년대의 청년은 '정치적 저항과 엄숙주의로부터 이탈하는 문화적 저항의 가능성을 보여준 가장 진취적인 집단'이자 '근대적 속성의 담지자'로 불리어왔다.[107] 하지만 오늘날의 청년을 지칭하는 용어는 '88만원 세대, 니트족, 알부자족, 3포·5포·7포 세대, 캥거루족, 빨대족, 노답세대, 낙타세대, 민달팽이족' 등 빈곤과 고립의 특성을 함의하곤 한다. 지금 이 순간에도 세대의 특성은 변화하고 있겠지만, 이들은 '승자독식의 논리가 생존원리로 강요된 경제 시대의 사회 속에서 속물화·원자화·파편화된 주체'[108]이거나 '자기가치감 상실, 삶의 목표에 대한 좌절, 현실 사회에 대한 실망 등을 통해 이상과 현실의 괴리감을 내재화하고 불안의 지속, 무기력감, 정서적 무감각, 부정 정서의 만성화를 경험'[109]하게 된 둔감성(鈍感性)의 세대로 일컬어져 왔다.[110]

보이지 않는 다종의 위협에 노출된 이 세대의 전쟁의식은 이른바, '독존(獨存) 의식'이라는 특성을 띠고 나타난다. 생존이 시대적 화두이자 개인의 의식적 주안점이며 각자도생(各自圖生), 승자독식사회의 성공 기준인 것으로 여기는 생각 말이다. 생존에 관한 공포가 산재하지만 보이지 않는 적, 체감되지 않는 살상의 현실에 대해 오늘날의 세대는 사회적 환경이 시야의 차단을 야기하며 일종의 '사회적 설맹(雪盲)'을 겪고 있는 것처럼 보인다. 즉, 이들이 사회적 관계와 구조를 비판적으로 바라보고 조직과 조작에 유리한 경로를 탐색하기 위한 시각이 큰 타격을 입을 수 있는 상황에 빈번하게 노출되면서, 이에 대한 방어적 측면에서 관계의 고립을 경험하게 된 것으로 이해될 수 있다.[111]

하지만, 오늘날의 청년 세대에 대해 이 같은 자조적 평가만 제기되는 것은 아니다. "2010년대 청년들은 단지 저항이 아니라 개별화된 시각에 기반하고 있을 뿐, 여전히 자신과 사회에 대한 인식과 가치관, 공감대를 적극적으로 표출"[112]하고 있음을 인정하는 시각이나, 청년층이 '문화자본주의와 문화 상품화의 흐름 속에서 문화 생산자가 아닌 향유 소비자로 전락하였으나 팬덤 문화를 구성하는 등 소비 주체로서 새로운 위치를 점하려는 시도'[113]를 보였다는 긍정적 평가도 있다. 문화의 발전주의적 시각으로 보자면 오늘날의 청년층이 몰개성의 시대를 지나 각기의 개성을 다층적으로 공존시키기 위한 체험적 진화 과정 속에 있는 것으로도 볼 수 있겠다. 또한 보다 근원적인 측면에서, '청년 소외 담론을 이용하고 그 논의 지형을 은폐하는 타자화 과정'[114]에 대한 비판도 있다. 이는 지금까지 청년 세대를 객체화해 온 관점에 대한 반성적 시각이자, 청년 주체 담론으로 시민 기반 사회의 구심을 회복하기 위한 공조(共助)적 입장이기도 하다.

각 시대의 자연환경과 세대 구성원의 경험적 특질, 사회구조와 지향가치 등은 시공간의 변화에 얽힌 삶의 질서에 따라 그 양상이 달라질 수밖에 없다. 그렇기 때문에 각 시대에 속한 청년 세대를 단순 비교하는 일은 무의미하거나 설득적이지 않은 결과를 도출할 것이다. 이 글에서는 오늘날 한국사회의 청년 세대를 다른 시대의 그들과 비교하거나 비의도적일지라도 평가우위를 판별하게 되는 시각을 지양하며, 세대 간 이해를 경유하여 분석 대상이 되는 시대의 생존전략을 간취 혹은 공유하는 것을 목적으로 둔다. 이를 위해 현재적 삶의 구성에 참여할 권리를 공유하는 각 세대의 필요와 요구를 기준으로 청년층과 청년 아닌 층의 층위를 동위(同位)화하여, 세대 간 공조를 위한 소통 방식을 문학연구의 범주에서 구성해보고자 한다. 즉, 이 글에서는 오늘날 청년 세대와 공존공생하고 있는 기성세대의 청년성과 그들의 당대 문학을 탐색하여 오늘날의 전쟁의식에 대응할 수 있는 미래적 전략을 발견해보려는 것이다. 이러한 과정은 문학을 통해 각 세대의 중심된 의식과 정체성이 무엇이었는지 돌이켜보고 상호 소통 가능한 감성적 자질을 추수하는 생산적 사유의 여정이 될 것이다.

이를 위해 현재 청년층에 대한 앞서의 자조적 진단과 사회적 배경에 대한 근원적 비판을 모두 수렴하면서, 문제적 양상에 대한 방법론적 대응을 구상하는 데 주안점을 두고자 한다. 말하자면 이 글은 차츰 냉각·탈각(脫覺)·둔감화되어 온 청년의 사회적 감수성 양상을 문제적으로 감지한 후, 시대적 감수성과 사회적 배경의 상호 맥락을 이해하면서 오늘날의 전쟁의식을 극복하기 위한 행동 전략을 모색하는 방법론적 논의라 할 수 있겠다. 한편, 궁극적으로 이 글은 기성세대 혹은 노년층에 다다른 전대(前代)의 청년들과 오늘날의 새로운 청년들이 공존·공생·보완·번영하기 위한 설계 또는 과제를 인문학적 측면에서 구체화하려는 목적을 지닌다.

사회적 측면에서 냉각·탈각되는 청년의 감수성을 소통의 창구에 두고 논의하기 위해서는 이를테면 이와 대조적으로 '가열된 감수성의 시대', 즉 유기체적 신체와 사회적 신체를 긴밀하거나 동일한 관계로 인식했던 '연대적(連帶的) 감성의 시대'를 탐색하는 것이 유의미할 것으로 보인다. 특히 한국의 1980년대는 당대의 시대의식이 오늘날 생존한 신체에 담겨 사회·정치적 측면에서 주된 영향력을 발현하는 데 이르고 있어, 후속 세대인 청년층이 소통의 창구를 열어두고 시대의식의 작용 추이를 관찰하기 적절한 시대이다. 또한 현재, 당대에 관한 역사적 평가가 당파성에 따라 오용되고 있는 측면을 감안하고서라도 지역·세대·계층을 포괄한 다량의 다층적 발화가 중첩되어 있는 시대라는 점에서 역시

80년대는 주목할 만한 요인을 지닌다. 따라서 이어지는 지면에서는 청년의 사회적 감수성이 강렬하게 나타난 비근한 시대인 1980년대의 문학적 발화를 분석하면서, 감성의 층위에서 사회구조의 비판과 재구성에 대응한 주체적 전략을 간취(看取)해보기로 한다.

당대에 나타난 청년의 발화를 분석하고 오늘의 정황과 비교하면서 오늘날 세대 감성과 인식에 적용 또는 변용 가능한 감성적 도구와 사용 원리를 발견할 수 있을 것으로 기대한다. 또한, 당대의 청년들이 예견하거나 견인하고자 했던 미래상과 오늘을 비교하면서, 오늘의 상실된 양상이 혹여 과거로부터 쟁취한 미래는 아닌지 득과 실의 면면을 재평가할 수 있을 것이다. 그렇다면 "오늘날 청년층의 행복에 가장 주요한 영향을 미치는 주요 변수"로 지목되는 "희망감 혹은 미래 무망감(future hopelessness)"[115]이 비로소 새로운 행복의 변수와 또 다른 정체성을 지닌 청년의 시대를 호명할 수 있을지 모를 일이다. 이를테면 행복의 변수로 자율의지나 상상력, 연대적 구현 능력이, 새로운 시대의 화두로 '생존'이 아닌 '생성'이, 행복의 전략으로 '독존'이 아닌 '공존'이 인정되는 시대 말이다.

‖ 감성의 가열, 신체의 사회적 용해

1980년대 한국 청년들의 사회적 감수성은 광주의 시민학살에 대한 직간접적인 체험과 밀접하게 결부되어 있는 것으로 보인다. 사회적 관계 속에서 상식, 또는 공통감각(common sense)에 해당하는 것으로 여겨지는 삶의 방식들은 미처 인지적 기회를 갖지 못한 채 내재되어 있다가 가치관의 전환적 순간을 맞닥뜨릴 때 비로소 발견되곤 한다. 경제적 실리의 척도를 넘어 공존공생하기 위한 환경 보호의 규약이나, 이데올로기적 대립의 상황에서 정쟁(政爭)에 우선하는 생명의 가치 등이 그러하다. 80년 광주는 당대 청년들로 하여금 민중의 인권과 자주(自主)라는 공통된 가치가 상실된 것으로 진단하게 만든 사회적 환부(患部)였고, 가치관의 혼돈에 신음하는 개인의 신체를 연결시켜 원인과 대책을 함께 궁리하도록 추동했다.

> 광주민중항쟁은 상식을 비웃는 폭발적 전개과정을 통해 70년대 운동의 온갖 성과와 한계를 한꺼번에 극명하게 드러내 주었다. 광주민중항쟁은 무엇보다도 조직되지 않은 민중의 자연발생적이고 고립분산적인 봉기는 결국 실패할 수밖에 없음을 웅변하여 주었다. 광주민중항쟁은 또한 민중의 염원이 실현되는 것을 가로막고 있는 실체가 무엇인지를 여지없이 파헤쳐 놓았다. 이로써 민중의 각성을 늦추는 일체의 환상과의 결별이 시작되었다. 광주민중항쟁은 또한 시대적 과제를 해결할 주체가 누구이며 이 주체의 잠재력을 현실화할 방도가 무엇인지를 재삼 확인하여 주었다.[116]

1986년에 한국민중사를 조망한 위의 언술에 나타나듯, 80년 광주는 '자연발생적이고 고립분산적인 봉기'의 수준을 넘어 각성되고 결속된 민중적 조직이 필요함을 확인하게 해 준 역사적 변곡점이었다. 그러한 조직적 대응 체계가 없이는 민중 학살이라는 역사적 사변이 언제든 재현될 수 있으며, 피동적 개체로 살아가는 이상 또 언제든 거시 권력 체계의 미시적(微視的) 자원으로 소용될 수 있음을 자각하게 된 것이다. 남북 분단 체제에 의한 이데올로기적 대립 상황은 국가 안보 유지라는 대승적 목적 아래, 복잡다기한 정치적 발화와 사회적 행동 양상을 제약할 수 있는 편의적 권력을 정당화했다. 그리고 이 같은 자각 아래 분단 체제를 극복하는 것, 즉 '무명(無名)의 시민들'[117]에 의해 자주적 통일국가를 건설하는 것은 당대 청년들의 화두와 소명의식으로 이어졌다.

1980년대 한국사회에서 미·소 강대국에 의한 이데올로기적 냉전 체제의 타율성을 지적하며 분단 체제의 극복 방안을 강구하거나 열망하는 양상은 시문학적 범주에서도 두드러지게 나타난다. '분단시', '민족시', '항쟁시', '노동시' 등 당대감성의 키워드가 사용된 시 장르가 마련되고 그것이 무명의 시민들을 대변하는 층위에서 문화적 발화 또는 민중적 결집을 위한 매체적 도구로 사용된 점이 그러하다. 1980년대에 발행된 다음 시집들의 발간사를 일독(一讀)해보면 당대 시창작의 동기나 시 의미망의 주제가 개인의 내밀한 감성 영역보다는 분단 또는 통일 등 거시적이고 사회적인 감수성의 측면에 놓여 있음을 확인할 수 있다.

> '5월 광주'는 그 2차원적 사고에서 우리를 해방시켜 주었다. (…) 민족통일과 분단질곡 타파의 민주화운동은 원래부터 동궤의 것이었거니와, 광주는 과거적인 의미에서 70년대 민주화운동의 총체적인 폭발이었으며 현재적 의미에서 '참담한 좌절과 거대한 희망'이라는 상호모순적인 구절이 뜻하는 바의 그 운동주체의 이동이고, 미래적 의미에서는 전망의 구체성 확보이었다. (…)
>
> 이 정치·경제·문화적 분단의 한반도 남쪽에서 우리 시인들이 해야 할 일은 자명하다. 문학은, 시는, 이질화 정서가 아닌 동질화 정서에, 분단에의 안주가 아닌 해방통일에의 운동에, 독재에의 예속이 아닌 민주화의 투쟁에, 봉건적 음유가 아닌 대중·민중적 성토에, 예술지상적 사이비 고급취미가 아닌 하나의 민중언론을 완성시키려는 의지에 뿌리를

내리고 또 그것에 정서적 에너지를 주입시키는 것이어야 함을 우리는 굳게 믿는다.[118]

위 『80년대 민족시인 신작선2』(1985)의 발간사에서는 1985년 한 해에만 두 권의 신작시선집을 엮어내며 당대 신작시들을 하나의 관념 아래 모으고 유통하는 데 적극성을 발휘한 문학 활동의 동기가 나타나 있다. 실상, '해방통일 운동, 민주화 투쟁, 대중·민중적 성토, 민중언론 완성'과 같은 사회적 책무감이 발행의 동기로 이어진 것이다. 이로부터 발견할 수 있는 점은, 1980년대 사회를 의식하는 당대의 양상이 개인과 사회의 층위를 거의 동일시하고 있다는 점이다. 말하자면, 당대에는 개인과 사회의 운명이 직결되어 있어 개인의 사회적 실천이 곧 개인의 복지로 환원(還元)되는 구조로 사회를 인식하고 있거나 혹은 그러한 체계를 지향하기 때문에 강렬한 저항의식이 발현되었던 것으로 보인다.

> 민족의 양심을 주체적 역량에서 회복하여야 할 문학은 분단의 극복과 반성에 있어 선도적 역할을 해야 하며 양극의 대결현상에서 민족본래의 모습으로 복원하는 현실적 역사적 비극의 극복으로서의 참된 민중의식에 입각한 거듭난 민족문학으로 전환할 시기인 것이다. (…) 〈언어가 민족의 꽃이며 그 민족의 공동체적 상황을 역사 감각으로 감수(感受)받은 언어가 시〉라고 할 때 오늘날처럼 분단상황이 우리에게 가하고 있는 부정적 측면 즉 정치 경제 사회 문화적인 현상의 폐해와 민족이질화의 갈등을 변증법적 통합으로 극복해야만 민족시의 본질적 생명력은 그 유효함을 갖는다 하겠다.[119]

이 발간사는 『분단시선집』(1984)의 것으로, 당대 시인 46명의 시 254

편을 엮어낸 문학 활동의 동기 역시 분단 상황 극복이라는 사회적 소명의식에 연관되어 있음을 보여준다. 이 발간의 동기는 시를 매개로 한 역사적 증언과 범(凡)계급적 소통이 '민족이질화의 갈등을 변증법적 통합으로 극복'할 하나의 방편(方便)이 된다는 생각에서 비롯하고 있는 것으로 보인다. 즉, 이 시선집은 '(민족)시의 본질적 생명력이 그 유효함을 갖는 순간'을 구축하기 위한 사회적 실천으로서의 문학인 것이다. 그 실천은 이를테면 80년 광주를 주목한 전(全)민족적 시선과 공론·공감의 양상을 곧 민중기반 사회체제를 구축하기 위한 에너지로 환원시키는 과정이며, 이때의 시는 그러한 시스템 작동의 동력으로 소용되는 일종의 도구적 자원인 것이다.

> 50년대는 직접 전쟁에 참가했거나 그 후유증을 깊이 앓는 상처받은 세대의 비참한 증언이라는 입장에서 반공시적(反共詩的) 고발이나 비평이 두드러지지 않았나 생각한다. 50년대의 분단시는 (…) 6·25의 비극성과 그 후유증을 겪는 세대들의 체험의 정서적 형상화에 기준을 두었었다.[120]
>
> 〈분단(分斷)〉의 비극에 대한 민족적 자각이 사회전반, 정치나 학문 문학 제분야에 크게 확산되면서 일어나기 시작한 것은 학생과 민중의 민주적 열망이 일치되어 일어난 1960년 4월 19일의 4·19의거(義擧)가 큰 계기가 되었다.[121]
>
> 분단은 안보제일주의의 배경이 되고 반공법은 여전히 상존하고 80년대 와서는 남북대결의 감정상태는 최악의 경우에 이르고 있다. 이런 시점에서 〈분단〉은 모든 불행의 근본 요인임을 직감케 되며, 단순한 남북의 대립 갈등이 아니라 4강으로 압축된 미·소·중·일과의 복잡한 함수관계를 지닌 국제적 음모임이 드러난다.[122]

『분단시선집』(1984)의 발행 동기는 편자인 문병란과 송수권의 해설에 의해 위와 같이 구체화된다. 곧, 전쟁을 겪은 50년대 한국사회의 비극 체험이 오히려 그 비극성을 고착화하는 냉소적 대립으로 전환된 분단 형국을 지적하면서, 이러한 형국이 정치·경제 층위에서 유리하게 작용하는 지점이 한국사회의 영토 밖에 있음을 문제시하고 있다. 이것은 분단의 형국이 전쟁에서 비롯된 불가피한 선택이며, 사회문화적 부가가치 등 장기 지속의 근거를 발생시키기보다 오히려 삶의 불행을 야기하는 이유가 된다고 보고, 그러한 분단 형국을 재구성해야 한다는 관점을 드러낸다.[123]

대립적 경계와 연대적 협치는 둘 다 이질적으로 분리된 것 사이에 발생할 수 있다는 공통점이 있다. 하지만, 그 정치적 이질성이 자율적 분리 과정에서 행사될 수 있는 선택과 자유의지가 누락된 채 타율적 분리에 의해 실현될 때에는 연대적 협치보다 대립적 경계가 두드러지게 나타난다. 1980년대에 집중되는 분단 형국에 대한 조망과 저항은 이렇듯 피동적으로 구성된 현실의 비효율성과 부당성의 순환구조를 자각한 데서 시작되는 것으로 보인다. 그리고 부당성을 순환시키는 사회구조에 대한 비판의식은 일상과 문학, 그리고 개인과 사회를 의식적으로 연결시키는 실천 활동으로 '노동시' 창작을 도출해낸다. 1981년과 1983년에 각각 발행된 동인지 『시와 경제』(1,2집)는 그 대표적인 사례이다.

> 『시와 경제』 동인들은 이 땅에 대한 책임, 오늘의 '80년대 현실에 대한 역사적 책임을 느낀다. 이 시대의 가난은 이 땅에 발을 딛고 사는 누구나가 벗어나야 할 공통의 질곡이다. 『시와 경제』 동인들은 우리의 가난이 민족사의 전개 과정에서 빚어낸 분단시대라는 특수성에서 비롯

> 됨에 합의한다. 지난 시대의 경험에서 얻은 소득이라면 이 분단의 현실을 뛰어넘어야만이 우리는 보편적인 세계사의 진보에 기여할 수 있다는 사실에의 확인이었다. 분단의 언어에 근본적 회의를 제기하는 일은 때로는 분단시대에서 너무도 당연히 받아들여져 왔던 세계관, 가치관에 대한 정면 도전의 개연성까지 있기 때문에 적지 않은 장애가 예상된다. (…) 분단시대가 만들어낸 기존 언어의 모든 개념은 다시 검토되어야 한다. 이제부터의 모든 언어는 새로운 개념으로 출발하여야 한다.[124]

『시와 경제』(1981) 발간사 역시 분단 현실이 당대의 극복 과제임을 표명하고 있다. 즉, 여기에서는 한국사회를 특수한 것으로 구조화해 온 민족적, 영토적, 이데올로기적 대립의 양상이 80년대 가난의 현실을 만들어냈음을 지적한다. 그리고 '가난은 땅 위에 살아가는 누구나가 벗어나야 할 공통의 질곡'이라는 점을 들어, 분단 지속의 정치적 안보 체제가 지닌 모순적이고도 회의적인 지점을 강조하고 있다. 또한, 시를 매개로 한 통찰과 소통의 과정이 이러한 현실을 회의하거나 성찰적으로 논의하는 기회를 제공할 것으로 기대하고 있다. 시적 실험을 통해, 언어에 담긴 분단 정국의 세계관과 가치관들을 검토하고 재평가해야 한다는 것이다.

이같이 1980년대 한국 문단의 활동 동기를 살펴보았을 때, '분단 현실 극복'과 '민주화 쟁취'라는 시대적 화두가 밀접한 연관성 아래 표명(表明)되고, 그것을 실천하기 위한 방법적 측면에서 '집단적 연대'(네트워킹)와 '문학예술의 사회과학적 도구화'가 강조되고 있었음을 발견할 수 있다. 이를테면, 1980년대 시문학을 창작하고 향유하는 주체와 문학 텍스트가 개인의 순간적인 정서와 내밀한 의식을 반영하는 미학적 영역에 머물지 않고 사회적 통찰과 비판적 감성을 제공·주조·반영하는 실험적 도구로 사용·변용되는 양상이 그러하다. 시 텍스트를 비롯하여 판화, 벽화, (탈)춤, 노래, 연극 등 다양한 형식의 문학예술이 '식민치하–유신치하–군정치하'를 잇는 당대 사회구조를 비판하면서 변화를 위한 동력 자원처럼 도구화되어 사용된 이유는, 개인과 사회의 층위를 동일시하게 된 당시대적 관점 때문일 것이다.

즉, 당대에는 사회적 감수성의 대중화가 생존과 대항의 유효한 전략임을 일상의 체험적 범위 속에서 확인할 수 있었던 것으로 보인다. 가난과 국가폭력에 의한 억압, 선택과 자유의지의 거세를 당사자로 체험하거나 혹은 목격하고 청취하게 되면서 사회적 감성이 연쇄적으로 가열되었고, 개인의 감수성이 사회적 범주 속에 용해되는 양상이 대중화되었던 것으로 생각한다. 하지만, 사회변화를 위한 동력을 확보하기 위해 '민중, 민족, 시민, 대중, 국민' 등 집단적 연대를 지향하는 사회에는 개인을 일종의 장치처럼 인식하여 기능에 따라 위계화하거나 지나치게 결속된 연대의 피로감을 양산할 우려도 함께 내포되어 있다. 가령, 사회변화의 필요성이 신체적 경험을 통해 당위적으로 인식되거나 기념적 제의 등을 통해 지속적으로 현재화되지 않을 때, 밀착된 연대의 감성은 재귀적 부정과 변화의 국면을 맞이하며 현실로부터 밀려나게 될 것이다.

1980년대로부터 40여 년의 시간적 거리를 가진 오늘날이 바로 그러하다. 긴밀하게 결착(結着)되었던 연대의 감성은 상상 속에 추체험(追體驗)되거나 그 효용성이 반문(反問)되곤 한다. 즉, 오늘날의 사회적 감성은 분절 또는 분리된 개인의 범주 안에 은닉되어 비상시적으로 발현되는 낯설고도 다소 냉각된 의식이다. 이어지는 장에서는 1980년대에 창작되고 공유된 당대 청년 문인들의 시적(詩的) 발화(發話) 분석을 시도해 본다.[125] 이는 문학과 일상, 개인과 사회, 심미성과 실용성을 한 측면에 놓고 바라보는 관점의 유효성이 당시 어떠한 지점에서 동의될 수 있었는지에 대한 이해를 제공할 것이다. 즉, 감성의 연쇄와 연대라는 목적 수행을 위한 사회적 도구가 당대 시 사용의 형식이라 할 때, 그것의 기능적 효용성을 검증하고 동의와 실천을 지속시킨 내용적 의의와 방법적 특성에 관해 검토해보기로 한다.

‖ 시적 발화, 감성의 연쇄와 연대

1981년과 1983년 두 차례에 걸쳐 간행된 동인지 『시와 경제』는 80년대 한국사회를 살아간 청년들의 사회적 감수성과 시대적 문제의식에 대한 응답 양상을 관찰하는 데 유의미한 텍스트이다. 『시와 경제』 동인지 구성의 의도는 1집의 발간사인 '김도연, 「언어 질서의 변혁을 바라며」'를 통해 나타나 있다. 이들은 현실의 경직된 폐쇄성이 기존 세계관 구축에 이바지하는 언어 질서에서 비롯되는 것으로 진단한다. "오늘날의 한국어는 도저히 화해할 수 없는 계층 간의 언어 단절로 겹겹이 찢기어져 있"다는 것, "한국어의 혼란을 조장하는 부류들이 정보 전달 수단의 상당 부분을 독차지하고 있다"는 것, "일상의 삶에서 멀어진 시인들이 고답적인 태도로 객기와 호사 취미에서 언어 놀이를 일삼고 있"다는 것, "자기 부정의 정신이 결핍된 시인의 허위의식"이 "시를 대중으로부터 외면당하게 하"고 있으며 "선민의식에 젖"어 "시의 귀족화"를 도출하고 있다는 것 등이 이들이 지적한 언어 질서의 문제이다.[126]

즉, 1집의 동인들은 당대의 현실을 '닫힌 세계'로 규정하며, '부정의 언어를 토해내는 수많은 이단자'[127]들을 호명할 지면의 필요성을 표명하고 있다. 동인은 '홍일선, 정규화, 김도연, 황지우, 박승옥, 나종영, 김정환, 김사인' 여덟 명으로, 당시 이들은 1949년부터 1956년 사이에 출생한 2,30대 청년들이었다. 또한 그들의 출생지는 각각 '경기, 경남, 전남, 충남, 광주, 서울, 충북'으로, 상이한 지역성을 한 데 아우르고 있었다. 이 중, 김도연(국문학), 황지우(미학), 박승옥(불문학), 김정환(영문학), 김사인(국문학)은 당시 서울대학교에서 인문계열로 수학한 지식인으로서 공통점이 있으며, 홍일선은 '『창작과 비평』 여름호(1980)'로, 정규화와 나종영은 '13인 신작시집 『우리들의 그리움은』(1981)'으로 등단한 문인으로서 공통점이 있다. 이들이 문학과 언어를 통해 지역과 신체를 교차하며 만날 수 있었던 것은 다름 아닌, 당대 현실에 대한 앞서의 문제의식과 이를 타개해갈 방법적 구상으로서 언어 변혁이었던 것이다.

> 『시와 경제』 동인들은 무엇보다 시의 귀족화를 단호히 반대한다. (…) 『시와 경제』 동인들은 정직성, 치열성, 성실성을 그의 뼈대로 한 삶의 시에 주력할 것이다. 시와 일상 삶과의 거리를 없애자는 것은 『시와 경제 동인들이 당면한 제일의 과제이다. 그러기 위해서는 현실과 밀착된 언어가 무엇인지 거듭 되묻는 자세를 멈추지 않을 것이다.[128]

위 언술에 드러나듯 이들이 설정한 언어 변혁의 방향성(①~②)은 우선, ①일상의 삶, 즉 '현실과 밀착된 언어'를 회복하는 것에 놓인다. 이것은 선민주의나 허위의식에서 비롯되어 귀족화된 시가 한국사회의 언어를 계층별로 겹겹이 분절하고, 상호 불통의 감성을 만들어 모순적 사회구조를 고착시킨다는 진단 때문이다. 그리하여, 일상을 반영하고 삶

속 적나라한 감성을 공유하는 시의 대중화 과정을 제안하고, 이를 통해 언어가 대중의 것으로 환원되며 사회에 생기가 돌 수 있으리라는 전망을 세우고 있다. 주목할 만한 또 다른 방향성은, 이들이 ②“여러 갈래 예술 작업과의 유기적 협력”[129]을 제안하는 것에 있다. 이들은 “이제까지의 동인지 활동에서 보였던 제한된 공간 개념은 집착하지 않”으며 “문화 운동에 기본적인 관심을 갖고 시대의 아픔에 동참하려는 의욕 있는 동료들에게라면『시와 경제』지면은 아낌없이 할애될 것”[130]이라고 공언한다.

『시와 경제』1집에서 이러한 의식적 방향성이 실현되는 바는 8명 동인의 48편 시를 통해 다음 몇 가지 특성(㉮~㉰)을 도출하며 구체화된다. 하나는 ㉮일상적 소재의 차용(借用)이다. 이들 시에서는 ‘영등포, 청량리, 난지도, 지심도, 홍은동’과 같은 구체적인 지명이나 ‘머슴이었던 아버지, 시집가는 처제, 객사한 친구, 생닭을 손질하는 아내, 바퀴벌레가 기어 다니는 집에 사는 신혼부부, 창제인쇄소 주조실에 있는 김씨 할아버지’와 같이 일상과 삶을 공유하는 생활 속 관계들이 등장한다. 이들의 시 속에서 일상의 소재는 미학적 함의(含意)를 지닌 분석 대상이라기보다 독자가 미처 보거나 듣지 못한 일상의 장면과 심적(心的) 반향(反響)을 추체험할 수 있는 상품처럼 최소한의 가공만을 거친다. 일상의 장면과 일상의 화법(話法)이 담긴 시의 화자가 독자의 시선을 범(凡)계급적으로 확보하며 시적 정조(情操)의 전달 과정을 단축시키는 것이다.

(1)
아침부터 아내는 아이들을
손바닥으로 때린다

바나나 킥인가 B29ㄴ가
단돈 2백원 땜에
아이들은 빨간 목젖으로
운다 그놈의 텔레비전 때문만은 아니다
버릇을 고쳐준다고는 하지만
아내는, 지금, 나의 무언가 過信의 무능에
손질하는 것이렸다
낮에도 남자가 집에 있다는 사실
이 사실에서, 이 혐의에서
검침원과 외판원에게 문열어
줄 때마다 나는 죽는다(후략)

—황지우, 「아내의 수공업」[131] 일부

(2)
시로서 시작하라 너의 아침을
만원버스 속에서도
새벽의 지하철 계단
아직 자고 있는 어린 별똥 하나
때묻은 옷 앞에서도
후지은행 앞에서도
야간작업을 끝낸 부스스한 철책 대문
돈 몇푼의 코피 앞에서도
사랑으로 시작하라 너의 아침을
어지러운 현수막이 붙어 있는 회사 정문 앞에서도
술꾼이 토한 오물 앞에서도

용산캠프의 낯선 간판 앞에서도
침묵으로 시작하라 너의 아침을

__박승옥, 「아침」[132] 전문

이를테면 위와 같은 시들의 경우가 그러하다. (1)에서, 시를 쓰거나 직업을 잃었거나 일당이 적거나, 독자가 경험한 어느 경우로든 정조 전달은 가능하다. 가족의 일상적 즐거움을 보장하지 못하고 노동의 가치도 증명하지 못하는 가장은 가난한 현실의 주범이라는 혐의를 받는다. '동네 꼬마놈들'에게 '피아노 렛슨'을 하는 아내에게도, 2백 원짜리 과자를 얻지 못해 떼를 쓰고 텔레비전이나 보다 결국 엄마에게 혼나고 마는 아이들에게도, '낮에 남자가 집에 있다는 사실'에 보이지 않는 의문을 풍기는 검침원과 외판원에게도, 죽거나 '유배간다'는 심정으로 뒷산 기슭에 오르는 나에게도, 독자의 정조 이입은 가능하다. 낯익거나 공감이 가능한 일상의 단면이기 때문이다.

(2)에서 '만원버스'와 '새벽의 지하철 계단'을 거쳐 '때 묻은 옷'으로 갈아입는 출근길은 '돈 몇 푼' 받는 '야간작업'을 끝내고 코피와 함께 철책 대문을 열고 나오는 퇴근길과 교차한다. 두 시선은, '술꾼이 토한 오물'처럼 더럽고 '현수막이 붙어 있는 회사 정문'처럼 어지럽거나 '용산캠프 간판'처럼 낯설더라도 또 하루를 살아내야 한다는 삶의 의지에서 상호 연결된다. (2)의 시적 화자는 '가난하므로 추하거나 나약한 노동자'로 읽히지 않는다. 그는 인간다운 삶을 추구하는 사람, 즉 '침묵'하는 의연함 속에 '시'와 '사랑'을 지키며 매일의 고통을 감내하는 의지적 노동자로 비친다. 자조와 포기를 강요하는 현실과 대비적으로 화자의 발화에 드러난 내면의 의식은 매우 강인하고, 그리하여 인간으로서 아름다움이

어떠한 것인가를 제시해낸다.

이처럼, 이 동인지의 시적 실천에서는 일상과 밀착된 시의 구현, 즉 시적 소재와 시적 화법을 구체적인 일상에서 취하여 시적 정조에 대한 독자의 시선을 속도감 있고도 포괄적으로 획득하는 시도가 나타나 있다. '닫힌 세계 부정'이라는 의식적 방향성이 이 동인지에서 실현되는 바의 또 다른 특성은 시적 화자의 발화에 의해 이행되는 ㉯신체적 감각의 활성화이다. 여덟 명의 동인은 각기 개성적인 시적 화자를 설정하고 있지만, 이 화자들은 공통적으로 관념의 층위가 아닌 신체적 감각의 층위에서 독자의 삶을 대리하여 발화하는 것으로 보인다. 즉, 이 동인지의 시 속에는 관념적으로 추론하거나 기호 해독을 통해 시적 의미망을 재구성하는 과제가 없다. 그럼에도 불구하고 독자들은 이들 시를 통해 삶을 재현을 경험하고, 공감의 결과를 삶의 추동력으로 환원하며, 대리 발화된 삶의 응어리에 회한을 실어 내보낼 수 있게 된다.

(1)′
기쁨은 기쁨이고
시원함은 지긋지긋한 시원함이고
병은 병이고
냄새는 고린내 극치의 냄새인데
이들은 분명 따로따로 엄연하게 갈라서야 하는 것인데
2년된 내 결혼구두 속에서
사랑, 눈물, 피비림 이 모든 것들이 한데 어울려
이 근질근질한 백주의 대낮에
나를 비틀거리게 하는 이 무좀은 도대체 무엇인가
(생략)

나는 아무래도 내 무좀난 발가락을 몽땅 짤라낼까부다

—김정환, 「내 무좀」[133] 일부

(2)′

통금시간에 돌아온 문칸 방 새우젓장수
무엇이 억울해서 그는 술에 취해 우는 것이냐
빚에 몰려 도망나오던 몹쓸 고향
땀이 흥건히 밴 밤길 달랭이 무우 잎새에서
늙은 애비 한숨소리 들린다던 말더듬이 사내여
헐값에 서울치들에게 팔려온 저 푸성귀처럼
우리들도 이 영등포 시장에서 아무렇게 짓밟혀서
단돈 백원 한닢이라도 깎자던 사람들
안타까운 흥정만이 잠든 시장 사거리(후략)

—홍일선, 「영등포의 밤」[134] 일부

(1)′의 화자가 백주 대낮에 술 한 잔 걸치지 않았는데도 비틀거리는 이유는 지긋지긋한 무좀 때문이다. 화자는 결혼하면서야 장만했던 구두를 2년 넘게 신고 있으면서, 그 오래된 구두 속에 악화되는 무좀을 치료할 수도 고린내 나는 현실과 결별할 수도 없이 눈물과 피비림 속에 어울려 살아야 하는 오늘에 염증을 느끼는 자다. “발가락을 몽땅 짤라낼까부다”라며 거친 심정을 토로하는 것은 삶의 혁신을 위한 결의의 표명이거나 기쁨이라곤 없는 현실에 대한 염세적 자조가 아니다. 그것은 기쁨과 사랑을 잃거나 잊어가며 매일의 노동자로 살아가는 ‘무명의 시민’들이 잠시 멈출 수 있는 일말의 휴지기이다. 시선을 자신의 신체와 감성

에 돌리고 묵은 체증을 표출할 수 있는 발화의 기회인 것이다.

(2)′에서 '빚에 몰려 도망나온' 말더듬이 사내는 '푸성귀처럼 아무렇게 짓밟혀서' 그와 비슷한 안타까움을 가슴에 지니고 있을 영등포 시장 사람들과, '단돈 백원 한닢이라도 깎자'고 흥정하는 결국 비슷한 사람들의 사연을 연쇄적으로 환기시킨다. 독자는 영등포 시장에서 몇 푼에 흥정하던 사람들 중 하나가 되거나, 파장 후 진종일 혼자 보채다 잠든 아이에게 돌아가는 상인이 되거나, 무 농사로는 한숨밖에 얻을 것이 없어서 아버지와 고향을 떠나 온 새우젓 장수가 되어 함께 '영등포의 밤'을 보낸다. 혹은 이 시의 말미에 건네는 말처럼 "울지마라 새우젓장수여/오늘 밤엔 고향가는 꿈이나 꾸자"며 "밤비에 더 싱싱해져" 있을 "새벽장"을 함께 기다릴 것이다.

위 (1)′과 (2)′의 화자는 독자의 신체적 감각을 통해 수용하거나 환기할 수 있는 층위의 정보를 바로 그 신체적 감각의 언어로써 발신한다. 그리고 독자는 체화된 경험적 언어를 통해 시각, 청각, 후각, 미각, 촉각을 아우르는 화자의 의식 세계와 접속한다. 화자가 발신하는 메시지는 그 시적 세계 속에서 독자의 현실 속 경험과 감정을 반추하며 이웃처럼 교감하고 독자의 의식에 작동하게 되는 것이다. 텍스트가 바로 현실의 이미지와 스토리를 응축한 일상의 단면으로 제시되기 때문이다. 이것이 시가 감성을 연쇄적으로 발생시키고 간 개체적 연결을 수행하는 일종의 도구로 사용되는 지점이다.

이처럼 『시와 경제』에서는 문학과 사회의 범주를 접목하여 두 범주를 상호 순환적으로 변용해가는 실험적 시도가 발견되고 있다. 뿐만 아니라, 문학 내 범주를 구분해 온 장르의 경계를 흔드는 시도도 발견된다. 『시와 경제』 1집 발행으로 제기된 언어 변혁의 문제의식은 2년 후

발행된 2집 『일하는 사람들의 미래』에서 소기의 성과를 수렴하며 참여의 폭과 실천의 강도를 더하는 것으로 심화된다. 『시와 경제』 2집에서는 '집단 종합예술을 지향하는 여러 갈래의 작업이 어우러진 문화운동'[135]을 표방하고 있는 만큼, 다양한 문학적 실험과 실천의 양상이 지면에 드러난다.

예를 들면, 장 또는 절을 포함하는 챕터(chapter)형 장시(홍일선, 「젊은 소작농 김씨의 꿈」(1집), 「어허 두웅둥 둥둥 북소리야」(2집)), 행과 연을 다신한 연표형 구조의 시(황지우, 「활엽수림에서」(2집)), 벽보나 방송자료 등 사실적 자료를 활용한 르포르타주 형식의 시(황지우, 「벽」, 「徐伐, 셔블, 셔블, 서울, SEOUL」(2집)), 삶의 현장 보고와 자기 고백을 담은 생활시(박노해, 「시다의 꿈」, 「얼마짜리지」(2집))와 현장논문 생활연극 체험기(박인배(2집))가 그러하다. 이것은 의미를 구성하는 텍스트 구조를 낯선 것으로 변형하거나 중첩된 장르의 성격을 띠도록 접목시켜 기존의 문학적 화법에 도전하는 양상들이다. 또한 이 시도들은 삶 자체를 반추하여 낯익은 일상을 공유한 독자들을 호명하는 동시에, 독자의 감흥을 유도할 새로운 화법을 개발하는 변혁적 언어 실험의 성격을 지닌다.

특히, 1집에서 한국사회의 계층적 분절과 소통의 혼란성이 정보 전달수단을 독차지하는 부류에 의해 야기됨을 지적하며 매체의 편향성을 비판했던 문제의식은 2집에 이르러 "재야 차원의 매체 개발 의지"[136]를 촉구하는 것으로 강화된다. 정치·경제 권력을 기반으로 둔 기존의 정보매체가 정상적인 기능, 이를테면 '정서를 건강하고 민주적인 것으로 방향지우'[137]는 역할을 하지 못하는 것에 비해 대중 기반 국소 매체가 지닐 수 있는 효율성을 간취한 것이다. 이들은 분명 매체 혁신을 위한 국소 매체의 유용성을 인식하고 있었던 것으로 보인다. 2집 발간사 「문학에서의 집단성 문제」에서 "여러 경향의 소집단 운동, 무크 형태의 부정기 간행물 증가" 등을 성과로 지적하고 있으며, "기획성과 시의성에서 얼마든지 신축성을 가질 수 있는 측면"과 "문화운동의 담당자가 지식인 중심에서 자각된 민중"으로 확장될 수 있는 측면, "지방 문화 운동의 자생적 성장과 현장 문화 운동의 움직임"을 도출하여 사회문화의 폐쇄성에 충격을 가할 수 있는 측면을 들어 이른바, '재야 차원의 매체' 개발을 독려하고 있다는 점이 그러하다.[138]

> 『시와 경제』 동인들은 이런 움직임이 배양된 근본적인 배경으로서 이 땅의 뜻있는 문화인들 사이에서 심각하게 반성되고 있는 개인주의의 극복을 보다 평가하고 싶다. 오염된 언어를 되살리는 데는 한 개인의 양심적인 문화 작업만으로는 궁극적인 해결이 어렵다는 자각, 그것이 문화운동에 있어서 여러 방면의 광범위한 연대의 필요성을 낳게 하고 있다. (…) 운동 개념으로서의 문학이 강조되고 일부 예술 분야에서 공동 창작이 시도되는 것은 이와 같은 맥락에서이다. (…) 집단 종합예술을 지향하는 여러 갈래의 작업이 어우러져 빚은 든든한 뿌리를 바탕으로 문화운동은 그 진정한 방향성을 얻게 될 것이다.[139]

한편, 2집에서는 위와 같이 '개인주의를 극복하는 광범위한 집단적 연대'를 지향하며 창작과 실천[140]의 방향성을 설정하고 있다. 즉, 이들의 실천에 나타난 또 다른 특수성으로 ㉰경계를 넘나드는 문화적 포섭을 들 수 있다. 2집에 이르러 동인은 선명한, 홍일선, 정규화, 김도연, 황지우, 박누래, 김정환, 김사인 여덟 명으로 재구성되었으며, 이에 더해 박노해, 조성우를 새로운 시인으로 소개하였다. 2집에서는 종합예술지 또는 현장예술지로서의 성격을 더욱 표명하고자 하는 시도가 나타나는데, 박인배의 현장 논문 「생활연극[141] 체험기」와 당시 활동하던 대중 가수와 국악인을 포함한 좌담 녹취록 「대중가요, 그 방향성의 모색」[142]을 게재한 점이 그러하다. 이처럼, "문화계의 폐쇄성을 설정"[143]한 『시와 경제』 동인들은 사회변혁을 위한 전략으로 언어를 비롯한 다양한 표현·소통 매체의 결집과 재구성을 실행하였다.

‖ 세대 공조, 네트워크 넘어 네트워킹하기

지금까지의 분석을 통해서 볼 때, 1980년대에 감성의 연쇄와 연대라는 목적 수행을 위한 사회적 도구로서 시 형식에 담긴 내용적 의의는 '분단극복'과 '사회변혁'을 들어 말할 수 있다. 1980년대 청년 세대를 중심으로 한 문학 활동은, 남북 분단 정국에 담긴 정치적 피동성이 일상의 주체적 구성과 안위 유지에 미치는 부당한 영향을 발견하는 데서 시작되었다. 당대의 청년들은 그 부당성을 유지하거나 강화하는 원인을 탐색하는 과정에서 기존의 언어 질서에 대한 비판의식을 도출하고 언어와 언어활동에 담긴 사고의 변혁 방안을 구상하였다. 곧, 그들은 당시 공안(公安)을 빙자하여 정당화하는 권력 쟁탈의 폭력 속에서 언어예술인 시를 비롯하여 문학예술의 사회문화적 도구화라는 대항 전략을 실천하였다.

문학과 일상(노동)의 영역, 그리고 개인과 사회의 영역을 교차하며 시대의식을 표명하고자 했던 『시와 경제』(1,2집)의 발화 양상을 분석해볼 때, 이들의 언어 변혁 방향성은 '일상의 삶, 현실과 밀착된 언어를 회복하는 것'과 '여러 갈래 예술 작업과의 유기적 협력을 제안하는 것'에 초점이 있었다. 그리고 이를 문학적으로 구현한 양상의 특징은 '일상적 소재의 차용', '신체적 감각의 활성화', '경계를 넘나드는 문화적 포섭'으로 나타나고 있다. 이것은 80년대 한국사회 청년들의 문학적 실천에서 두드러지게 나타나는 특성이자 오늘날 역시 적용 가능한 사회 혁신의 기술이 될 수 있을 것으로 여겨진다. 현실에 유익하지 않음에도 불구하고 유지되거나 고착화되어 있는 모순적 구조를 해체하고 재구성하거나 보완적 지점을 창조하는 것, 일상에서 신체를 통해 감지되는 정서를 근거로 현실의 사회적 요소에 의문을 던지고 이것을 재구성할 동력으로서 또 다른 신체들을 연결하는 것은 오늘에도 마찬가지로 해결해야 할 과제이기 때문이다.

말하자면, 개체 간 상호 연결과 연대라는 사회적 네트워킹의 필요성과 80년대에 나타난 문학적 변혁 기술의 유용성에 동의한다. 다만, 오늘날의 사회는 신체 기반 물질적 사회와 의식 기반 비물질적 사회라는 양측면으로 나뉘어 운영되고 있는 것으로 보인다. 그렇기 때문에 상호 연결되거나 감성적 연쇄를 경험하게 되는 관계의 범주가 일상의 영역과 일치되지 않거나 신체적으로 감지할 수 있는 영역의 바깥에 놓일 수 있다. 즉, 개인의 감성적 정황에 영향을 미치는 인간관계가 일상의 범주 밖에서 우연히 발생할 가능성이 높아지고 웹(web) 미디어 같은 일시적 마주침의 공간에서 아바타처럼 구현된 상상 속 관계가 순식간에 생성되고 사라지곤 한다.

이에, 상호 연결됨을 위해 호명(呼名)하려는 대상은 80년대 당대처럼 대중적으로 가시화되거나[144] 일상을 기반으로 한 범주와의 일관성을 지니기 어려울 것이라는 생각이다. 이른바, '4차 산업혁명시대'로 불리는 현재에는 다양한 기계, 전자, 정보 기술들을 탈착(脫着)함으로써 신체 기능을 연장하거나 강화한다. 즉, 신체의 확장과 사용 측면의 유동성(mobility)에 주목하고 있는 시대인 것이다. 이러한 점을 고려할 때 오늘날 은닉되고 다양화된 전쟁의식에 대항하여 감성의 연쇄와 연대라는 목적을 수행하기 위한 문학, 특히 사회변혁을 위한 사회적 도구로서 시 텍스트의 활용법은 1980년대의 그것을 변용한 양태로 재설계되어야 할 것이다.

이를테면, 기술과 정보 등을 연계하여 통합적으로 활용하는 모빌리티의 측면을 신체의 일부로서 감성에 적용하는 방안을 들 수 있다. 예를 들어, 시는 개체 간의 감성을 연계하면서 상호 접속과 피드백을 가능하게 하는 문학적 플랫폼으로 기능할 수 있다. 1980년대의 시가 감성의 연쇄와 연대에 초점을 두었다면, 오늘날의 시에는 감성의 접속과 공유에 초점이 놓일 수 있는 것이다. 1인 미디어 시대로 불리는 오늘날 개체 간 접속의 특성은 속도감과 탈착의 용이성이다. 오늘날은 관계의 구성과 해체에 있어 선택과 자유의지를 중시한다는 점에서 분단 정국의 피동성 탈피를 화두로 삼았던 1980년대와 공통적이지만, 관계 구성의 양상이나 탈착의 계기가 반드시 노동이라는 일상에서 비롯되지는 않는다는 점에서 상호 변별적이다.

오늘날의 일상은 생존을 위한 조건으로서 노동의 영역과 생존을 전제로 삼는 독립된 삶의 영역으로 나뉜다. 여전히 노동의 영역이 중시되지만 그 영역이 일상 자체와 동일시되지만은 않으며 양가적으로 구별되는 면이 있다. 그것은 삶의 조건으로 노동과 생존과 행복의 역학 관계가 더 이상 일상의 범주 속에서 상호 기여하는 선-순환적 방식을 지니지 않는다고 판단되기 때문일 것이다. 또한, 삶의 조건 간 관계가 차별적 계층구조에 의해 비약적 결과를 나타나거나 그 순환적 구조가 파편화되어 기존의 노동 의식을 비관하는 데 이르렀기 때문일 것이다.

하지만 선택적 관계 구성과 관계 탈착의 용이성을 중시하는 오늘날, 시문학이 감성적 모빌리티를 확장하는 사회문화적 도구로 사용될 유용성은 여전히 1980년대와 유사한 지점에서 찾을 수 있다. 하나는 시가 여전히 속도감 있는 연대의 도구라는 점이다.[145] 오늘날의 청년 세대는 다양화된 전쟁의식 속에 독존하거나 은둔한 수많은 개체들을 시를 통해 호명할 수 있다. 밀레니얼세대의 두드러진 특징으로 미디어 통합사용 능력과 고학력(학력 인플레이션)현상을 들 수 있는데, 시라는 문학적 플랫폼은 특히 디지털 미디어 공간을 통해 오늘날의 청년세대 간 응답을 확인할 수많은 접속점으로 구현될 수 있을 것이다.

또 다른 하나는 시가 지닌 높은 추체험성이다. 오늘날 기술적 모빌리티를 구현하는 물질적 생산물에서 중시되는 점 중 하나는 실재성을 전달하거나 수용하는 인간적 감각의 모방이다. 모바일 통신 매체에서 촉감을 강조하는 '햅틱(haptic) 기술'이 정교화되는 것은 하나의 증명 사례이다. 시문학은 공감각적 정서를 함축하여 시적 화자의 발화를 통해 독자와 공명하기 위해 구조화되어 있으며, 정서적 추체험을 본질적 기능으로 지닌 언어예술이다. 이 같은 점에서 시문학은 감성적 수용과 표현을 위한 플랫폼으로 적절하며, 시적 화자라는 대리자를 통해 탈착 가능한 사회적 연대를 조직할 수 있다는 점에서 조작적 자율성을 지닌다. 또한, 호명에 의한 응답의 접속이 자율의지와 감성적 연대감을 반영한다는 점에서, 선택적 공조 관계를 유연한 범위에서 확장시킬 수 있을 것이다.

사회적 감수성을 연계할 이러한 도구가 활용된다면, 오늘날 청년 세대의 비효율적 고학력화, 사회적 감성의 은닉, 단절과 고립을 선택하는 자조적이고 폐쇄적인 감성은 한편으로 개인의 사회적 가치를 새로운 관점에서 인정하게 만드는 심적 동력으로 작용할 수 있을 것이다. 오늘의 청년 세대는 고착된 관계보다 결착이 자유로운 관계를 지향하는 속성을 지니고 있어 기존 위계적 질서에 대한 도전성을 강하게 드러낸다. 또한 이들은 커뮤니케이션 관계에 선택적으로 집중하고, 정면 도전보다 조롱과 탈출 등의 우회적 방법을 사용하며 위계적 질서를 근원적으로 해체하기도 한다. 말하자면, 오늘의 세대는 조작적 네트워킹에 능하다. 이들은 관계의 네트워킹을 스스로 조작할 수 있는 자율성을 추구하고, 개별로 분리된 채 선택적 연결(pairing)을 즐기며, 에너지 투입의 시기와 대상을 특정하지 않은 채(혹은, 못한 채) 호환성이 높은 노동력을 상비한 이들이다.

개인적 층위의 내밀한 감성이 사회적 감성에 비해 상대적으로 발달하고 불가피하게 개별성의 범주 가치에 익숙해져 온 오늘날의 청년 세대들에게는 한편으로 직종의 전문성을 세분화하며 변별성과 경쟁력을 창출해낼 가능성이 있다. 이들의 에너지가 사회로 발산되고 그 동력이 사회구조 속에 선순환되기 위해서는 청년 세대를 대상화하는 관점을 벗어나 세대 간 공조적 분위기를 마련하는 것이 필요하다. 그것은 이를테면 ㉠새로운 세대의 선택적 자율성을 지지하고, 이론·경험·수요·공급·피드백을 한 데 접속시킨 전문적 생산트랙을 구성하는 등 ㉡노동의 공간과 관계의 계기를 지원하며, '교육-산업-시장'의 일원체계를 청년 관리자 중심으로 운영하는 등 ㉢청년의 공조적 지위를 인정하는 과정을 통해 조성될 수 있을 것이다.[146]

청년 세대의 첨예한 독존 의식을 생존의 동력으로 연소시킬 사회문화적 정책을 마련하고 수행해갈 때, 한국사회가 맞이할 긍정적 효과는 연쇄적으로 나타날 수 있을 것이다. 가령, 특정 전문직과 3,4차 산업에 편중된 고학력자 취업 양상을 불특정한 전문 직종 창출과 1차 산업군의 질적 발달로 전환시킬 수 있다면, 이원화된 생산-소비 문화와 기존 직업체계의 헤게모니를 변화시킬 수 있을 것이다. 주거불안계급으로 불리는 신(新)빈곤층의 문제, 지역과 계급 측면에서 나타나는 인력난의 문제, 질 낮은 1,2차 산업 생산물을 불가피하게 소비해 온 대중 시장의 한계 등을 극복할 수 있는 방안은 사회구조적 보강이나 물질적 지원 이면에서 함께 진행되어야 한다. 그것은 이를테면 세대 감성과 정체성을 상호 확인할 수 있는 문학예술·문화공간 관련 텍스트의 발굴 작업이거나, 각 세대를 동위의 선상에 연결하는 상시적인 공론·공감장의 시스템 마련 작업이 될 수 있다. 세대 간의 교감과 화해, 공조와 합심을 통해 결속 양상을 도출할 수 있도록 관념적 토대가 함께 공고해질 때 전쟁의식과 같은 불안에 소모되어 온 감성적 에너지가 비로소 새로운 시대의 대응 기제로 전환될 수 있을 것이라 여기는 바이다.

■ 주석

제2부/ 사회적 감성의 새로운 도정, 몇 가지 구상들

광장의 권력과 기억 공동체

1 마르쿠스 슈뢰르는 그의 저서에서 "탈영토화를 뒤쫓아서 재영토화가, 탈공간화를 뒤쫓아서 새로운 공간화가 나타난다"고 말한다.(Markus Schroer, 『공간, 장소, 경계: 공간의 사회학 이론 정립을 위하여』, 정인모, 배정희 공역, 에코리브르, 2010, 232쪽.) 공간과 경계의 구성이 지니는 사회정치적 의미와 관련하여, 탈영토화이론은 전 지구화 시대에 나타나는 '경계의 해체, 공간의 중요성의 감소, 전지구적 이주, 새로운 미디어와 운송기술의 발전 등'(같은 책, 219쪽; 231쪽.)의 양상에 주목한다. 정치 또는 사회철학적 논의에서는, 이처럼 국민국가적 경계가 움직이고 공간들의 탈구가 이루어지는 징후를 정치·경제·문화 등의 범계열적 영역 속에서 발견하면서 '초국가적이고 이산적인 영역'을 연결하는 새로운 네트워크 방식(이를테면, 다양하고 가상적이고 사적인 특성을 지닌)을 재영토화 또는 재조직화의 양상으로 독해하곤 한다.(탈영토화 과정에서 나타나는 이산적이고 초국가적인 특성에 관해서는 'Arjun Appadurai, 『고삐 풀린 현대성』, 차원현, 채호석, 배개화 공역, 현실문화연구, 2004, 329~330쪽을 참고.)

2 신혜란은 기억공간을 기억의 영토화 결과물로 보고 그 공간이 선택, 생산, 점유, 확산되는 과정을 기억공간 형성 과정으로 본다. 이 글 역시 이러한 관점을 공유하는 것으로, 공간에 대한 추상적 인식과 물리적 공간이 지닌 장소성이 역동적인 상관관계를 지닌다고 본다. 신혜란, 「기억의 영토화 –세월호 기억공간 형성 과정을 사례로」, 『공간과사회』 제26권 3호, 한국공간환경학회, 2016, 117쪽.

3 김찬기, 황수현, 「아리엘 도르프만의 『죽음과 소녀』에 나타난 기억의 탈영토화」, 『비교문화연구』 제46집, 경희대학교 비교문화연구소, 2017, 200쪽.

4 고길섶은 '공간 권력'에 대해 "공간을 장악한 것으로서가 아니라 공간을 배치하고 구성하는 내성적 권력을 의미하는 것"이라 정의하고 있다. (고길섶, 「공간의 문화정치: 공간적 세계성의 문화적 배치를 위하여」, 『공간과 사회』 제14호, 한국공간환경학회, 2000, 107쪽.) 그는 미시권력의 복합체라는 공간적 세계성을 새롭게 구성하기 위해 탈영토화 또는 탈코드화를 확대하기 위한 견해를 나타내면서 공간이 정치경제학의 논법이 아닌 미학적 문화 정치에 의해 구성되어야 한다고 주장한다. 이러한 그의 주장은 공간의 세계성 구성에 정치적 요소를 배제해야

한다거나 문화와 정치가 변별되어야 한다는 것이 아니라 경직된 공간문화를 정치적, 문화·예술적 권력으로부터 해체시켜야 한다는 것으로 읽힌다. 공간의 세계성에 다차원성이 보장되고 장소의 점거, 공간의 점유가 특정 헤게모니가 아닌 문화 공학, 문화적 욕망에 의해 이루어지도록 해야 한다는 그의 주장은 공간의 탈영토화가 이루어지는 방식을 보여주는 하나의 예가 될 수 있을 것으로 보인다.

5 이외, 소피스트에 대한 자세한 설명은 뤽 브리송, 「소피스트, 소크라테스, 플라톤: 수사학, 철학적 대화, 변증술」, 『인간·환경·미래』 제7권, 인제대학교 인간환경미래연구원, 2011, 86~91쪽을 참고.

6 서양의 기억술은 연설을 잘 하기 위해서 연설가가 갖추어야 하는 수사학적 분야의 하나로, 기억하고자 하는 그려낸 이미지(모상)을 특정한 장소 안에 내려놓아서 보다 쉽고 빠르게 기억해야 하는 원래의 말과 의미를 불러내는 기술이다. 마테오리치는 기억술에서 활용되는 장소배치법과 모상작성법을 한자에 적용하여 중국 육서론의 용어와 기억술을 연관시켜 보려고 시도하기도 했다. 염정삼, 「중국의 서학, 유럽의 중국학: 서양의 기억술과 중국문자의 상형성 - 『서국기법』(西國記法)의 작상론(作象論)」, 『인문논총』 제67권, 서울대학교 인문학연구원, 2012, 404쪽.

7 테크네는 체계화된 규칙들에 기반을 둔 안정성을 갖고 있다는 점에서 비전문적인 실천과 구별되었다. 소피스트들의 기술은 연설을 통해 체계화된 과정과 특정한 결과를 도출해내는 것으로서, 이것은 전문적이고 합리적 실천으로서 테크네와 부합하는 것으로 볼 수 있다. 뤽 브리송, 앞의 글, 89쪽.

8 위의 글, 88쪽.

9 전자 미디어나 지면, 옥외 공간을 통한 광고 등에서 유행 예정 상품이나 유행의 경향성을 전략적으로 홍보한다는 점을 상기한다면 우리의 소비 요구가 시장의 설계에 의해 타율적으로 조정된다는 사실이 놀랍지 않을 것이다.

10 이상, 구 전남도청 일원의 건축적 변화에 관하여 송석기, 「구 전남도청 본관 일원의 역사적 변화 과정과 건축적 특징」, 『대한건축학회연합논문집』 제10권 3호, 대한건축학회지연합회, 2008, 71~72쪽. 참고.

11 Jeffrey K. Olick, 『기억의 지도』, 강경이 역, 옥당, 2011, 147쪽.

12 Erich Neumann, 「집단, 위대한 개별자 및 개인의 발달」, 이유경 역, 『의식의 기원사』, 분석심리학연구소, 2010, 442~449쪽.

13 이와 관련한 비판으로, 류재한은 아시아문화중심도시 조성 사업 추진기획단의

폐쇄성과 하향식의 일방적 정책 추진이 '과정'의 부재, 즉 논의와 설득이라는 소통 과정의 부재를 낳고, 이것이 '조성위원회, 추진기획단, 광주광역시, 시민사회' 상호 간의 불신과 갈등을 빚게 되었음을 지적한다. 류재한, 「아시아문화중심도시조성과 5·18」, 『민주주의와 인권』 제7권 2호, 전남대학교 5·18연구소, 2007, 122쪽.

'아시아문화중심도시 조성에 관한 특별법'(법률 제15438호. 일부개정 2018.03.13.)에 명시된 바대로, 조성사업 대상 범위에 있어 지역 포함 문제(제5조)나 시민사회단체 간 의견 청취와 협약 문제(제4조) 등 공간 재구성을 위한 형식적 조건은 건립 논의에 보장되어 있는 것처럼 보인다. 하지만 실상, 장소성 변형이라는 문제 앞에 분열된 심리적 통일체의 가장 큰 한계는 통일적 담론을 구성해가기 위한 내용적 조건, 즉 변형과 변화에 대한 자율적 의지이다.

14 ACC의 국제건축설계경기에서 당선된 건축가 우규승의 '빛의 숲'은 5·18민주광장은 물론 아시아문화광장까지 확보함으로써 시민사회단체가 제안한 광장기능을 한층 강화하고 미래적 가치를 투영한 시민참여 공간으로 거듭날 수 있는 가능성을 열었다고 평가받기도 한다. 유우상, 이언용, 「'공동의 기억'이 담긴 역사적 건축물의 변경: 국립아시아문화전당 건립 사례를 중심으로(2004년~현재)」, 『한국건축역사학회 학술발표대회논문집』, 한국건축역사학회, 2015, 8쪽.

15 이상, 국립아시아문화전당에 관한 내용은 아래 ACC 홈페이지에서 참조. https://www.acc.go.kr/ac_c/intro/view 2017.10.13.

16 Jeffrey K. Olick, 앞의 책, 148쪽.

17 서도식, 「도시 공간의 현상학과 아고라포비아」, 『철학논총』 제58집 4권, 새한철학회, 2009, 239쪽.

18 서도식, 앞의 글, 240쪽.

19 서도식, 앞의 글, 238쪽.

20 이승권, 양희주, 「동아시아 문화도시 선정의 의미와 문화도시 전략」, 『인문학연구』 제52권, 조선대학교 인문학연구소, 2016, 436쪽.

21 위의 글, 433쪽.

22 위의 글, 447쪽.

23 위의 글, 432쪽. 이들의 연구에서 '인간의 얼굴을 한 도시'는 "공적 이익을 실현시키고 공동체의 삶을 보장하는 도시 기능을 작동시켜 공공의 가치를 추구하는 도시"로 서술되고 있다.

24 한은숙, 「광주 도시경관 재구성의 정치: 아시아문화전당 건립을 중심으로」, 『문

화역사지리』 제22권 2호, 한국문화역사지리학회, 2010, 12~13쪽.

25 이승권, 양희주, 앞의 글, 447~448쪽.

26 플라뇌르(flâneur)는 순간의 스펙터클과 인상에 빠져들면서 서두르지 않고 되는 대로 거니는 사람을 말한다. 문장의 직접 인용 부분과 플라뇌르에 대한 설명은 류재한, 「도시의 이론적 토대로서 인문적 사유」, 『용봉인문논총』 제50권, 전남대학교 인문학연구소, 2017, 61쪽을 참고.

한국 봉기蜂起 매체의 도구적 특성

27 Werner Faulstich, 『근대초기 매체의 역사: 매체로 본 지배와 반란의 사회 문화사』, 황대현 옮김, 지식의 풍경, 2007, 465쪽.

28 위의 책, 19쪽.

29 같은 책, 17쪽.

30 같은 책, 275쪽.

31 파울슈티히의 연구에 의하면, 매체 군과 개별 매체는 이 같이 '인간 매체(문장관, 교사, 가인(가수), 춤(무도회), 이야기꾼, 설교자, 축제, 연극)', '수기 매체(서신, 벽, 낱장 문서)', '조형 매체(궁전, 정원)', '인쇄 매체(서신(증서), 낱장 문서, 소책자, 달력, 신문, 벽보, 서적)'로 분류된다. 같은 책, 463쪽.

32 precessional motion, 기울어진 모양의 경로를 따라 회전체의 축이 회전하는 현상.

33 이문화(異文化) 커뮤니케이션 연구에 의하면, '불안·불확실성 제어 이론'은 다음과 같은 사고를 말한다. 바로, '상대의 커뮤니케이션 패턴이나 문화에 관한 지식·정보의 결여로 상대의 행동을 예상·설명할 수 없을 때, 상대의 행동을 관찰하거나(수동적 전략), 다른 사람으로부터 정보를 수집하거나(능동적 전략), 실제로 상대와의 회화를 통해(상호작용적 전략) 서로를 보다 더 잘 알고 서서히 커뮤니케이션에 관한 불안과 불확실성을 줄여간다는 것'이다.(Hiroko Nishida ed., 『이문화간 커뮤니케이션』, 박용구 옮김, 커뮤니케이션북스, 2005, 172쪽.) 논지와 연관하여 말하자면, 전쟁에서 불가피하게 교차하게 되는 이문화들 사이의 불안과 불확실성이, 역시 그것을 제어하거나 극복하기 위해 불가피하게 생성되는 커뮤니케이션 과정을 거치면서 문화적 접합 양상과 혼종성을 도출해내는 것일 수 있다.

34 홍경래의 난이나 임술 농민 봉기, 임오군란, 동학농민운동, 의병항쟁, 3.1운동, 60년 4.19혁명, 79년 부마항쟁, 80년 5·18항쟁, 87년 6월 항쟁, 2002년 효순·미

선 추모 이후 이어진 촛불 시위 문화나 인터넷을 이용한 1인 미디어(팟캐스트, 페이스북, 유튜브 등) 활성화 과정 등 한국의 유장한 봉기사적 흐름을 이 글은 총체적으로 포괄하고 있지 않다. 본문에서 다루는 봉기의 사례가 시대를 비약하며 나타나거나 1차 자료에 대한 구체적 사료분석이 협소한 점은 단지 이 연구가 메타 분석 방식을 취하고 있기 때문만은 아니다. 이 연구는 '봉기매체의 실제'에 관련한 사례연구와 각 당대의 사회적 감성을 도출하는 비평적 연구로 이어져야 성긴 논리력과 추상성을 다소 보완할 수 있을 것임을 앞서 밝힌다. 한국 근현대시기의 봉기를 통찰하는 역사적 관점이나 미디어의 발달사적 측면에서 제기할 수 있을 비판적 논의들, 미시적인 저항 간의 작용이 거시적 봉기의 흐름에 관여하는 맥락도 이 글 이후 봉기매체의 작용원리를 구체적으로 논증해가기 위해 수렴할 지점으로 여긴다.

35 천정환의 연구에서는 3.1운동의 저항과정에 있어 신문·격문처럼 재현적 기능을 지닌 문자 매체뿐만 아니라 소문·방문과 같이 민중의 대항미디어적 성격을 지닌 구술문화적 산물의 역할에 함께 주목하고 있다. 인간의 소통 도구가 집단적 저항 매체로 기능하게 되는 과정, 즉 주체성의 네트워킹 원리를 사료 분석과 함께 구체적으로 확인할 수 있다는 점에서 다음 자료는 매우 유의미하다. 천정환, 「소문(所聞)·방문(訪問)·신문(新聞)·격문(檄文) : 3·1운동 시기의 미디어와 주체성」, 『한국문학연구』 제36호, 동국대학교 한국문학연구소, 2009.

36 이기훈, 「3.1운동과 깃발」, 『동방학지』 제185호, 연세대학교 국학연구원, 2018, 3쪽.

37 위의 글, 5쪽.

38 같은 글, 6쪽.

39 보완대체 의사소통에 관한 한 연구에서는 의사소통적 상호작용의 목적으로 '①요구 및 바람 표현, ②정보 전달, ③사회적 친밀감 성취, ④사회적 에티켓 수행, ⑤내적인 의사소통과 자기대화'를 들어 설명하고 있다.(David R. Beukelman, Pat Mirenda, 『보완대체 의사소통』, 박현주 역, 학지사, 2008, 26~28쪽.) 봉기의 네트워킹 과정에서 하위 세부 네트워크 안에서는 수행하는 작업의 도구적 성취와 함께 이러한 의사소통적 상호작용 효과가 발생하며 네트워크의 긴밀성이 강화될 수 있었을 것이다.

40 이기훈, 「3.1운동과 깃발」, 『동방학지』 제185호, 연세대학교 국학연구원, 2018, 7쪽.

41 이 같은 문자 매체는 '벽'이라는 공간 매체를 공유하며 이른바 '전단지'의 형태로

사용된 민중의 저항적 무기라 할 수 있다. 전단지 혹은 벽보는 유럽 사회에서도 지배·권력층의 정치적 선전과 통치 안정화를 위한 여론 매체에서 피지배층의 항의 매체로 전용(轉用)되는 양상을 보이는데, 다음 언술은 이 같은 이해에 연관되는 부분이다. "(…)모든 선전에 고유한, 여론에 영향을 미치기 위한 감정적 편파성의 원칙은 통치 이해관계에 완전히 구속되지는 않았다. 억압받고 지배받는 사람들의 이해관계를 대변하는 선전도 분명히 존재했다. 그러나 일반적으로 저항·반대 매체로 활용된 전단지는 이후 시기에야 비로소 등장하게 된다. 근대 초기, 특히 16세기 말과 17세기에 저항·반대 매체로 사용된 매체는 벽과 벽보였다.(…)"(Werner Faulstich, 『근대초기 매체의 역사: 매체로 본 지배와 반란의 사회문화사』, 황대현 옮김, 지식의 풍경, 2007, 293쪽.)

42 김신정, 「3.1기념시가의 수용방식과 상징성: 1920~30년대 해외 한인 매체를 대상으로」, 『배달말』 제64권, 배달말학회, 2019, 225쪽.

43 위의 글, 225~226쪽.

44 이 형식들을 포함한 민중미술운동의 실천사례나 갈래별 특성에 관해서는 '홍윤리, 「1980년대 광주 민중미술에 관한 연구: 5·18민주화운동 이후 광주지역 작가의 작품을 중심으로」, 『인문사회21』 제10권, 사단법인 아시아문화학술원, 2019, 903~909쪽.' 참조.

45 위의 글, 903~904쪽.

46 임종영, 「1980년대 광주지역 걸개그림에 대한 연구」, 『호남문화연구』 제57집, 전남대학교 호남학연구원, 2015, 201쪽.

47 김지현, 「1980년대 비제도권 영화운동의 이론과 실천: 영상 매체의 민주화와 (급진적) 재발명」, 『현대영화연구』 제32권, 한양대학교 현대영화연구소, 2018, 407쪽.

48 위의 글, 415쪽.

49 여기서 '이들'은 영화운동의 주체, 예를 들면 "'무기'로서의 홈비디오 기술에 주목한 '영상'운동단체들"을 가리킨다. 이들은 영화운동처럼 영화 산업의 개혁 자체보다는 당시 활발히 전개되던 민주화 및 사회운동과 결합해서 그 운동을 지원해내는 영상 '활동가'로서의 정체성을 강하게 지니고 있었다. 그들은 자신들의 정체성을 '영상'이라는 매체를 통해 노동운동에 복무하는 활동가로 규정하며 노동운동 관련 영상물 제작 및 배포, 노동자 대상 영상 제작 교육 실시, 각 노조 단위에 영상패 조직 및 네트워킹 등 노동자들의 영상 매체 참여를 지원하는 활동을 전방위적으로 펼쳐 나갔다. 김지현, 앞의 글, 420~421쪽.

50 정지창, 「한국사회의 저항운동과 마당극」, 『현상과 인식』 제12권 2호, 한국인문사회과학회, 1988, 29쪽.

51 위의 글, 30쪽.

52 같은 글, 33쪽.

53 같은 글, 35쪽.

54 현혜경, 「제주 4.3사건 진상규명운동과 노래운동의 사회적 의미」, 『민주주의와 인권』 제17권 2호, 전남대학교 5·18연구소, 2017, 140쪽.

55 위의 글, 176쪽.

56 17세기 초, 중세 유럽사회에서도 매체로서 노래의 도구적 용도는 이와 비슷했던 것으로 보인다. "노래는 위로의 원천이자 아침 찬송, 저녁 찬송, 식사 찬송과 같이 사적인 용도로 사용되기도 했다. 노래는 항상 집단적이고도 개인적인 도구였고, 찬송가집은 가톨릭 신자들이 죽을 때 아이들에게 물려주는 로사리오(묵주)와 비슷하게 종종 감정적으로 높은 가치를 지니고 있었다.(…) 구술 문화가 압도적인 상황에서 가인은 노래와 찬송가를 구두로 전달해주었다.(…) 가인들은 이제 곧 더 이상 매체가 아니게 되었고 스스로 매체의 제공자가 되었다."(Werner Faulstich, 앞의 책, 268～269쪽.) 파울슈티히의 이 같은 언술은 오래전부터 인간 매체로부터 노래가 별도의 매체로 독립할 정도로 높은 효용적 가치를 인정받았고 개인과 집단, 그리고 한 세대에서 다른 세대를 오가며 의식의 폭넓은 공유를 이행해왔음을 드러낸다.

57 김신정, 「3.1기념시가의 수용방식과 상징성: 1920～30년대 해외 한인 매체를 대상으로」, 『배달말』 제64권, 배달말학회, 2019, 224쪽.

58 1974년 이후 국내 반입이 금지되면서 극히 일부에게만 알려졌을 뿐, 연구대상으로 거의 주목 받지 못했다. 손남훈, 「『한양』 게재 광주 항쟁시의 언술 주체와 담론 특성」, 『한국민족문화』 제68권, 부산대학교 한국민족문화연구소, 2018, 3쪽.

59 손남훈, 앞의 글, 6쪽.

60 최재훈, 「온라인을 매개로 한 사회운동의 가능성과 한계: 촛불집회의 사회운동론적 의의에 대한 재고찰」, 『사회연구』 제16권 2호, 한국사회조사연구소, 2015, 93～94쪽.

61 위의 글, 93쪽.

62 James R. Beniger, 『컨트롤 레벌루션: 현대 자본주의의 또 다른 기원』, 현실문화연구, 2009, 59쪽.

63 박영욱, 『매체, 매체예술 그리고 철학』, 향연, 2008, 32쪽.

64 맥루언은 매체를 핫 미디어와 쿨 미디어로 구분하는데, 쿨 미디어는 핫 미디어와 반대로 주어진 데이터의 양이 적으며 주어진 정보량의 부족함을 채우기 위해 이용자의 참여를 크게 허용하는 매체를 말한다. 핫 미디어는 중앙집권적 권력의 사회관계와 명령하달식 의사소통 구조에 조응하는 반면, 쿨 미디어에서는 정보의 수용자가 능동적으로 정보의 전달에 개입한다는 점에서 권력분산적인 대화형 의사소통 구조에 조응한다고 볼 수 있다. 박영욱, 『매체, 매체예술 그리고 철학』, 향연, 2008, 28~29쪽.

65 위의 책, 36쪽.

66 같은 책, 37쪽.

67 박영욱, 앞의 책, 37쪽.

68 맥루언은 칸트의 관점을 아울러 매체에 대한 세 가지 규정들로 아래와 같은 내용을 제시하고 있다.

ㄱ. 매체란 개념적인 것이 되어서는 안 된다. 매체가 개념적인 성격을 가질 경우 그것은 규정적 판단의 모델에서 나타나듯이, 정보의 일방적인 전달과 수용의 체계로 나타난다.

ㄴ. 매체는 자유롭고 다양한 의견을 언제든지 수용하면서 상호 주관적 합의를 지향하며 공통감을 전제한다.

ㄷ. 매체는 기존의 확고한 의사소통체계를 넘어서서 새롭게 변화할 수 있는 가능성을 열어두어야 한다. 말하자면 항상 기존 의사소통 구조에 대한 비판의 가능성을 열어두어야 한다. 위의 책, 43쪽.

69 같은 책, 40쪽.

70 오늘날에 이르기까지 인류의 생존과정에서 투쟁의 양태가 사실상의 전쟁에서 관념상의 전쟁으로 변이하거나 확대되어 오면서, '총, 칼, 포(砲), 창(槍), 불' 등의 무기는 신체를 상징하고 무력을 함의하는 비(比)신체적·비폭력 표상물로 대체되어 왔다. 무력 충돌로 인한 광범위한 희생을 줄이는 수장 간의 담화 논쟁, 전투 행위가 놀이의 측면에서 상징적 함의를 지니며 재현되는 스포츠 경기, 장군과 병사들의 군사조직 체계와 병법을 집단적 행위예술의 측면에서 구현하는 동시에 실제 마을의 방위력을 훈련하는 방편이었던 한국의 전통 마을풍물굿 등은 그 대체된 전투 양상의 예로 볼 수 있는 것들이다.

중독 행위의 반反 중독 서사와 상념의 자구성自救性

71 장은주는 메리토크라시의 개념에 대해 "부와 권력과 명예 등과 같은 사회적 재화를 어떤 사람의 타고난 혈통이나 신분이나 계급 같은 것이 아니라 오로지 능력에 따라 사람들에게 할당하자는 이념"으로 설명한다. 그리고 "이 같은 메리토크라시 이념의 작용은 본질적으로 이데올로기적인 것으로, 사회의 실질적인 과두특권 체제와 비대칭적 권력관계의 클렙토크라시(kleptocracy)적 성격을 은폐하는 것"이라 주장한다. 한국사회의 병명으로 적확할 것이라 생각되는 그의 용어를 빌리자면, 한국 사회는 '주리스토크라시(juristocracy)'의 사회이다. 그는 이것을 "사회 지배 세력이 민주주의와 법치의 외피 속에서 넓은 의미의 법률전문가들을 핵심 에이전트로 삼아 법을 수단으로 하여 수행하는 억압적 지배체제"라고 설명하고 있다. 장은주, 『유교적 근대성의 미래』(한국학술정보, 2014), 122~138쪽.

72 Antonio Negri, Michael Hardt, 『공통체』(사월의책, 2014), 78쪽.

73 위의 책, 85쪽.

74 위의 책, 90쪽.

75 '상념'은 정신적 작용의 면에서 '성찰'과 비슷한 것으로 여겨진다. 두 가지 모두 개인과 세계의 관계를 전복하거나 변화시키는 사유 과정으로 기능하기 때문이다. 그런데 '상념'의 결과는 정념과 물질을 불특정한 양태로 이동시킬 수 있다는 점에서 고차원적 거처를 향한 '성찰'의 정신적 세련과 구별될 수 있다. '성찰'은 개인과 세계의 관계를 이해하고 변화의 과정과 가능성에 대해 통찰하기 위한 방향을 지닌 것으로 보인다. 이러한 점에서 '성찰'은 '상념'에 비해 고차원적이다. 이에 비해 '상념'은 '성찰'로 이어지거나 그렇지 않을 가능성을 모두 지닌다. '상념'은 불특정하고 잠재적인 실천을 위한 내적 고찰의 과정이자 변화 에너지의 집적 과정인 것으로 여겨진다. 이 글에서는 '생애난민'에게 사유를 통한 변화 에너지가 선취되어야 한다고 판단하였고, 따라서 '성찰'적 함의 또는 그러한 방향성을 지닌 '상념'의 필요성을 제시하고 있다.

76 이 글에서 말하는 '생애 난민'이 단지 비정규직 근로자만 가리키는 것은 아니지만, 한국 사회에서 불안정한 수입구조로 인해 일상적 삶의 정형을 구축하지 못하는 이들의 비중이 상당수에 이르고 있다는 사실에 주목해야 한다. 한종수의 연구에 의하면, '한국 전체 임금 근로자 대비 비정규직 근로자의 비중은 2014년 8월에 32.4%를 기록하여, 우리나라 임금근로자 3명 중 1명은 비정규직 근로자임'을 보여주고 있다. 한종수, 「한국의 비정규직 근로자 실태 및 사회통합을 위

한 정책방안」, 『평화학연구』 제16권 3호(2015), 154쪽.

77 이들이 실제적 생활의 곤란을 겪고 있음을 고려할 때 '생계(livelihood)'라는 용어를, 인간의 물리적인 시간의 흐름을 포함하는 의미로서 '일생(lifetime)'이라는 용어를 사용할 수도 있으나, 이 글에서는 'lifetime refugee'라는 개념적 의미의 상술보다 'existential drifter'라는 용어의 함의를 의도적으로 사용하고자 하였다. 이들은 자신의 삶을 스스로 설계하고 영위하기 위한 인식적 존재감과 기준이 불안하게 흔들리는 자들로, 인식과 실제의 양 측면에서 정착하지 못하고 비의도적으로 망명, 방랑, 부유, 표류(drift)하는 어려움을 겪고 있으며, 이들의 그러한 시공간을 가리키기 위한 용어로는 '삶' 또는 존재론적 의미의 '생애(existence)'가 적절할 것이라 판단했기 때문이다.

78 송욱의 저서(『성 중독의 이해와 상담』(총신대학교 출판부, 2015) 11~12쪽에서는 중독의 라틴어 어원을 'addicene', '양도하거나 굴복하는 것'으로 소개하기도 한다. 이밖에도 고대 프랑스어 '아따슈(attache)', '그 무엇에 못을 박다'에서 유래된 '애착(attachment)'을 중독을 표현하는 다른 용어로 설명하고 있다. 이러한 유래를 바탕으로 중독의 의미를 '어떤 대상, 물질, 사람이나 행위에 인이 박히는 것, 욕망의 모든 에너지를 어떤 특별한 행동들, 물질들, 사람들에게 몰입시키는 것, 의식적인 통제를 넘어 유전적이고 환경적인 요인이나 노예적 의지에 구속되어 강박적 몰입상태에 빠지는 것'으로 기술하고 있는데, 이는 모두 addiction의 용어로 종합될 수 있는 '의도성'과 '강박성'의 측면을 포함한 것으로 볼 수 있다.

79 김기태 외, 『알코올 중독의 이해』(양서원, 2005), 15~16쪽.

80 David Capuzzi, Mark D. Stauffer, 신성만 외 역 『중독 상담』(박학사, 2013), 8~18쪽.

81 송 욱, 앞의 책, 12~13쪽.

82 David Capuzzi, Mark D. Stauffer, 앞의 책, 9~11쪽.

83 송 욱, 앞의 책, 12~13쪽.

84 Michael Kuhar, 김정훈 역, 『중독에 빠진 뇌』(북하우스 퍼블리셔스, 2014), 124~125쪽.

85 마이클 쿠하는 중독과 연관되는 뇌의 도파민 분비가 생물의 생존을 위해 가장 중요한 뇌의 기능적 측면이라고 본다. 도파민 분비를 통해 섭식이나 짝짓기와 같은 생존 기능이 가능할 수 있다는 것이다. 따라서 그는 중독이 '생존 회로(survival pathway)의 한 부분으로 존재하는 도파민성 중뇌변연계'의 작업인 것으로 여긴다. 그러나 동시에, 생존 혹은 중독을 매개하는 신경전달물질이 도파민

외에도 존재하고, 아직 탐구하지 않은 다른 종류의 신경세포 및 신경회로를 고려해야 함을 설명한다. 위의 책, 121~123쪽.

86 송 욱, 앞의 책, 109쪽.

87 위의 책, 110쪽.

88 마이클 쿠하의 언술을 빌리면, 뇌는 끊임없이 변화할 수 있으며 가소성을 지닌다. 중독과 금단의 관계를 설명하기 위해 그는 시소의 수평 상태를 예로 들고 있다. 중독 대상에 의한 효과가 중단되면 그동안 균형을 유지하기 위해 반대 방향으로 작용하던 뇌의 노력들만 남아 평형이 깨지며 이때 불쾌감이나 생리적 금단 현상이 발생하게 되는 것이다. 금단은 중독 대상의 작용 효과와 반대되는 신호와 증상을 보이는 것인데, 이것은 뇌가 정상 상태를 회복할 때까지 계속된다. Michael Kuhar, 앞의 책, 98~99쪽.

89 안상원, 한상철, 「도박 중독자의 2차 범죄화 예방방안에 관한 연구: 치료 프로그램 중심으로」, 『한국중독범죄학회보』 제3권(2013), 99쪽.

90 위의 논문, 100쪽.

91 오세연, 「사례분석을 통한 도박중독의 실태와 대응방안에 관한 연구」, 『한국중독범죄학회보』 제1권(2011), 28쪽.

92 위의 논문, 34쪽.

93 위의 논문, 29쪽.

94 임성범, 「대학생의 도박중독 요인에 관한 연구: 도박동기, 자기효능감, 자기조절의 매개효과를 중심으로」, 『보건사회연구』 제33권 2호(2013), 499쪽.

95 위의 논문, 501쪽.

96 Anne Wilson Schaef, Diane Fassel, 강수돌 역, 『중독 조직: 조직은 어떻게 우리를 속이고 병들게 하는가?』(이후, 2015), 94쪽.

97 위의 책, 94~95쪽.

98 Michael Kuhar, 앞의 책, 143~177쪽.

99 Antonio Negri, Michael Hardt, 앞의 책, 279쪽.

100 위의 책, 282쪽.

101 George Katsiaficas, 원영수 역, 『한국의 민중봉기』(오월의봄, 2015), 20쪽.

감성적 주체되기: 네트워킹 전략과 청년 공조共助

102 오늘날 관념상의 전쟁은 영토나 신체의 경계를 초월하는 비가시적 영역에서 발생하는 것으로, 다음과 같은 것들을 가리켜 말할 수 있다. 예를 들면, 해방 후

국방과 무역에 얽힌 경제 전쟁, 분단 후 민족적 대립을 고착화한 냉전체제, 안보·경제·자립·성장을 위시한 독재 정국에서의 민주화 투쟁, 인권 유린에 대한 공분(公憤)을 지역 차별 정서로 해소하면서 재구조화하게 된 이념적 갈등과 지역 분열 양상, 차별적 노동·불평등한 재화 분배 등으로 인해 확대된 사회계층 구조의 균열, 계급·젠더·세대·지역 등 각종 대립 구도에 의한 혐오성 이질감, 재해·사고·자살 등으로 인한 생명 상실의 증가와 같은 양상들이 그러하다.

103 전쟁의식은 전장의 경험을 중심으로 한 체험적 층위에서 보자면 비교적 일관적이고도 한정적인 양상으로 체험자 분포 속에 나타나겠지만, 생존전략과 결부된 관념적 층위에서 보게 되면 세대·지역·계급계층별 여건 등이 변수로 작용하며 일정치 않은 범주에서 어지럽게 발현될 것이다. 전쟁을 신체로 직접 경험하지 않은 밀레니얼세대에서도 동족 증오와 이데올로기적 콤플렉스가 유지되고 있는 것이 오늘날 전쟁의식의 한 예이다. 뿐만 아니라, 전쟁은 지역 또는 계급 간의 정치적인 대립이나 세대 또는 젠더 간의 혐오 양상으로 재현되거나 변용되고 있다. 즉, 오늘날의 전쟁의식은 은닉된 채 강화되고 있다고 말할 수 있다.

104 이승윤 외, 「한국 청년노동시장의 불안정성 분석」, 『비판사회정책』 제54호, 비판과 대안을 위한 사회복지학회, 2017, 495쪽.

105 정성조, 「'청년 세대' 담론의 비판적 재구성: 젠더와 섹슈얼리티를 중심으로」, 『경제와 사회』 제123권, 비판사회학회, 2019, 15쪽.

106 위의 글, 15쪽.

107 이양숙, 「메트로폴리스의 시공간과 청년의 감정: 21세기 초 도시청년의 감정구조」, 『외국문학연구』 제62호, 한국외국어대학교 외국문학연구소, 2016, 92쪽.

108 소영현, 「한국사회와 청년들: '자기파괴적' 체제비판 또는 배제된 자들과의 조우」, 『한국근대문학연구』 제26권, 한국근대문학회, 2012, 390~391쪽.

109 안혜정 외, 「한국 청년세대의 체제정당화: 의미 불일치 경험과 그 심리적 결과를 중심으로」, 『한국심리학회지: 사회및성격』 제31권 4호, 한국사회및성격심리학회, 2017, 265쪽.

110 하지만 오늘날 청년세대에서 이 같은 감성적 특성을 두루 발견할 수 있다 하더라도, 이 청년 세대가 이러한 감성과 유관한 사적 정체성이나 지향성을 지니고 있는가 하는 문제는 또 다른 정치한 기준과 검토에 의해 판단되어야 할 것이다. 불안의 심리로 포괄할 수 있을 이 같은 감성이 단지 오늘날 청년세대에서만 발현되고 있는 것은 아닐 뿐더러, 오히려 개인의 각 내면에서 작동하는 정서반응과 정신작용, 사적 관계에 대한 행동의지 등은 오늘날 청년세대에서 특수할 만

큼 섬세하고 역동적인 것으로 나타나 보이기 때문이다. 가령, 오늘날의 청년세대가 거시적 범주 대신 구체적이고 가시적일 수 있는 개인의 신체 범위 속에서 감성의 민감성을 발휘하고 있다면, 그것은 각 세대를 둘러싼 사회·정치·경제·문화의 속성과 그 세대 감성과의 작용관계에 더욱 정밀하게 착안해야 할 필요성을 나타낸다. 감성을 활용하는 인간의 능력이 퇴화된 것이 아니라 당대 사회의 구조적 특성에 따라 그것이 발휘되는 범위와 방식이 이전과 달라진 것으로 본다면, 오늘날에 조정된 그 양상을 이해하기 위해 감성과 사회의 맥락을 연결하는 분석의 누적이 필요하다.

111 그 경험이란 자조와 냉소, 목적 상실과 자포자기, 우울감과 죄책감, 도피와 고립 반응, 편파적 또는 국지적으로 나타나는 공감대, 상대성 또는 다양성을 표방하며 나타나는 극단적 분절감 같은 감각적 인식을 남긴다. 위기감에 대응하는 방식을 두 측면으로 나눈 투쟁-도피 반응(Walter Cannon)에 비추어보면 이러한 인식의 결과는 명백한 우회의 선택으로 후자에 가까운 것이다. 예를 들면 오늘날 청년 세대의 '사회적 관계 맺기' 양상이 사회구조 변혁을 위한 집단적 연대나 정치력 행사(行使)의 장보다, 경제·기술·문화시장 등에서 자립자족하기 위한 개체 간 정보공유 네트워크에서 더욱 활발하게 나타나는 것이 그러하다. 하지만 이것은 오늘날 세대의 특성이라기보다 생존 위협에 직접 대응하려는 시도가 낮은 효용성을 나타내며 자꾸 무력화될 때 자구적 반응으로 나타나는 감성적 현상으로 보아야 할 것이다.

112 우지혜 외, 「'청년 안에서부터 바깥으로' : 미메시스 이론을 근간으로 1990년대와 2010년대 청년세대의 저항 및 욕망과 대중음악의 연관성에 대한 비교 연구」, 『한국콘텐츠학회논문지』 제18권 2호, 한국콘텐츠학회, 2018, 566쪽.

113 위의 글, 555쪽.

114 정성조, 「'청년 세대' 담론의 비판적 재구성: 젠더와 섹슈얼리티를 중심으로」, 『경제와 사회』 제123호, 비판사회학회, 2019, 16쪽.

115 한승헌 외, 「한국 청년의 삶의 불안정성과 행복: 불확실성과 통제권한 부재의 매개효과」, 『한국사회정책』 제24권 2호, 한국사회정책학회, 2017, 91쪽.

116 한국민중사연구회, 『한국민중사Ⅱ: 근현대편』, 풀빛, 1986, 375쪽.

117 사회의 주권이 국민, 시민이라는 집단적 주체의 범주에 놓여야 한다는 생각, 시민사회 하위부문별 체제 정립에 대한 중요성의 인식은 1980년 이후 엄혹한 시대의 발화 속에서도 다음과 같이 발견된다. "광주민중항쟁은 단순히 비극적 참사로 끝난 것이 아니라 온 민족이 환희의 광장으로 달려 나가는 출발점이었

다. (…) 생사의 기로에서 죽음을 결단한 무명(無名)의 시민들이 소망했듯이, 광주는 한반도의 곳곳에서 계속되고 있다. (…) 1983년을 전후하여 권토중래하기 시작한 여러 부분운동들은 훨씬 성숙한 모습으로 나타났다. 확고한 과학적 인식 아래 대중 속에 뿌리박은 운동의 건설, 이것은 모든 부분운동의 좌우명이 되었다. 광주의 5월은 민족운동을 한 차원 끌어올리는 힘점으로 작용하였던 것이다." 위의 책, 376쪽.

118 김정환 편, 「신작시선집을 내면서」, 『80년대 민족시인 신작선2: 밤꽃피는 유월에』, 지양사, 1985, 8～9쪽.

119 문병란·송수권 편, 「분단시선집을 내면서」, 『분단시선집』, 남풍, 1984, 3～4쪽.

120 위의 책, 415쪽.

121 위의 책, 424쪽.

122 위의 책, 433쪽.

123 이 시선집에서는 분단 형국을 일종의 망령에 사로잡힌 상태로 보면서 다음과 같이 '분단귀신'이라는 용어를 사용하기도 한다. "(…)민족의 해방과 자주독립을 위한 분단극복의 의지는 주체적 민족 세력의 형성을 통한 민족통일운동으로 전개되어야 함이 역사의 엄정한 소명으로 자리해 있다. 왜냐하면 이 민족을 끊임없이 가위눌리고 있는 〈분단귀신의 뿌리는 저멀리 〈미 극동정책〉의 소산인 〈한일합방〉으로부터 시작된 식민통치하의 암흑상황까지 소급 연결되기 때문이다.(…)"(위의 책, 2쪽); "4·19의거로 숱한 목숨까지 빼앗기며 얻었던 민주주의, 그러나 1년도 못지키고 다시 그 자유가 군부로, 그 군부에 의해서 유신으로 짓밟히고 감방에 갇히는 역사적 반동이 되풀이 되고 민주의 꿈이 무산되었을 때 이와 같은 불행한 역사의 장본인이 분단이란 외세와 결탁된 비민족적 이데올로기란 귀신임을 깨달은 시인의 절규(…)"(위의 책, 425～426쪽).

124 홍일선 외, 『시와 경제』1, 육문사, 1981, 4～5쪽.

125 이어지는 장에서 분석하는 『시와 경제』 동인지는 1980년대 청년의 세대감성과 사회가 맺는 작용관계를 도출하기 위한 하나의 사례이다. 이 동인지에서는 특히 노동과 일상의 감성이 문학예술의 층위와 교차하면서, 문학창작이 당대의 청년세대가 선택한 새로운 사회적 화법이 되고 있음을 발견할 수 있다. 3장의 『시와 경제』 동인지 분석은 1980년대 청년세대의 대표적인 감성을 도출하기 위한 논증적 시도라기보다, 그 사회와 역사적 배경 속에 당대 청년세대가 만들어낸 다종의 감성과 소통의 화법 중 하나를 발견하고 전략적 차용을 구상하기 위한 탐색 과정임을 밝혀둔다.

126 이 문단의 인용 부분은 '위의 책, 1~3쪽.' 참조.

127 위의 책, 4쪽.

128 위의 책, 2~3쪽.

129 위의 책, 5쪽.

130 위의 책, 5쪽. 이들은 같은 지면에서 "앞으로 시 창작 뿐 아니라 소설, 희곡, 평론, 수기, 르뽀, 논문에 이르기까지 각 분야로 필진을 넓혀가면서 종합 동인지로 확산할 준비를 하고 있다."고 밝혔다.(위의 책, 6쪽.) 실제로 1983년에 발간한 2집에서는 다양한 실험적 시들과 「생활연극 체험기」(논문), 「대중가요, 그 방향성의 모색」(좌담 녹취록)을 포함하는 등 갈래별 협력과 범주의 확장 양상을 확인할 수 있다.

131 위의 책, 52쪽.

132 위의 책, 63쪽.

133 위의 책, 88~89쪽.

134 위의 책, 24~25쪽.

135 정규화 외, 『시와 경제』2: 일하는 사람들의 미래, 육문사, 1983, 2쪽.

136 위의 책, 2쪽.

137 위의 책, 190쪽.

138 이 문단에서 인용한 부분은 '위의 책, 1~2쪽.' 참조.

139 위의 책, 2쪽.

140 여기서 '실천'은 창작이라는 '문학적 생산'을 이르기보다, 노동 현장과 민주화운동의 현실 변혁에 이바지하는 '문학적 활동'을 가리킨다고 볼 수 있다.

141 박인배는 이 글에서 생활연극에 대해 '전문 연극인이 아닌 사람들이 각자의 생활체험을 연극이라는 형식을 통해 표현하는 것'으로 정의하고 있다. 또한, 생활연극의 예술성은 '연극적인 재능에 의해서가 아니라 참가자들의 자기 확인과 동료들과의 공감대 형성에 의해 평가되어야 함'을 들어 기존연극과의 변별성을 설명하고 있다. 위의 책, 118~119쪽.

142 이 좌담 녹취록은 1982년 5월 23일, 가수 이연실과 국악인 최태현을 비롯하여 문승현, 황지우(동인), 김사인(동인)이 참여한 좌담을 기록한 것이다. 이 좌담에서는 대중가요의 기원부터, 선민주의나 왜색에 길들여진 당시 대중가요 비판, 국악의 현대적 감수성 검토, 한국의 통기타 운동과 청년 문화에 대한 성찰, 삶의 모습을 외면하지 않고 생명력 있는 노래를 대중 속으로 전할 수 있는 방향

성 등에 대해 논의하고 있다. 좌담의 구체적인 내용에 대해서는 '위의 책, 155~205쪽.' 참조.

143 위의 책, 1쪽.

144 이를테면, 『시와 경제』 2집에서 "올바른 역사의식으로 무장한 문화 게릴라의 출몰이 활발해야 할 필요성"(위의 책, 1쪽.)이 그 개념이나 범주 등에 관한 정리 없이도 독자에게 제안되고 있는 점이 그러하다. 그것은 연결과 연대의 대상과 범주, 그 필요성이 당대의 체험적 인식을 통해 이미 설득되어 있는 사회적·정치적 정황 때문일 것이다.

145 물론 통합적 미디어 사용이 상용화된 오늘날, 지면에 쓰인 운문의 기능이 1980년대에 비견하는 사회문화적 도구성을 지닌다고 볼 수는 없다. 이 시대에는 시라는 장르가 지녀온 형식과 내용의 특성이 재정리될 필요가 있다. 오늘날 시라는 문학적 플랫폼은 '가사(대중가요), 대사(영화, 드라마, 뮤지컬, 연극, 웹툰), 구호(캠페인, 유행어), 문구(광고), 자막(영상콘텐츠) 등', 현 시대의 정서적 단면을 텍스트화한 각종 혼합적 장르의 확장된 영역을 아울러 그 정체성과 기능을 재고해야 할 것이다.

146 가령, 1차 산업 군을 비롯한 기존의 소외 직종에서 이론·경험·수요·공급·피드백을 한 데 접속시킨 전문적 생산트랙을 지자체 또는 군소 시민 단위로 마련하고, '교육-산업-시장'의 일원체계를 청년관리자 중심으로 운영할 수 있을 것이다. 금융, 정보, 서비스, 여가 산업 등 3,4,5차 도시산업 군에서 회귀한 청년 세대들의 경우, 이전 세대 1,2차 산업 종사자들에 비해 향상된 커뮤니케이션 능력과 웹-기반 문제해결의 탁월성을 드러내곤 한다.

〈단행본〉

고병인, 『중독자 가정의 가족치료』. 학지사, 2003.
김기태 외, 『알코올 중독의 이해』. 양서원, 2005.
김예란, 『말의 표정들』, 문학과지성사, 2014.
김정환, 『80년대 민족시인 신작선2: 밤꽃피는 유월에』, 지양사, 1985.
문병란, 『삶의 고뇌 삶의 노래』, 하락도서, 1993.
문병란·송수권, 『분단시선집』, 남풍, 1984.
박상규 외, 『중독의 이해와 상담 실제』, 학지사, 2009.
박영욱, 『매체, 매체예술 그리고 철학』, 향연, 2008.
송 욱, 『성 중독의 이해와 상담』, 총신대학교 출판부, 2015.
안영실 외, 『임상 실제에서의 알코올 중독 치료』, 양서원, 2010.
이규성, 『의지와 소통으로서의 세계』, 동녘, 2016.
장은주, 『유교적 근대성의 미래』, 한국학술정보, 2014.
전남대학교 감성인문학연구단, 『공감장이란 무엇인가: 감성인문학 서론』, 길, 2017.
정규화 외, 『시와 경제 2집: 일하는 사람들의 미래』, 육문사, 1983.
최기숙 외 편, 『감성사회』, 글항아리, 2014.
한국민중사연구회, 『한국민중사Ⅱ: 근현대편』, 풀빛, 1986.
홍일선 외, 『시와 경제 1집』, 육문사, 1981.

Agamben, Giorgio, 『도래하는 공동체』, 이경진 역, 꾸리에, 2014.

Appadurai, Arjun, 『고삐 풀린 현대성』, 차원현, 채호석, 배개화 공역, 현실문화연구, 2004.

Assmann, Aleida, 『기억의 공간』, 변학수, 백설자, 채연숙 공역, 경북대학교 출판부, 2003.

Bauman, Zygmunt, 『유행의 시대: 유동하는 현대사회의 문화』, 윤태준 역, 오월의봄, 2013.

Beniger, James R., 『컨트롤 레벌루션: 현대 자본주의의 또 다른 기원』, 윤원화 옮김, 현실문화연구, 2009.

Berardi 'Bifo', Franco, 『미래 이후』, 강서진 역, 난장, 2013.

Beukelman, David R , Mirenda, Pat, 『보완대체 의사소통』, 박현주 옮김, 학지사, 2008.

Capuzzi, David, et. al., 『중독 상담』, 신성만 외 역, 박학사, 2013.

Casti, John L., 『대중의 직관』, 이현주 역, 반비, 2012.

Döring, Jörg, Thielmann, Tristan, 『공간적 전회: 문화학과 사회과학의 공간 패러다임』, 이기숙 역, 심산, 2008.

Faulstich, Werner, 『근대초기 매체의 역사: 매체로 본 지배와 반란의 사회문화사』, 황대현 옮김, 지식의 풍경, 2007.

Habermas, Jürgen, 『공론장의 구조변동: 부르주아 사회의 한 범주에 관한 연구』, 한승완 옮김, 나남, 2013.

Illouz, Eva, 『감정 자본주의』, 김정아 역, 돌베개, 2010.

Katsiaficas, George, 『한국의 민중봉기』, 원영수 역, 오월의봄, 2015.

Kuhar, Michael, 『중독에 빠진 뇌』, 김정훈 역, 해나무, 2014.

Miller, William R., 『중독과 동기면담』, 조성희 외 편역, 시그마프레스, 2007.

Morris-Suzuki, Tessa, 『변경에서 바라본 근대: 아이누와 식민주의』, 임성모 역, 산처럼, 2006.

Negri, Antonio, Hardt, Michael, 『다중』, 조정환·정남영·서창현 옮김, 세종서적, 2008.

Negri, Antonio, Hardt, Michael, 『공통체』, 정남영 외 역, 사월의책, 2014.

Olick, Jeffrey K., 『기억의 지도』, 강경이 역, 옥당, 2011.

Palmer, Parker, 『비통한 자들을 위한 정치학』, 김찬호 옮김, 글항아리, 2012.

Pias, Claus, et al., 『매체이론의 지형도 I : 브레히트에서 보드리야르까지』, 안성찬 외 옮김, 서울대학교 출판문화원, 2018.

Richard, Denis, 『약물중독』, 윤예니 역, NUN, 2011.

Schaef, Anne W., et. al., 『중독 조직: 조직은 어떻게 우리를 속이고 병들게 하는가?』, 강수돌 역, 이후, 2015.

Scheler, Max, 『동감의 본질과 형태들』, 조정옥 옮김, 아카넷, 2014.

Schroer, Markus, 『공간, 장소, 경계: 공간의 사회학 이론 정립을 위하여』, 정인모·배정희 역, 에코리브르, 2010.

Urschel, Harold C., et. al., 『중독된 뇌 살릴 수 있다』, 조성희 외 공역, 학지사, 2012.

Valleur, Marc, 『도박중독』, 최의선, 김성이 공역, NUN, 2010.

나카무라 유지로, 『공통감각론』, 양일모·고동호 옮김, 민음사, 2003.

니시다 히로코, 『이문화간 커뮤니케이션』, 박용구 옮김, 커뮤니케이션북스, 2005.

〈연구 논문〉

고길섶, 「공간의 문화정치: 공간적 세계성의 문화적 배치를 위하여」, 『공간과 사회』 제14호, 한국공간환경학회, 2000.

김경호, 「혼인의 관계망을 통해 본 16세기 호남유학」, 『영남학』 제64권, 경북대학교 영남문화연구원, 2018.

김기성, 「투쟁과 저항의 장소로서 공통감각」, 『감성연구』 제14권, 전남대학교 호남학연구원, 2017.
김기윤, 「1인 미디어의 산업적 특성과 이용 현황에 대한 탐색적 연구: 기술 활용 진화의 관점에서 MCN 사업자에 대한 심층인터뷰를 중심으로」, 『한국소통학보』 제16권 1호, 한국소통학회, 2017.
김동일, 「복합장으로서의 공감장을 위한 제언-『공감장이란 무엇인가-감성인문학 서론』에 대한 사회학적 독해」, 『감성연구』 제15권, 전남대학교 호남학연구원, 2017.
김동일, 지주형, 김경만, 「한국의 문화장과 사회공간의 환류 효과에 관한 연구: 국립현대미술관, 리움, 대안공간을 중심으로」, 『사회과학연구』 제23권 2호, 서강대학교 사회과학연구소, 2015.
김두식, 「광주항쟁, 5월운동, 다중적 집단정체성」, 『민주주의와 인권』 제3권 1호, 전남대학교 5·18연구소, 2003.
김범식, 김학범, 「중독범죄에 대한 새로운 패러다임」, 『한국중독범죄학회보』 제1권 1호, 2011.
김봉국, 「해방 직후 민주주의 공론장의 안과 밖」, 『감성연구』 제16권, 전남대학교 호남학연구원, 2018.
김선영, 이의신, 「4차 산업혁명시대의 아시아문화전당 발전 방안-아르스 일렉트로니카를 중심으로」, 『한국과학예술포럼』 제33권, 한국전시산업융합연구원, 2018.
김수아, 「소셜 웹 시대 팬덤 문화의 변화」, 『사이버 커뮤니케이션 학보』 제31권 1호, 사이버커뮤니케이션학회, 2014.
김수정, 김수아, 「해독 패러다이을 넘어 수행 패러다임으로-팬덤 연구의 현황과 쟁점」, 『한국방송학보』 제29권 4호, 한국방송학회, 2015.
김신정, 「3.1기념시가의 수용방식과 상징성: 1920~30년대 해외 한인 매체를 대상으로」, 『배달말』 제64권, 배달말학회, 2019.
김지현, 「1980년대 비제도권 영화운동의 이론과 실천: 영상 매체의 민주화와 (급진적)재발명」, 『현대영화연구』 제32권, 한양대학교 현대영화연구소, 2018.
김찬기, 황수현, 「아리엘 도르프만의 『죽음과 소녀』에 나타난 기억의 탈영토화」, 『비교문화연구』 제46집, 경희대학교 비교문화연구소, 2017.
김창규, 「한국의 '중국조선족' 인식에 대한 성찰」, 『감성연구』 제16권, 전남대학교 호남학연구원, 2018.
김현정, 원용진, 「팬덤 진화 그리고 그 정치성」, 『한국언론학보』 제46권 2호, 한국언론학회, 2002.
김효신, 「마리네티의 미래주의 시 소고」, 『이탈리아어문학』 제31권, 한국이탈리아어문학회, 2010.
라영균, 「문학장과 문학성」, 『외국문학연구』 제17호, 한국외국어대학교 외국문학연구소, 2004.
류재한, 「도시의 이론적 토대로서 인문적 사유」, 『용봉인문논총』 제50권, 전남대학교 인문학연구소, 2017
류재한, 「아시아문화중심도시조성과 5·18」, 『민주주의와 인권』 제7권 2호, 전남대학교 5·18연구소, 2007.
박경섭, 「항쟁의 에토스와 공동체-1980년 5월 마음을 찾아서」, 『한국언론정보학보』 제71권, 한국언론정보학회, 2015.
박기웅, 조정연, 「현대소비사회에서의 취향과 유행의 상관성과 대중문화의 역할」, 『한국콘텐츠학회논문지』 제10권 2호, 한국콘텐츠학회, 2010.
박선웅, 「의례와 사회운동」, 『한국사회학』 제41권 1호, 한국사회학회, 2007.
박성진, 서룡, 영대봉, 「국립아시아문화전당 5·18 민주광장의 장소정체성 및 이용자 만족도 분석」, 『한국정책과학학회보』 제21권 1호, 한국정책과학학회, 2017.

박애경, 「근대 초기 공론장의 형성과 여성주체의 글쓰기 전략」, 『한국고전여성문학연구』 제31권, 한국고전여성문학회, 2015.

백원담, 「문화산업, 내셔널리즘, 문화공공성」, 『마르크스주의 연구』 제6권 3호, 경상대학교 사회과학연구원, 2009.

변청자, 「문화분석 방법론으로서의 부르디외 문화사회학 연구 : 문화장의 변동과 '문화기획'을 중심으로」, 홍익대학교 박사학위논문, 2008.

서도식, 「도시 공간의 현상학과 아고라포비아」, 『철학논총』 제58집 4권, 새한철학회, 2009.

소영현, 「한국사회와 청년들: '자기파괴적' 체제비판 또는 배제된 자들과의 조우」, 『한국근대문학연구』 제26권, 한국근대문학회, 2012.

손남훈, 「『한양』 게재 광주 항쟁시의 언술 주체와 담론 특성」, 『한국민족문화』 제68권, 부산대학교 한국민족문화연구소, 2018.

손승혜, 「디지털 네트워크 시대의 초국가적 온라인 팬덤」, 『미디어, 젠더 & 문화』 제25호, 한국여성커뮤니케이션학회, 2013.

송석기, 「구 전남도청 본관 일원의 역사적 변화 과정과 건축적 특징」, 『대한건축학회연합논문집』 제10권 3호, 대한건축학회지연합회, 2008.

신진욱, 「한국사회에서 저항의 고조기의 정체성 정치의 특성-1970~1980년대 저항정체성 담론과 광주항쟁」, 『경제와 사회』 제90호, 비판사회학회, 2011.

신혜란, 「기억의 영토화 -세월호 기억공간 형성과정을 사례로」, 『공간과 사회』 제26권 3호, 한국공간환경학회, 2016.

안상원, 한상철, 「도박 중독자의 2차 범죄화 예방방안에 관한 연구: 치료프로그램 중심으로」, 『한국중독범죄학회보』 제3권, 2013.

안혜정 외, 「한국 청년세대의 체제정당화: 의미 불일치 경험과 그 심리적 결과를 중심으로」, 『한국심리학회지: 사회및성격』 제31권 4호, 한국사회및성격심리학회, 2017.

염정삼, 「중국의 서학, 유럽의 중국학: 서양의 기억술과 중국문자의 상형성 – 『서국기법』(西國記法)의 작상론(作象論)」, 『인문논총』 제67권, 서울대학교 인문학연구원, 2012.

오세연, 「사례분석을 통한 도박중독의 실태와 대응방안에 관한 연구」. 『한국중독범죄학회보』 제1권, 2011.

우지혜 외, 「'청년 안에서부터 바깥으로': 미메시스 이론을 근간으로 1990년대와 2010년대 청년세대의 저항 및 욕망과 대중음악의 연관성에 대한 비교 연구」, 『한국콘텐츠학회논문지』 제18권 2호, 한국콘텐츠학회, 2018.

유우상, 이언용, 「'공동의 기억'이 담긴 역사적 건축물의 변경: 국립아시아문화전당 건립 사례를 중심으로(2004년~현재)」, 『한국건축역사학회 학술발표대회논문집』, 한국건축역사학회, 2015.

윤명희, 「네트워크시대 하위문화의 '애매한' 경계, 그리고 흐름」, 『사이버커뮤니케이션학보』 제27권 4호, 사이버커뮤니케이션학회, 2010.

이강복, 장기영, 「아시아문화중심도시 조성의 주요쟁점 분석과 추진전략에 관한 연구」, 『한국동북아논총』 제45권, 한국동북아학회, 2007.

이기훈, 「3.1운동과 깃발」, 『동방학지』 제185호, 연세대학교 국학연구원, 2018.

이민아, 강정한, 「한국 사회 자살률의 변동과 원인 –지역단위 지표를 이용한 패널 분석」, 『한국인구학』 제37권 2호, 한국인구학회, 2014.

이승권, 양희주, 「동아시아 문화도시 선정의 의미와 문화도시 전략」, 『인문학연구』 제52권, 조선대학교 인문학연구소, 2016.

이승윤 외, 「한국 청년노동시장의 불안정성 분석」, 『비판사회정책』 제54호, 비판과 대안을 위한 사회복지학회, 2017.
이양숙, 「메트로폴리스의 시공간과 청년의 감정: 21세기 초 도시청년의 감정구조」, 『외국문학연구』 제62호, 한국외국어대학교 외국문학연구소, 2016.
이정주, 「사회심리학적 측면에서의 유행」, 『論文集』 제9권, 혜전대학, 1991.
이희경, 「1980년대 중국사회의 동일성과 공감장」, 『중국인문과학』 제65권, 중국인문학회, 2017.
임성범, 「대학생의 도박중독 요인에 관한 연구: 도박동기, 자기효능감, 자기조절의 매개효과를 중심으로」, 『보건사회연구』 제33권 2호, 한국보건사회연구원, 2013.
임재민, 김대현, 「팬덤 문화의 생산과 수용방식에 대한 연구」, 『만화애니메이션연구』 제42호, 한국만화애니메이션학회, 2016.
임종영, 「1980년대 광주지역 걸개그림에 대한 연구」, 『호남문화연구』 제57집, 전남대학교 호남학연구원, 2015.
정명중, 「감성연구 성과와 전망-호남학연구원 인문한국사업단을 중심으로」, 『감성연구』 제16권, 전남대학교 호남학연구원, 2018.
정성조, 「'청년 세대' 담론의 비판적 재구성: 젠더와 섹슈얼리티를 중심으로」, 『경제와 사회』 제123권, 비판사회학회, 2019.
정운채, 「자기서사의 변화 과정과 공감 및 감동의 원리로서의 서사의 공명」, 『문학치료연구』 제25권, 한국문학치료학회, 2012.
정지창, 「한국사회의 저항운동과 마당극」, 『현상과 인식』 제12권 2호, 한국인문사회과학학회, 1988.
조태성, 「조선 후기 종교가사와 공감장」, 『한국시가문화연구』 제40권, 한국시가문화학회, 2017.

조　흡, 「포스트헤게모니 문화이론을 위한 '감정구조'와 '감성경제'의 비판적 분석」, 『영상예술연구』 제14권, 영상예술학회, 2009.

주경희, 이소영, 김향미, 서정치, 「사회 자본으로서의 온라인 팬덤 문화」, 『문화산업연구』 제13권 4호, 한국문화산업학회, 2013.

채호석, 「검열과 문학장: 1930년대 후반 한국문학에서의 검열과 문학장의 관계 양상」, 『외국문학연구』 제27호, 한국외국어대학교 외국문학연구소, 2007.

천정환, 「소문(所聞)·방문(訪問)·신문(新聞)·격문(檄文) : 3·1운동 시기의 미디어와 주체성」, 『한국문학연구』 제36호, 동국대학교 한국문학연구소, 2009.

천정환, 「촛불항쟁 이후의 시민정치와 공론장의 변화」, 『역사비평』 제120호, 역사비평사, 2017.

최유준, 「국민과 대중 사이, 신민요와 혼종의 민족주의, 『음악과 민족』 제54권, 민족음악학회, 2017.

최재훈, 「온라인을 매개로 한 사회운동의 가능성과 한계: 촛불집회의 사회운동론적 의의에 대한 재고찰」, 『사회연구』 제16권 2호, 한국사회조사연구소, 2015.

최준섭, 「브라운 운동」, 『기계저널』 제41권 4호, 2001.

한순미, 「공감장, 그 고요한 소용돌이, 『감성연구』 제16권, 전남대학교 호남학연구원, 2018.

한승헌 외, 「한국 청년의 삶의 불안정성과 행복: 불확실성과 통제권한 부재의 매개효과」, 『한국사회정책』 제24권 2호, 한국사회정책학회, 2017.

한은숙, 「광주 도시경관 재구성의 정치: 아시아문화전당 건립을 중심으로」, 『문화역사지리』 제22권 2호, 한국문화역사지리학회, 2010.

한종수, 「한국의 비정규직 근로자 실태 및 사회통합을 위한 정책방안」. 『평화학연구』 제16권 3호, 2015.

현혜경, 「제주 4.3사건 진상규명운동과 노래운동의 사회적 의미」, 『민주주의와 인권』 제17권 2호, 전남대학교 5·18연구소, 2017.

홍순권, 「글로컬리즘과 지역문화연구」, 『석당논총』 제46권, 동아대학교 석당학술원, 2010.

홍윤리, 「1980년대 광주 민중미술에 관한 연구: 5·18민주화운동 이후 광주 지역 작가의 작품을 중심으로」, 『인문사회21』 제10권, 사단법인 아시아문화학술원, 2019.

Brisson, Luc, 「소피스트, 소크라테스, 플라톤: 수사학, 철학적 대화, 변증술」, 『인간·환경·미래』 제7권, 인제대학교 인간환경미래연구원, 2011.

Neumann, Erich, 「집단, 위대한 개별자 및 개인의 발달」, 이유경 역, 『의식의 기원사』, 분석심리학연구소, 2010.

〈기타 자료〉

구글 이미지(2016), "choices for syrian children", https://www.google.com/search?hl=ko&biw=1230&bih=1294&tbm=isch&sa=1&ei=0le1Xc_PMsmRr7wPnMC12AM&q=choices+for+syrian+children&oq=choices+for+syrian+children&gs_l=img.3...25546.38167..38413...0.0..0.211.2943.7j19j1......0....1..gws-wiz-img.......0j0i30j0i19.hvt0shmX5i0&ved=0ahUKEwjPgNOahbzlAhXJyIsBHRxgDTsQ4dUDCAY&uact=5#imgrc=lE9n4pqwdGEcfM:&spf=1572165626330(검색일: 2019.9.26.).

국립아시아문화전당 홈페이지

https://www.acc.go.kr/ac_c/intro/view 2017.10.13.

이고은, 『뉴스핌』, 2016.8.19.일자, "'시리아 비극의 상징' 5세 소년 옴란 다크니시".

http://www.newspim.com/news/view/20160819000244

(검색일: 2019.9.26.).

조일준, 『한겨레신문』, 2015.9.3.일자, "파도에 밀려온 3살 시리아 난민 아이의 주검…전세계 '공분'".

http://www.hani.co.kr/arti/international/europe/707241.html

(검색일: 2019.9.26.).

5·18기념재단 홈페이지

http://www.518.org/sub.php?PID=0101 2017.10.13.